胡蝶

口述自传

胡蝶◎口述
刘慧琴◎整理

作家出版社

1908 ——————— 1989

一九二四年，十六岁的胡蝶刚从广州回到上海。

一九二九年身穿欧式服装的胡蝶

胡蝶早年照

摄于一九三三年

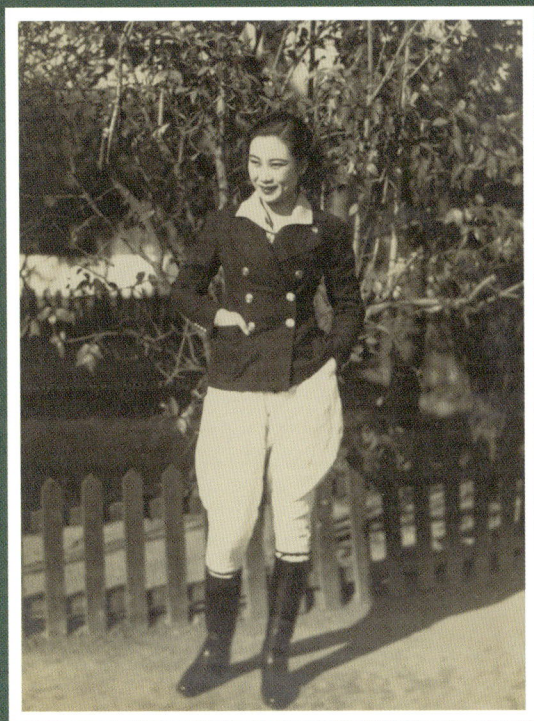

一九三三年身着骑马装的胡蝶

摄于一九三三年

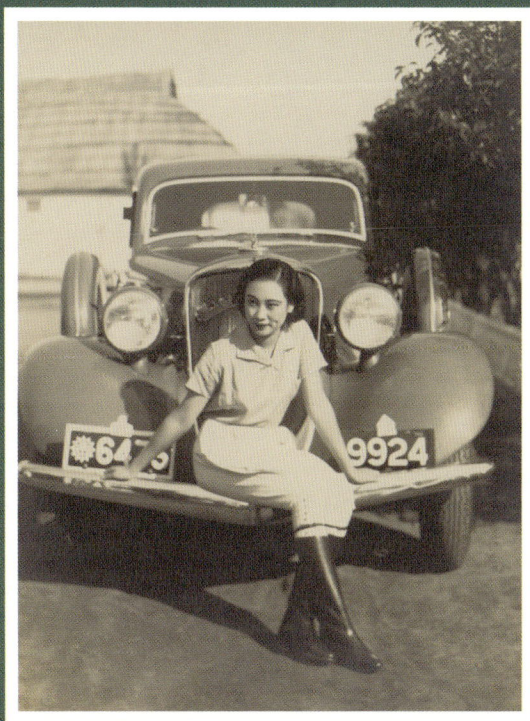

摄于一九三三年

苏联对外文化协会欢宴胡蝶时留影。其后为《怒吼吧，中国！》之作者特列亚科夫，其右为苏联驻华大使馆参赞郭山荫及名导演爱森斯坦

一九三五年胡蝶在法国卢森堡公园内与当地侨胞学生等合影留念

一九三五年胡蝶应伦敦新闻记者之邀请，在当地街道闲步留影

摄于一九四〇年

婚后新居在上海西区洋房

摄于一九四〇年代

休題中

一九六八年在台灣定居生活照

身影后生活照

● **人生的拐点**

● **逃亡的日子**

写在《胡蝶回忆录》再版前 | 刘慧琴

《胡蝶回忆录》最早的出现是在 1985 年 8 月 31 日，那一天，台湾《联合报》开始连载，其后世界各地《联合报》旗下的《世界日报》也同时连载，至 1986 年秋连载完毕，同年 12 月，台湾联合报社集合成书由联经出版社出版。1987 年 8 月北京新华出版社出版简体字内部版，1988 年 6 月北京文化艺术出版社计划出版简体版，胡蝶还给时任总编涂光群先生写了热情洋溢的信，对该书在大陆出版表示由衷的感谢，并向新老观众致意问候。可惜 1989 年书寄到加拿大时，胡蝶已离世。

1988 年，胡蝶将她保存的一部分照片和资料交给我，她当时认为已出版的"回忆录"还有所欠缺，希望将来再版时能够补充。虽然历经战乱、迁徙、逃亡，她还是保存了一些珍贵的历史资料，可以作为历史的佐证。根据她留下的资料、我和她的谈话记录，尽可能查证了能找到的有关信息，也为了对故友的承诺，2019 年，我重新对 1986 年出版的《胡蝶回忆录》作了增补、正误，希望能为胡蝶的一生画出一条清晰的脉络。是为她，也是为她生活过的年代，中国电影开拓时期的艰辛留下一份记忆。

胡蝶 1908 年农历 2 月 21 日出生在上海，父胡少贡，母吕氏。出生时取名"宝娟",学名"胡瑞华",她以艺名"胡蝶"闻名于世,但在正式文件中,均用"胡宝娟",婚后用"潘胡宝娟",晚年就用"潘宝娟"。胡蝶家庭小康,又是独女,衣食无忧,她的姑父的兄长是民国首任总理、政治家、外交家唐绍仪①。按照她母亲和姑母的设想,她们是要将她培养成大家闺秀,在上层社会觅得佳婿,走她姑母的道路。在这样的环境熏陶下,胡蝶从少年时代起就养成了一种矜持的性格,雍容华贵的气质,这种性格和气质是她一生的定格。她待人亲切但不流于亲密,随和但不失分寸。她周旋于上层社会,落落大方,应对自如。仰慕者众,但她有她的底线,既不得罪人,又知道如何保护自己不受伤害。民国时期鸳鸯蝴蝶派代表作家张恨水对她有过一段颇为中肯的评语,说她"落落大方,一洗儿女之态,性格深沉,机警爽利。十之五六若宝钗,十之二三若袭人,十之一二若晴雯"。

胡蝶童年和少年时期随着父亲工作的变动南来北往,这种生活造就了她有较强的适应能力,能随遇而安。为了能更快地交到小朋友,融入当地的生活,童年的她就善于模仿不同地域人们的方言,她会粤语、沪语和一口几可乱真的京片子,婚后跟着潘有声学会了闽语,她一说闽语,连福建人都能把她认作老乡。

胡蝶后来对我说,因为自小跟随父亲南来北往,小地方看皮影戏就是最大的娱乐,有时不免学着皮影戏里的人物,自编自演自得其乐。对于这种娱乐的情有独钟,朦胧中在幼年的胡蝶心中生根,成了对表演艺术的爱好和追求。就看她在16岁报考中华电影学校那场临场考试,考官陈寿荫出了个"奶奶急病送医院"的考题,16岁的胡蝶当即泪下如雨,急跑得几乎摔跤,极其逼真。接着考官马上说:"傻孩子,奶奶

---

① 唐绍仪(1862年1月2日—1938年9月30日),又名绍怡,字少川。清末民初政治人物、外交家。

只是一时气闷晕倒，不是什么大病！"胡蝶当即破涕为笑，做出抱住奶奶的动作，其反应之快、之自然，令在场考官为之折服。那时她还只是一个稚气未脱的天真少女啊！成功固然是她的天赋加上她自己的努力，但不能不说和她出生成长的环境，和她的性格有着极大的关联。

她是那个年代少有的受过专业训练的演员。虽然中华电影学校学期只是半年，但办校的是一班在欧美经过正规学习，又有志于开拓中国电影事业的留学生，课程的设置很是完备。从她遗留的书报杂志中，有一部分是有关国外电影演员的报道，演员演出的心得和技巧，或是谈论欧美电影状况，从中可以看出，胡蝶也很注意各国电影事业的发展，汲取他国演员的经验、技巧，提高自己的文艺修养。

在处世为人方面，她服从导演的指导，也会在同事之间调和矛盾，获得了"乖小囡""好人"的美名，她是唯一一个没有挨过脾气暴躁的张石川导演责骂的演员。她对"天一"邵醉翁所持的电影方针并不认同，但她不会像阮玲玉那样急于另谋出路，而是忍耐，等待时机，顺时顺势离开"天一"转入"明星"，不得罪人。她做人的原则是不论对人还是对自己都要留有余地。1958年潘有声去世，1959年，她复出影坛时，已徐娘半老，离开影坛也有十年之久，虽然已不再适于演年轻的角色，但演艺、人情俱在。她很快就获得前身为"天一"，后在香港发展为邵氏影片公司的片约，并根据自己的年龄，适时改变自己的戏路，才又再创下晚年的辉煌。这在更新疾速、人才辈出的影界并不多见。

她是上世纪三十年代第一位代表中国电影界出访海外的演员，三十年代和她同时代的女演员，在演技上，和她不相上下的演员大有人在，如第一代电影皇后张织云、悲剧圣手阮玲玉，她们都是名重一时的演员。若论演技，在某些方面，阮玲玉似乎比胡蝶更显精湛。阮玲玉的悲剧气质和她自小出身环境的艰苦有关，也和她的性格有关。

她性格直率，她一觉得在"明星"不得志，很快就转入"联华"。阮玲玉虽只留下28部主演的电影，却是精品居多。胡蝶和阮玲玉相比，两人性格迥异，胡蝶矜持、坚韧、似柔实刚，她能承受命运给予她的坎坷。唐绍仪这样的家庭社交圈造就了她雍容华贵的气质，所以她能在上世纪三十年代的影艺圈脱颖而出并非偶然。

当时在上海的电影观众有两个群体，一个是属于普罗大众的，另一个是一群从欧美回来的留学生。后者侧重观看和借鉴欧美电影，如洪深、徐琥、汪煦昌、戈公振等人，也包括了教育界和其他行业的精英。胡蝶因为姑母的关系，也常常出入这个圈子的活动，她的文艺观、气质也多少受了影响。所以当莫斯科电影节主办方向出身书香世家、曾游历欧美各国的著名记者戈公振咨询有关中国电影事业的发展，以及邀请哪位演员代表更为适宜时，戈公振毫不犹豫地推荐了胡蝶。作为莫斯科国际电影节特别邀请的代表，胡蝶不必参与由几个大影业制片公司的代表竞选。其时，胡蝶已是红遍神州大地，享誉东南亚的红星，推荐她也是众望所归，她是整个代表团唯一的演员代表。胡蝶也确实不负众望，她在欧洲六国访问落落大方，应对得体，展现了开拓时期中国电影的风采。访欧之行使胡蝶开阔了眼界，接触了当时欧洲一些当红的电影演员，考察了当时欧洲各国电影技术的发展，这使她的演艺又上一层楼。

胡蝶一生参演了不少电影，从默片到有声片，从国语片到粤语片，但自我要求严格的她说，自己真正满意的并不多。和她同时代的人，大都记得她主演的《火烧红莲寺》，用她自己的话说："这是我最想忘掉的一部电影。"她说，由于《火烧红莲寺》获利甚丰，引得一班追名逐利之徒竞相拍摄武侠片，甚至到了粗制滥造的地步。一时间武侠片泛滥成灾，造成了不良的社会影响。从那时起她就认识到电影不仅是娱乐，也还有寓教于乐的社会责任。

早期的电影她比较满意的,如由郑正秋编导的《姊妹花》,已成为她的经典之作。其后为拍《盐潮》,她亲自到灾区生活了一个时期,体验了灾民的困苦,演出也就比较成功。还有《狂流》《脂粉市场》等也都是她认为比较好的影片。她对黄子布(夏衍化名,她一直称夏衍先生为黄先生)一直心存感激,她认为明星公司是在黄先生等加入后才真正拍了一些有文艺价值、有水平的电影。

谈到当年拍摄电影,夏衍先生在《懒寻旧梦录》里有一段话很有意思,他说当时电影公司"拍戏时用的还只是'幕表',没有正式的电影剧本,……他们拍戏之前,先由导演向摄制组(当时也还没有这个名词)全体讲一遍故事,所谓'幕表'只不过是'相逢''定情''离别'……之类的简单说明,开拍之前,导演对演员提出简单的表演要求,就可以开灯、摇动机器,而且很少 NG,我真的佩服,他们的本事实在太大了。"[1] 由此可见,当年的演员有多么不易,要演好一部戏,演员要付出多么大的努力!而初创时期的中国电影之有电影剧本始于夏衍、钱杏邨、郑伯奇(当时化名为黄子布、张凤梧、席耐芳)以顾问身份参加明星电影公司后,《狂流》就是明星公司第一部有"电影文学剧本"的影片。[2]

1958 年,潘有声病逝。1959 年她复出影坛,时已年过半百,所以后期的电影大多是演慈母型的角色,偏重于流浪儿童和儿童教育问题,反映了六十年代港台的社会状况。她主演的《后门》获得第七届亚洲电影节最佳女主角奖。她退出影坛,移居加拿大温哥华时带了一部她主演的《母爱》拷贝,偶尔会在小范围放映一下,回忆她那已远去的岁月。

---

① 夏衍:《懒寻旧梦录》,生活·读书·新知三联书店 1985 年 7 月第 1 版,第 232-233 页。

② 夏衍:《懒寻旧梦录》,生活·读书·新知三联书店 1985 年 7 月第 1 版,第 233 页。

胡蝶的表演是中国电影史不可或缺的一页，她的贡献、她的演技至今仍为人称颂。另一方面也很少有电影演员像她这样在离世三十多年后仍有人谈起她的往事，以及所谓的戴胡"情史"。我查阅过我所能找到的香港报纸杂志，询问过台湾文学界的朋友，也看过好几位港台文化人写的有关胡蝶的传记、港台记者的访问，均未见到有关胡蝶和戴笠的所谓"情史"。只有大陆书写的几部传记和文章有写，但近年来也有学者根据历史资料查证指出所谓的"戴胡情史"属于伪史①②。

这次我从胡蝶留下的历史资料，查到 1932 年明星影片公司出版的一份特刊，事关上世纪三十年代，她被诬沈阳失守前夕曾与张学良共舞，引起全国民众甚至学人铺天盖地的责难。广西大学校长马君武一时不察，激于义愤，发表了谴责张学良和胡蝶的《哀沈阳二首》。胡蝶所在的明星影片公司外景队对演员有着严格的纪律约束，当时便登报公开声明，辟谣，但悠悠众口，不依不饶。年轻的胡蝶曾在 1932 年这份特刊上愤而写下：

> 我总是这样想，社会为什么对待女子这样刻薄呢，我是什么待遇都遭受过，往往有许多我自己都不知道的事，而人家是似乎千真万确的那样传说着了。在这种待遇之下，可真不容易过。要是置诸不闻不问，会使得讥嘲之上又加了讥嘲，要是去辩正呢，我一千个事实似乎还抵不上人家半句谣言。好像什么不应该做的事，全应该由女子做出来。就是你不曾做，硬说你做了，还不由你辩正。③

---

① 谌旭彬：《沈醉说"戴笠霸占胡蝶"，是不是哗众取宠？》，腾讯历史 2016-12-28。
② 旭东：《不该如此糟蹋胡蝶》，1985 年 12 月 5 日《文学报》。
③ 姚苏凤编：《"啼笑因缘"影片制成特刊》，明星电影制片公司 1932 年 12 月。

今天看来，虽然胡蝶已故去三十一年，这段话依然是对那些捕风捉影的臆造最好的回答。来自大陆的我，也确曾为这种前后矛盾的传言困惑过，我曾认真地询问过胡蝶本人和戴笠是否有过感情纠葛，她很坦诚地说，这是她第一次听到有人这样当面问她，她既惊讶也不惊讶。不惊讶的是，这种以男女问题来吸引读者观众的伎俩并不新鲜，当年林雪怀制造过类似的谣言来打击她，这种人云亦云、哗众取宠的传言又是为了什么？胡蝶说，从1942年深秋全家离开香港，一路逃亡，经曲江，到桂林，过贵州，边逃边停，停停逃逃，天地之大，竟有无处可安生久住之感。就这样，到达重庆已是1944年四五月。到达重庆后不久，就应邀参加《建国之路》的拍摄，并随外景队到桂林拍摄。偏又在此时，遭遇日军对湘桂公路总攻击，外景队仓皇撤退，电影没拍成不说，连全部摄影器材也丢失殆尽。外景队夹在逃亡的人群中，历尽千难万苦，方于年底回到重庆，当年报上都有记载。

胡蝶真正在重庆的日子也就七八个月。1945年8月15日，抗战胜利，第二次世界大战结束，政府还都南京，外省人也纷纷打点还乡。作为公众人物，她出席公开活动，也从来没有离开过公众视线。这都是有迹可循，有报纸的报道可查。

在离开香港到达曲江，她婉谢了李汉魂将军代表国民政府发给她的两万法币赠款，她说："当时杜月笙、谷正纲、孔祥熙乃至电影界的黄子布（夏衍）、司徒慧敏等人都是认识并有来往的，戴笠不过是其中一人，也并不是特别的一人，潘有声在生意经营、为当时政府部门购买物资上和戴笠有往来而已。"她相信这些事实都是有据可查的。

胡蝶还说："抗战胜利后，大家纷纷还乡，孔祥熙还曾表示可以资助我，我也婉谢了。我母亲说过，能自己解决的就不要依赖他人，欠了别人的情，是要还的。"胡蝶说这番话时已没有了年轻时如前所说的那样愤慨，有的是历经沧桑后的淡定与不屑。她相信历史会还她以清白。虽然大部分书写所谓的胡蝶被戴笠"霸占",均对胡蝶怀着同情,但将谣言当成事实,即使是同情,也仍然是对胡蝶人格的伤害。我相信她的话是对的,现在不正有一些公正人士在做考证,指出沈醉的指证自相矛盾不可信吗?这次回忆录的再版,我联系到胡蝶的子女亲属,他们对此谣传也颇感愤慨。一位曾在中国电影开拓时期做出过贡献的演员,一位曾代表中国电影界出访欧洲进行文化交流的使者,一位兢兢业业洁身自爱的女性应该受到人们的尊重和爱护。

1987年,我回国见到夏衍先生,我和他的女公子沈宁是多年挚友,我住在夏公家里,犹如家人。夏公很关心胡蝶,频频询问胡蝶在海外的生活起居,并提出请胡蝶回国定居。夏公说,胡蝶是个好人,为中国电影事业的开创和发展做出过贡献。此后,作为胡蝶三十年代明星影片公司的老同事、时任中国文化部副部长的司徒慧敏,著名的中国电影演员王丹凤都曾代表中国政府,邀请她回国访问。

我曾向胡蝶转达了夏公诚挚邀请的盛情。我难得见到她如此激动,眼眶里有泪水闪动。她抚着我的手,沉思良久后,怀着无限眷恋的心情说:"好是好,只是儿孙都在这里,我已是个无用的老人,怎能再去增加国家的负担。怕只是梦里几回寻,只能终老他乡了。"我们相对无言,这种对故国的眷恋,流落他乡的无奈,我们是共同的。

1988年7月,我曾在家里后院设午餐会,邀请她和中国驻温哥华总领事馆的领事们相聚,也好让她知道故国的绝大多数人对她的认同和尊重。当年出席茶聚的有副总领事侯清儒、颜慧民领事、兰立俊领事(后来曾任驻加拿大大使)以及中国驻外公司的朋友们,胡蝶和他们一起共度了一个愉快的下午。这是我认识她以来,她第一次和来自大陆的那么多朋友一起长时间的聚会,她和大家交谈、用餐、合影,直至夕阳西下才尽欢而散。对中领馆送给她的电影杂志和画册她都认真阅读,并要我帮助她认识她不熟悉的简体字,介绍大陆电影事业的发展。这份认真，这份对中国大陆影坛的关切，正是出自她那颗赤诚的"中国心"，她说她没有机会再回到大陆了，但在这里见到了大陆来的那么多朋友，也算是部分了却了她的心愿。

她移居温哥华后已谢绝了各种文化社团对她的邀请，但有她昔日的旧友如王丹凤、龚秋霞、姚克，以及梅兰芳的儿媳、梅葆玖的夫人林丽源女士等来访，她还是会很高兴见面，共话旧事。未能重返故国，她多少是带着一丝遗憾离开这个世界的。

她的一生，年轻时有父母呵护、照料，为她遮风挡雨。林雪怀是她生命中出现的第一个男人，却也是令她最最痛心的初恋。胡蝶是一个对感情认真的人，年轻的她曾珍惜过这段初恋，也曾试图竭力维护这段感情，但两人的人生观、事业心背道而驰，直至林雪怀造谣诬陷，终使她愤而以法律手段解除婚约。她对我说初恋的失败使得她感到演员不能在同行中寻觅伴侣，也使她一度不敢再交男友。

她和潘有声经历了多年的感情长跑方始喜结连理。我在她的遗物中还发现了一纸剪报，是发表在 1935 年 11 月 23 日报上的报道，是记者"筝"于潘胡结婚当日所写，一纸已经发黄的旧剪报保存了半个多世纪，随着她历经战乱、流离，从国内到海外，这本身就是一段凄美的故事。婚后，潘有声对她怜惜、疼爱有加。潘有声和她相濡以沫、有过安定幸福的日子，也共同经历了抗战时期的逃亡，二度到香港开创事业，始终相互扶持。有十年时间，她从影坛退出，和丈夫共进退，以她在影坛曾有的地位和声誉，为她和潘有声共同创建的兴华实业制造厂有限公司在东南亚开辟市场，胡蝶还自任总经理，奔走于南洋各地参加展销会，拓展业务，交际应酬，完全是一副女强人的架势。她拍电影认真，在商场驰骋也同样有声有色。

潘有声是她一生的最爱，潘有声的去世对她是一生中最沉重的打击，她丧失的不仅是精神和感情的支柱，也是经济上的。那时胡蝶父母均已去世，儿女尚在求学，她说她一生从未那样感到无助过。

最后一个出现在她生命中的男士是朱坤芳。朱坤芳几十年的暗恋令她感动，朱坤芳在经济上多少也帮助她渡过了生活上的难关。养女已经独立了，养子还小，从胡蝶留下的朱坤芳的信函中，可以看出朱坤芳对胡蝶养子，从生活到学业的细心安排与照顾。胡蝶对于朱坤芳有情，但止于友情，朱坤芳对她也很尊重。在他们共同相处不多的岁月中，她不完全依赖朱坤芳，在台湾，她协助朱坤芳发展房地产事业。但她仍然以独立的身份出现在影坛，参与社交应酬，保持自己一份独立的尊严。我后来在温哥华见到过朱坤芳，他们相互之间那种信任和尊重，已超越儿女私情的真挚友情令人感动。

1966 年，在台湾拍完《明月几时圆》《塔里的女人》后，胡蝶正式退出影坛。在得知朱坤芳妻儿已获大陆批准来港团聚，她理智地退出了朱坤芳感情的生活。

1975 年，已在加拿大定居的养子潘家荣将她接来温哥华，温哥华有她熟悉的香港朋友和喜爱她的香港观众。她的亲家，香港书法家陈风子也早已在此定居。她的晚年，从生活到感情都是平静的。加拿大的福利保证了她基本的生活需求，虽不富裕，但生活无忧，她每月还能从政府发放的有限的养老金中匀出部分给儿媳妇作为她生活费的支出。

1946 年年底，胡蝶应香港大中华影片公司之邀，赴香港主演《某夫人》一片，潘有声原本就打算去香港发展，就此携全家同行，她说她没有想到就此远离故土，再也没能回到她出生成长成名的上海。她居住的公寓大楼就临近太平洋内海，从她居住的 25 楼阳台，可望见没有尽头的大海。一位加拿大地理学教授告诉我，温哥华的地形就像一只摊开的手掌，指尖指向太平洋亚洲的方向。她在阳台上眺望远方时，该有多少往事的回忆涌上心头。

1981年她由儿媳贝莉陪同回香港，迎回潘有声的骨灰，安葬在她预购的双穴吉地。

1989年3月23日，她在她家对面商场中风跌倒，没能抢救过来，延至4月23日晚七时许，她平静地闭上双眼，告别人世。五天后，我在葬礼上见了她最后一面，她穿着往常穿的浅藕色中式上衣，躺在鲜花环绕的棺木中。想起她访欧归来时，香港、上海盛大的欢迎场面、她的婚礼，以及她和潘有声在南洋参加商业展销会，人头攒动的盛况。今日肃穆，只有至亲好友参加的葬礼也许稍嫌简朴。但她来温哥华后就已褪尽铅华。她说过："人家说，看穿了人生就是戏，但在我看来，却是用不着看穿，人生本来就是戏。"[1]戏演完了，帷幕落下，演员退场。经历过喧嚣的繁华，走上过俗世的巅峰，也许晚年这份默默无闻的平静，正是她所祈求的。

胡蝶走了，但却永恒地留在了历史的记忆里。

2004年10月，定居在加拿大的著名艺术家、温哥华美术馆兼任总监郑胜天教授，应德国慕尼黑斯托克美术馆之邀，合作筹办了一个大型展览"上海摩登"，多方面介绍了1919—1945年上海的文化景观。郑胜天除了邀请北京电影学院导演系主任郑洞天教授参与策划，并撰写《影像上海》外，还挑选了胡蝶私藏的照片展出，获得好评。

旅法中国画家高醇芳2004年在法国巴黎创办了中国电影节，在2009年9月24日第四届电影节上，举办了纪念胡蝶逝世二十周年回顾展，放映了《姊妹花》等六部影片。

2016年年初，在郑胜天等热心人士的策划下，温哥华美术馆亚洲馆举行"花样年华"筹款晚宴，展出了50幅胡蝶生前珍藏的照片。在此基础上，郑胜天和他的工作团队又精选了205幅照片，回到中国北

---

[1] 梁汝州：《胡蝶话家常》，台湾《真善美电影画报》1973年10月号，第36-37页。

京和胡蝶出生、成长、成名的上海展出。这些照片"反映了影后一生的各个时期和各个方面，有的照片虽然逐渐褪色，但昔日影后的夺目光辉却在我们眼前重新复活了"[①]。

艺术家郑胜天教授是热心于公益事业、推广中外文化艺术交流的使者、策划人。感谢他的协助，为本书选登胡蝶私人珍藏的照片，并撰文《胡蝶的形象》，介绍胡蝶照片发现、展出的过程。这些照片从视觉上丰富了本书的叙述。

感谢中国电影艺术研究中心的专家李镇先生，俯允将他为《蝶梦百年——影后胡蝶私人珍藏照片展》所写的专文收入本书。

著名作家张翎女士、夏衍先生的女公子沈宁女士是我的挚友，正是她们的鼓励和支持，才使我有信心在故纸堆里，在和她的访谈笔记中，在记忆里去搜寻、求证，努力完成这本回忆录的再版工作。

当然更要感谢胡蝶的子女后人，慷慨同意使用文中所有的照片。作家出版社同仁对这本书出版的热忱和认真，为《胡蝶回忆录》[②]的再版，画上了完美的句号。

2020 年 8 月 30 日于加拿大温哥华

[①] 郑胜天：《影后胡蝶》前言，《影后胡蝶》，九龙三川出版社，2017 年 8 月。
[②] 修订再版更名为《胡蝶口述自传》。

胡蝶的形象　郑胜天

　　2002 年左右，慕尼黑斯托克美术馆（Villa Stuck）委托我筹办一个大型的展览"上海摩登"，探讨上世纪前期中国与西方现代主义文化的对话和互动。展览包括绘画、摄影、建筑、设计等许多方面，也有一个电影环节。我就邀请了时任北京电影学院导演系主任的弟弟郑洞天来策划。他从中国电影档案馆借了几部老片子去德国放映，其中有1933 年郑正秋编导的名片《姊妹花》。洞天为展览图录撰写的《影像上海》一文中特别介绍了主演此片的女演员胡蝶："就在安·雷马斯的（中国）第一家电影院开张的那年，离虹口那里不远的提篮桥，降生了一个名叫胡瑞华的小女孩。这个时间的巧合，好像命中注定她这一生要和电影结下不解之缘。"胡瑞华是胡蝶上学时取的名字。她出生时原名胡宝娟。婚后用潘胡宝娟，后来就只用潘宝娟，晚年在温哥华居住时，朋友和亲人也是用这个名字称呼她。

　　1975 年胡蝶自港台息影后，随儿子媳妇移民到温哥华，定居在这个山清水秀的海滨城市，一直到 1989 年去世。我那年年底才来加拿大，错过了向这位影后致敬的机缘。为了能找到一些可参加展览的有关胡蝶资料，我请本地影剧界的岳华大哥引荐，去访问她儿子潘先生一家。

岳华是香港功夫片名演员，在现实生活中也热心肠讲义气，很受人敬重。其实我与胡蝶亲家公陈风子先生相识已久，他是本地一位德高望重的篆刻家。但温哥华藏龙卧虎，港台和大陆不少名人移民来后都十分低调，不显山不露水。所以我并不知道他们之间的关系。岳大哥带我与美术馆馆长丹斯克尔（Jo-Anne Birnie Danzker）来到潘家时，全家正在客厅看电视转播的冰球赛。冰球是加拿大头等大事。儿媳贝莉从储藏室拿出几个旧纸盒让我们自己看，转身又去观战。那边球赛热闹，这厢我们惊讶地发现盒中装满了胡蝶生前自己留存的老照片。我俩犹如发掘到隐匿已久的宝藏，兴奋之情比看冰球激战的主人有过之而无不及。后来我们从中挑选了10幅参加"上海摩登"展览。也希望以后有机会能将这批珍贵资料完整地介绍给公众。

胡蝶家中保存的这批照片都是她本人生前收集的，我们看到的约有三百多张，许多都从未发表过。第一部分是本人肖像，自16岁起直到晚年，涵盖了大半个世纪。有专为媒体发布而摆拍的正装像，也有不少便装或随意的快照。第二部分是剧照。由于许多早期影片现已失传，这些照片对中国电影史的研究十分重要。第三部分是她从艺生涯和社交活动的留影。其中尤其珍贵的是她于1935年和京剧大师梅兰芳一行去苏联及西欧访问沿途拍摄的照片。它们为中国表演艺术家首次在国际上亮相留下了完整的记录。许多照片上都有笔注，甚至胡蝶本人的手迹。除了照片之外，她的家人还珍藏着胡蝶生前喜爱的几件旗袍，以及她在上海与潘有声结婚时定制的一套瓷器。

2016年年初，温哥华美术馆亚洲馆举行名为"花样年华"的筹款晚宴，我征得胡蝶家人同意，在美术馆展出了50幅胡蝶的照片。许多朋友看了都有惊艳之感，建议把展览送回国内，相信会得到那里更多影迷的欢迎。于是我们开始计划一次较完整的展览。洞天虽在病中，仍很关心这项计划，并将中国电影艺术研究中心的专家李镇推荐给我。

李镇是中国电影史研究的中坚，他拿到我发给他的样片后，细心查阅了数千份资料，考证出许多照片的相关信息。他还为这个展览撰写了一篇专文《曲阑觅芳踪　蝶舞自不群》，对胡蝶不平凡的一生和演艺事业做了完整的阐述。我们也特邀纽约大学电影学系张真教授写了一篇论文《胡蝶——电影皇后与文化偶像》，从文化史角度论证了胡蝶的成就和贡献。

2016 年 11 月中国电影史年会在上海举行年会。在李镇的精心安排下，我们在会议所在的上海大学电影学院举行了《蝶梦百年——影后胡蝶私人珍藏照片展》。第一次在国内展出了 205 张胡蝶照片，引起了与会代表的极大兴趣。2017 年 8 月这批展品移师到北京泰康空间展出。他们为此精心设计出版了一本中英文双语的画册，使这些罕见的照片复制品能够被胡蝶影迷们长久欣赏。2018 年展览再次回到胡蝶的出生地上海，不仅在上海摄影艺术中心隆重展出，还被邀请作为上海服装周的特别项目，在上海展览馆中与更多的观众见面。

无独有偶，也是在 2016 年，斯德哥尔摩的摄影艺术馆 Fotografiska 曾推出了一个精彩的展览"嘉宝的形象"，展示了收藏家诺丁（Lars Nordin）二十多年来集存的好莱坞影后葛丽泰·嘉宝（Greta Garbo）的个人照片和珍贵资料。这个精彩的展览轰动一时，成为来到这个波罗的海城市的游客必去参观的景点之一。我希望有一天胡蝶个人珍藏的这批照片也能保存在一个永久性的展览馆中，让更多的人能来欣赏和瞻仰这位上世纪第一位引起国际关注的中国影后的形象与风采。

2020 年 8 月于温哥华

往事的回忆　　胡蝶

时光流逝，星转月移，退出影坛也已二十多年了。原打算在这个北美城市安安静静度过余生，用一个普普通通的名字，做一个普普通通的人。所以多年来，我谢绝应酬，只是在一般的交往中还偶尔谈谈陈年往事，感叹一番，如此而已。

前些日子出街乘车，一位身体健朗的老太太跟着我上了车，车里乘客稀少，她也就在我身旁落座，并笑着跟我招呼问好。是熟悉的中国人的脸庞，但又似不熟，是谁呢？我竭力从记忆里搜索。她似乎看出我的心思，笑着说："你不会认识我的，我是当年仰慕你的影迷。我从你的眼神里认出了你，跟你上了车，其实我回家是该坐相反的路线的。"

这里是华人、华侨聚居的城市，这样的事我也是遇见多次了，但每次仍使我激动不已。我在中国电影的开创时期曾做了一些工作，当初观众给了我荣誉，时隔多年，我也仍然留在他们的记忆里。激动之余，也有那么一点点负疚的心情，对于如此热情的观众，我能报答他们些什么呢？

近年来，我收到一些朋友寄来的有关我的剪报，有朋友笑着对我说："你又老来红了。"读了这些文章，思绪万千。这些报道，字里行

▶ 1985 年胡蝶于寓所 25 楼阳台上，刘慧琴摄于《胡蝶回忆录》书写时

间，流露了多少观众，老一代的、新一代的对我的深情厚意。有些我已遗忘了的往事，都那么清晰地留在旧友、旧观众的记忆里。

一石激起千重浪，平静的生活似乎被激起了层层浪花。这是往事的回忆，一圈又一圈回旋出去，把我带回到过去的岁月里，在新的浪花里，我又看到影坛新人辈出，以他们精湛的技艺谱写着新的篇章。久已平静的心情起了波澜，各方面的朋友都热情地催促我将影坛的生活经验写下来，留给后人。

写什么呢？颇感踌躇，向来不曾著书立说。我想就算是和读者叙叙家常，如果从这些家常话里，能带给我昔日的旧友和观众一些欢乐的记忆，能让年轻一代了解老一辈曾走过的道路，有所助益，也算是回报了观众多年来对我的热情关怀。

1985 年 8 月于温哥华

从皮影戏　到　电影

奔波的童年

像我们这一代人都是跨朝代的人，都曾做过"皇上"的子民。我是1908年3月23日（光绪三十四年农历二月二十一日）出生在上海提篮桥怡和码头附近的一个什么坊，名字记不起来了，现在也无处查问。一个坊可以有十来二十栋相连的房子，每栋房子，阔气的住上一家，也可以住上好多家。这种式样的"坊"据说今日的上海也还存在。一个坊其实也是一个小小的世界，各自在人生的舞台上扮演着不同的角色，十年人事尚且几更迁，更不用说数十年，又经历了不同的朝代，可惜"房子"不会说话，也不曾留下记录，否则也无需我在此追忆往事了。

1908年，也就是光绪三十四年，光绪皇帝和慈禧太后先后"驾崩"，再过几年，清帝逊位，改号民国，结束了大清皇朝两百余年的统治，也结束了中国绵延达数千年之久的封建制度。我从呱呱坠地到牙牙学语，短短几年就经历了两个朝代。每当谈起我的生年，我母亲必定说："这丫头就是老佛爷和皇上驾崩那年生的。"我也不知对我是褒是贬，总之，我也就此记住了我出生的年代和背景。

我祖籍是广东省鹤山县坡山水寨村，姑父是唐绍仪的弟弟，姑父母住在上海，也就把住在鹤山乡下的父母亲接到上海。靠着姑父的提

▶ 1915年胡蝶（坐左1）7岁在东北沟帮子与父胡少贡（立左1）、姑母（立左3）、母吕氏（左4）、表姊（立左2）、堂妹胡珊（坐左2）

携，父亲在京奉铁路上当了总稽查，是个挂名的闲差。说是闲差，却还是要到场应卯，所以全家也跟着父亲长年累月奔波在京奉线上。这种生活虽不固定，却也极有乐趣，使我接触到各地的风土人情，对我以后从事电影工作不无帮助。

人们常说老年人容易忘记眼前的事，却会清晰地记起年轻时的往事。确实如此，如今我还清楚记得火车一靠站，挎着筐子的小贩就叫开了："两毛一只，又香又嫩的烧鸡！"鸡蛋呢？一块大洋就可以买一大篓，所以也难怪九斤老太①大叹今不如昔了。

我父亲胡少贡为人宽厚，性格开朗，爱开玩笑。我觉得自己性格里有很多酷似他的地方，也幸亏是这种开朗的性格帮助我度过了人生

① 九斤老太，鲁迅小说集《呐喊》中人物，因为老太太的丈夫出生时重9斤，所以被人称作"九斤老太"。

的坎坷。我是独女，没有兄弟姐妹，父亲对我异常宠爱，我年幼时体弱多病，总不肯好好吃饭。为了引起我的食欲，父亲买了各式各样彩绘的瓷器，每幅彩绘都有一个故事；当然这些故事不外乎是些才子佳人、父慈子孝、兄友弟恭之类的，但经过父亲绘声绘色的描述，我听来格外入耳，不知不觉就会比往常多吃了饭，父亲高兴得不得了。买古董买瓷器成了他的爱好，而我也渐渐地喜欢上瓷器，从欣赏到收藏。

母亲吕氏出生在封建的大家庭，在女子无才便是德的旧礼教家庭，没有受过太多教育，仅粗通文字，但她很懂得处世为人。她慈祥但严格，从不因为我是独女而对我有所骄纵。回顾自己的一生，在待人接物方面受了她很大的影响。她常教育我："你要别人待你好，首先你要待人好。"她没能说出长篇的大道理，但这句含有哲理、朴实无华的话使我一生受用。当我步入影坛，小有成就时，她又告诫我："凡事不要争先，要退后一步，勤勤恳恳地做好自己的本分工作。"所以，后来在拍电影时，我总是服从导演的指导，主角也好，配角也罢，我总是尽我的能力去揣摩、领会，让自己进入角色，发挥自己的才能，演好分配给我的角色。这种"尽责"的天性倒是从小养成的。我母亲一直和我生活在一起，即使在抗日战争的逃亡、颠沛流离的岁月中也从未分离，战后我和有声、孩子去香港发展，她因年事已高，不愿再随我奔波，就留在上海，后在上海病逝。我的父母都葬在上海郊区闵行的长安公墓，后来因这个地区开发，需要迁葬，原来坟茔已乱，各家捡拾了些骸骨就算是先人的骸骨。反正是人葬我父，我葬人父，都是先人骸骨，同属炎黄子孙，也不必计较了。

虽有父母的宠爱，但独女的生活仍然是寂寞的，父亲在铁路上工作，长年累月奔波在铁路线上，搬家是家常便饭，好在除了细软是自己的，其余家具都由公家借用，经常的搬迁使我缺少固定的童年伙伴，常常是刚和小伙伴玩熟，就又该依依不舍地告别了。为了适应环境，为了能在新的环境中很快找到新的小朋友，幼年的我常常喜欢模仿当地人的口音，留神听他们说话，也许是童年生活在我身上留下的痕迹，使我对语音很为敏感，这种敏感也就带来我以后职业上的便利。

8岁那年，全家在天津住了将近一年，那时我堂妹胡珊、堂弟业培住在我家里，生活一下子热闹了好多，受我影响，胡珊后来也进了电影界，在三十年代也拍了不少片子。她后来也随儿女移民来加拿大，住在首都渥太华，不时也能见上一面。

在天津时，我和胡珊就读于天主教圣公学堂。天主教学校的校规较严，白衬衫、黑裙子，上课都得规规矩矩地坐着听课，不得随意言笑。只有到下课放学，走出校门，我和胡珊就像两只飞出鸟笼的鸟儿，嬉笑奔跑，踢毽子，跳绳，尽情疯玩，玩够了，一个铜板买一个大肉包子或是买一大堆天津良乡糖炒栗子，再花一个铜板就可以叫辆黄包车回家。少年不识愁滋味，那段日子真是一段黄金岁月。

这个时期家庭生活中一件大事就是父亲纳妾，这件事倒不是父亲的意思。"不孝有三，无后为大"，我母亲很受封建旧礼教的影响，因为自生我后，母亲再也没有生育，所以在母亲坚持之下，父亲纳了妾。庶母高秀贞（我叫她小妈）是位旗人，贵族后代，过门以后，生下四子一女，妻妾之间，我和弟妹之间都相处得很好。小妈的母亲，我也尊称她为姥姥。我从影以后，母亲就让她跟着我，照料我的生活，我的一口京白，多数是从她那里学来的。也可能因此，坊间有传言说我是旗人。

我9岁那年，父亲辞去这份不大不小的京官，全家回到了广东，但多数日子还是住在广州市区，进了培道学校，和我同学的有后来著名的声乐家伍伯就。当年培道学校的学生，后来移居加拿大的人数也不少。温哥华还有培道同学会的组织，我自然是最老的校友了。

我在广州度过了整个少年时期，也幸好有这段岁月，才使我这个在上海出生的广东人还能捡回一口较纯正的粤语，不致在以后拍粤语

▶ 胡蝶少女时代和同为电影演员的堂妹胡珊

片时出丑。

鹤山是我的故乡，逢年过节也随父亲回乡祭祖，记得那时女性是不准进祠堂的，据说也不上宗谱。但以后我成名了，却又破例有姓有名地列入宗谱。由此可见男女之不平等，妇女之被歧视，皆因旧思想总认为妇女是无能的，当妇女一旦在这个社会显示出自身的力量时，连最森严的礼教也都刮目相看了。

电影在中国的开始

我从小跟着父亲"跑铁路"，远离大城市的娱乐生活是比较枯燥的，但逢年过节，遇有演木偶戏或灯影戏，我必要求父亲带我去。这种灯影戏（也称皮影戏）或木偶戏的情节，往往是很简单的，不外乎才子佳人、神仙、童话之类，但人们也看得津津有味，尤其是灯影戏，灯光透过皮影产生的效果较诸木偶给人的想象力以更多的空间。中国原是灯影戏的发源地，早期灯影戏提出的光学原理应该是早期电影的萌芽，可惜落后的封建制度拖住了生产力发展的步伐，就像造纸、火药、指南针等最早发明于中国，却未能在这个古国发扬光大。

据说，"西洋影戏"最早进入中国是 1896 年（清光绪二十二年）的 8 月 11 日。该日在上海徐园的"又一村"放映，这也是电影在中国的第一次放映。以后短短几年间，电影这一新兴的娱乐形式由上海到北京并深入到内地。

说到中国电影事业的开始，还不能不提一提商务印书馆在电影开创时期所起的作用。人们只知道商务印书馆是专印教科书的，而知道商务印书馆也曾拍过电影的人恐怕就不多了。

商务印书馆创立于 1897 年（清光绪二十三年），也就是"西洋影戏"传入中国的第二年。1917 年，有一个美国人带了电影摄影机和大批电影胶片来到中国，打算在中国开设电影制片厂，但是因为不熟悉中国的国情，几乎将全部资本赔光。其时，商务印书馆交际科科长谢秉来和这位美国人相识，这位美国人眼见血本无归，请谢帮忙，希望能多少收回些本钱。谢这个人颇有点生意头脑，看出这是个有发展前途的事业，立刻向馆方上层建议，并说服馆方及时收购，结果以不到三十大洋的低价盘下了全部摄影器材，包括当时在欧美使用的百代骆驼牌摄影机一架、放光机一架以及摄影用的胶卷等。商务印书馆原设有照相部，就将这批器材交由照相部管理，并聘请留美归国学生叶向荣为摄影师。照相部开始只拍摄、制作新闻短片，拍摄了《盛杏荪大出丧》《美国红十字会上海大游行》《上海焚毁存土》等。

1918 年，商务印书馆派馆员鲍庆甲赴欧美考察印刷、电影事业，鲍回国后就正式成立了"活动影戏部"，聘请曾任基督教会报刊编辑的陈春生任主任，调装订部工友任彭年当助手。任本人爱好戏剧，也经常登台客串演京戏和文明戏，他后来和当年当红的武侠演员邬丽珠结婚，他们的儿子任意云后来也成了编导。摄影师是照相部的技工廖恩寿。这就是中国最早的电影制片班底之一。

当时拍的片子分"风景""时事""教育""新剧""古装戏"五大类，大都是短片，内容正派健康，很受当时观众欢迎。

1920 年，商务印书馆影片部为著名京剧表演艺术家梅兰芳先生拍摄两部"古剧片"：《春香闹学》和《天女散花》，这两部戏是梅先生经常演出并得到好评的，是观众欢迎的剧目。为了适应无声电影的特点，唱词改用字幕插片中，这就不得不将唱词加以缩减。梅先生在这场戏中表演了打秋千、扑蝴蝶、拍纸球等很多富于舞蹈性的优美身段。

影片的服装和化装以及道具都和舞台上的相仿；花园一景是借用苏州河畔一座私人花园实地拍摄的。由于当时的摄影师是初次拍摄"古装片"，没有经验，竟把花园里的洋房也拍了进去，闹出了笑话。提起这段往事，不过是想让读者了解中国电影初创时期的艰辛与摸索，后来在和梅兰芳先生同船去欧洲时，梅先生还谈起这件事，感叹电影事业先行者的不易，他说："当笑话说说也就算了，这是没有经验的出错，不能太过计较。"

商务印书馆原来是以出版严肃的教科书著称的，影戏部成立的初期，也仍按照此宗旨办事。后来因为娱乐事业的日益发展，民众对新兴的电影的爱好和需求日增，影片部扩大，人员多了，不免良莠不齐，所拍的影片有违原定的初衷，受到社会舆论的责难。1926年，商务印书馆对影片部进行改组，将其独立出去，成为"国光影片公司"，而国光影片公司也只是维持了一年就歇业了。国光影片公司拍摄了五部影片：《上海花》《马浪荡》《母之心》《不如归》《歌场奇缘》。

这几部电影放映时，我已回到上海，由看皮影戏到看电影，自然欣喜异常。现在回想起来，我后来进入电影界也并非偶然，这个梦想该萌芽于我幼年时对皮影戏的喜好和观赏。

中华电影学校

1924年，我16岁，全家从广州又回到了上海，家里人口多了起来，父亲一时也未谋到适合他的工作，赋闲在家。父亲厌烦了官场的虚伪、尔虞我诈，不想重返官场，好在凭着母亲善于理家，家里也薄有积蓄，过过平常日子还不至于太拮据。我眼见父亲负担加重，虽还不至于要我这个长女分担，但看到母亲对家用的支出更为节省，连在菜市场买菜都斤斤计较，我就有些心酸，也能感到其中的艰难，总觉得自己有一份分担的责任。

我虽然出生在上海，但是童年是在北方度过的，其间又回广东住了六七年时光，回到上海，当地的生活、学校，特别是上海方言在一段时间内我是陌生的，一下子难以适应。家里的经济条件也多少有了变化，就是不那么宽裕吧。是该进一所中学完成我未竟的学业呢，还是找一份工作，分担家庭的开支？我和父母商量，他们都反对我去工作，主张我还是回学校继续求学。

就在我犹豫不定之际，偶然在报上看到"中华电影学校"的招生广告，平素对皮影戏、电影的兴趣以及想当演员的梦想似乎在这时找到了一个可以承载的船只，带我去远航。我产生了要去报名尝试一下的念头，给自己一个有可能实现梦想的机会。

我小名宝娟，上学后取了学名胡瑞华，那时好像当演员的都得有个响亮的艺名，我原打算取名"胡琴"，但转念一想又觉不妥，胡琴，胡琴，岂不是整天让人拉来拉去吗？我这个人虽然还能随遇而安，却也不想让人拉来拉去。大约想了好几个名字，总不满意。也不知哪来的灵感，看到窗外

▶ 少女胡蝶，投考电影学校时的装扮

落在花丛的一只蝴蝶，有了，"胡""蝴"，同音不同字，当个蝴蝶也不错，可以自由地飞来飞去，最后就以"胡蝶"姓名报考。

中国的电影虽然起始于20世纪初，但直到我进入电影界的1924年，仍然处在默片阶段，观众要通过演员在舞台上的表情，说明书的讲解，有时还要借助于字幕来了解角色的内心活动以及故事情节。初期的电影艺术，对角色的表演有较诸后来更高的要求。中国初期的电影是从拍摄京剧开始的，也是中国最早期的舞台纪录片。

中华电影学校是我国第一所电影演员训练学校。校址在上海爱多亚路（今延安东路），创办人是当时"上海大戏院"的经理曾焕堂。曾焕堂是广东顺德人，出身富商家庭，曾被当时上海的《申报》誉为"中国电影事业的领袖"。他也是当时上海实业界巨子、大世界游乐场创办人黄楚九的女婿。中华电影学校第一期招生广告一经登出，报名考生竟有两千余人。我很早就去了学校，比学校开门时间早了一个多小时，是第一个报名的。记得当时心情极为紧张，为了让自己显得老成一些，我把自己打扮成一个少妇，头发梳成横S头。戴了一朵大花在左襟，长坠耳环，穿长裙圆角短袄。主考是陈寿荫、剧作家洪深、小说史学家陆澹庵，以及从法国回来的留学生汪煦昌和徐琥二人。

剧作家洪深（1894—1955）是江苏常州人，美国留学生，在美国专攻戏剧。1922年，洪深由美国回来，最初受聘于中国影片制造股份有限公司，曾为该公司代拟了一个有意义的"征求影戏剧本"的启事，要求应征剧本应以传播文明、普及教育为主旨，含有寓教育于娱乐的用心。后来中国影片制造股份有限公司由于资金和人员问题，只拍了新闻短片《国民外交游行大会》等少数影片就结束了营业。他也曾在复旦大学任教，但主要经历还是从事戏剧和电影的编导工作。1925年，洪深加盟明星影片公司。在创办和领导中华电影学校的过程中，他居功至伟。

小说史学家陆澹庵是鸳鸯蝴蝶派最早期的作家，当年我还年轻，涉世未深，知识面也还不够广，听到人们说起鸳鸯蝴蝶派，我还闹过一个笑话，我说："哎哟，我什么时候也成了一派了。"

法国留学生汪煦昌在法国专门学习电影摄影，回国后创办神州影片公司，还和同学徐琥合办过昌明电影函授学校。汪煦昌主张通过电影艺术的感染力和有动感的形象，对观众起到"潜移默化"的教育效果，他认为演员同音乐家、美术家、文学家一样伟大，因为都是为完美的艺术做出努力，所以演员的地位非常重要。因了他的这些主张，人们称汪煦昌以及和他一起工作的人为"神州派"。

徐琥也是法国留学生，他除了和汪煦昌合作外，还和张石川合作，导演过明星影片公司第一个有关妇女问题的剧本《玉梨魂》（由郑正秋根据鸳鸯蝴蝶派文人徐枕亚所著同名骈体文言小说改编）。

从几个主考的经历可以看出中华电影学校的教师都是当时中国电影界的先行者，对欧美的电影有一定的学识和见解，对中国电影业的发展有一定的抱负。

时间已经过去六十多年了，但一提起那场入学试，还真是记忆犹新，仿佛是不久前发生的事情。

那天坐在主考席上的是陈寿荫、洪深、陆澹庵、汪煦昌和徐琥。几位主考对了一下眼神，投来赞许的目光。

洪深首先发问："你怎么会想起来报考电影学校的？"

还好，这个问题我已经在家练过不知多少遍了。

"我从小就喜欢看皮影戏，皮影戏给我和我周围的女孩子带来极大的欢乐。"

说到这里，我眼前似乎出现了童年在关外沟帮子场院看皮影戏演出的场景，可能是我天真的描述，也或是我霎时间沉浸在皮影戏的表情，感染了在场的考官。陈寿荫似乎不自觉地，赞许般地点了点头，用审视的目光看着我说："你能做几个动作给我们看看吗？你突然得到急讯，你奶奶急病送医院了。"

我听了霎时一惊，可能真以为奶奶出事了，眼睛红肿，泪如雨下，疾步向前奔去……

陈寿荫突然大声道："傻孩子，奶奶只是一时气闷晕倒，不是什么大病。"

我即时跪倒，做出抱住奶奶双腿的动作，泪水还没干。我突然回过神，这是在考场呀，我怎的就当真了，我孩子气似的笑了。

后来摄影师汪煦昌对我说："你那深深的酒窝把我们几个人都看呆了。"

陆澹庵好奇地问我："你眼睛怎么红肿得那么快？"

我开心地笑了："是手绢上的胡椒面呀！"

我事先做了各种设想，笑容易，可哭不出来怎么办，这个主意还是我母亲出的呢。

以艺名为胡蝶的我幸运地被录取了，之后便将我的一生奉献给了中国开创时期的电影事业。

曾有人问我，何以当年从事电影工作的人员，尤其是演员，广东人居多？

广东地处沿海，我祖籍鹤山临近侨乡新会，现在也已归入台山、开平、恩平、新会，统称为侨乡五邑地区，侨乡因为居民往返外洋，带进外洋风气，思想比较开放，又因为留居的妻子不仅要在家孝敬公婆，抚养子女，还要下田耕作，所以侨乡大多数妇女早就不缠足了，在其他方面也就比较开通。在侨乡，并不认为当电影演员有什么不好，而在其他地区，尤其是在北方和江南，虽然观众对从事电影工作的人员，尤其是电影演员十分仰慕，但在另一方面又仍然存在着排斥抗拒的心理，所以若有自己子弟从事这方面工作必定极力反对，乃至反目。

如今时代已完全不同了，电影作为一门艺术有它自己的地位，电影演员更是万人仰慕的职业。

父母对我进入电影学校没有太多异议。父亲对我一向宠爱有加，有时甚至有些溺爱，一切由我，只要我高兴就好；反倒是母亲有些勉强，尤其是我姑母不太赞成。我们家回上海后，和姑母家来往比较多，姑母也一直对我疼爱有加，一直将我作为大家闺秀培养。她寄希望于我能念好书，将来在上流社会觅得佳婿，也好光大胡家门楣。因为那时的社会，传统观念对于从事戏曲、戏剧、电影工作的从业人员多少带有偏见和歧视，稍有不慎，非议纷起。因此母亲对我管得很严，对我的日常生活起居更为关注、谆谆教诲，要我时常记住洁身自爱，既要认认真真学习、演戏，更要认认真真做人。在工作上要宽容大度，遇事要退一步，不要抢前。我一生为人处世得益于母亲的教导，也一直按着母亲的教导去做。从我进入电影界开始，我母亲一直和我住在一起，外出拍片则让我那位旗人的姥姥（小妈的母亲）跟着，照料我的生活起居。我有时对母亲开玩笑说，我身边有母亲的耳报神，就算我想行差踏错也不容易呀！

如按教学设备、学生修业期限来说，中华电影学校实际上只能称为演员短期训练班，但在那时，是培养电影演员的唯一场所，可以说是中国电影史上第一所略具规模的正规的电影学校。电影学校对学生的年龄、学历、职业、出身均无限制，而以发掘人才、培养人才、提高电影演员素质为宗旨。全期修业期限为半年，学生入学只交很少的学费。每天晚上七至十时上课，督促很严，如无故缺席三堂课，学校随时可以勒令退学。课程设置有：影剧概论、电影行政、西洋近代戏剧史、电影摄影术、摄影场常识、导演术、编剧常识、化装术、舞蹈及唱歌训练等。想是几位创办的留学生，把欧美电影学校的课程照搬了过来。全部课程教学时间为360个小时，学员每周免费观看两次外国电影作为"观摩"。教员都是业余义务兼课,学生有很多也是业余来进修和学习的。教员和学员都很认真,所以虽然只有半年时间,但潜心学习也大致可以学到一些基本的理论知识,掌握作为一个电影演员所必须具备的基本技能了。

中华电影学校只办了一届,由于人事、经济等方面原因而停办。从这所学校毕业的学员,虽然个人的际遇才能有异,但都为中国的电影事业贡献了自己的力量。

同学中与我往来较多也比较密切的是徐琴芳。徐和我年龄相仿,情趣投合,一谈如故。我们两人的友谊中最值得记忆的是学骑马和学开汽车。学骑马还可以找到地方学,学开汽车却颇费周折。一则当时也没有什么汽车驾驶学校,女孩子学开汽车更属少见,只是我这个人好发奇想,叫了一辆出租汽车,开到江湾郊外后,我们付司机多两倍车费,请司机略加指点,就请他坐在后座"养神",由我们"代劳",我们就是这样学会开汽车的。这一时期,我们也还学了一些其他拍片必须具备的技艺。在中华电影学校的时间虽然很短,却是我从事电影工作的开始,从这里我走向了这个万花筒式的银色世界,在舞台上,也开始在人世间,历尽酸甜苦辣,扮演各种不同的角色,有时竟也在感情上将人生与舞台合二为一了。

初上银幕,《战功》配角

中国有自己拍摄的电影始自商务印书馆,到我进入电影界已过去七八个年头了。从拍舞台纪录片、风景片、新闻片到迎合小市民口味的言情片、滑稽片，间或有富于哲理或有教育意义的文艺片，中国电影也经历着一个认识发展的阶段。电影这个新兴的行业正吸引着各种抱有不同目的，对这个新的娱乐工业具有不同见解的人投身进来。电影公司曾在一个短时间内，如雨后春笋一般涌现，而其中又有不少如昙花一现地消失了。这正说明观众是最严正的评判者，只有经得起时代考验的制片公司，才能在市场竞争中站住脚。

大中华影片公司成立于 1924 年 4 月 1 日，是常熟人冯镇欧投资经营的。主要人员有陆洁、顾肯夫、陈寿荫、卜万苍、徐欣夫等人。他们大都是留学生或受到过西方教育，喜好美国电影，所以创作的影片在手法、情节安排上也受到美国电影影响。

大中华影片公司只拍过两部电影，第一部是《人心》，由陆洁编剧，顾肯夫、陈寿荫导演，卜万苍摄影，张织云主演。影片描写一家工厂厂长的儿子瞒着父母在外结婚，成立小家庭，其父得悉后大为震怒，逼迫小夫妻离婚，小夫妻历尽千辛万苦，终得父亲谅解，言归于好。

第二部影片是《战功》，其时，我刚从中华电影学校结业，很希望有机会将自己学到的知识运用于实践中。陈寿荫是我的老师，也很赞成我的想法，邀我到《战功》，从配角做起，历练一下。我欣然应命。《战功》一片是我踏入银色王国的开始。

《战功》一片由张织云主演，编剧陆洁，导演徐欣夫，是描写两个富家子弟在战争中负伤归来，家庭发生重大变故，几经磨难，分别与自己的情人和离异的妻子重归于好。

这是我初进银色王国在水银灯下出现的第一部影片，毫无经验的我还闹了一些笑话。张织云在影片里是戴眼镜的，但为怕拍摄时镜头反光，所以眼镜只有镜框没有镜片。在电影里，我有一个替她擦眼泪的场景，我拿起手绢就从镜框里擦过去了。导演大叫"NG"（no good），把我吓得手足无措，手绢夹在眼镜框里也拿不出来了。那时拍无声片，导演尽可大喊大叫，就是骂人也不要紧。经他大叫，我才回过神来，假戏还得真做，我还得抬起镜框擦眼泪呢！

大中华影片公司拍完《人心》和《战功》两部影片后，就因资金周转不灵和百合电影制片公司合并了。

这里要提一提张织云。张织云长我四岁，出道比我早，她也是广东人，在无声片时代也曾红极一时，曾因拍《玉洁冰清》一片而获"悲剧圣手"称号。《玉洁冰清》由欧阳予倩编剧，卜万苍导演，梁林光任摄影师。此片上演，曾轰动一时。1925年秋，上海新世界游艺场发起选举"电影皇后"，这是中国电影史上第一次举行这样的活动，张织云荣获中国第一位"影后"称号，那一年，她才21岁，而我才刚走出中华电影学校。她虽然没有进过电影学校，机缘巧合，遇上肯提携新人的顾肯夫、卜万苍、陈寿荫等人，天赋加上努力，她成了中国电影早期的一颗彗星。可惜她在人生的旅途上迷失方向。拍完《玉洁冰清》后，她就退出电影舞台，以后到了有声片时代，虽拍过《失恋》一片，惜因粤语发音不太受欢迎，也就结束了她的从影生涯。她幼年父母双亡，养母也没有真心呵护她，遇人不淑，晚景凄凉，贫病交加，在香港去世，令人唏嘘。

《玉洁冰清》是由当年当红小生龚稼农主演的第一部影片，龚也因此片一举成名。我后来也曾和他合作拍过几部影片。在台湾时，我们也时有往还，剪烛西窗，共话旧事，恍若隔世。

友联影片公司

友联影片公司成立于 1925 年，它的创办人是陈铿然（1906—1958），广东潮州人。陈原是上海沪江大学学生，他虽然不是攻读文科的，却颇具文才。在创立"友联"之前，他先自编了一部爱情悲剧《秋扇怨》，是舞台剧。演出后颇受观众欢迎。当时电影正处于方兴未艾的阶段，上海滩已出现规模大小不同的电影制片公司。陈在友人的怂恿下，就起了将话剧改编为电影的念头，于是 1926 年在上海八仙桥路挂起"友联影片公司"的招牌。恰好这时徐琥和周克从法国留学归来，经人介绍参加了"友联"。徐琥和周克在法国学过电影拍摄，还充当过演员，在当时算是见过世面的，也算是有经验了。有他们两人加入，友联影片公司正式敲锣开张，徐琥和周克分别担任导演和摄影。他们向法商经营的百代唱片公司购置了一台手摇摄影机，在徐家汇华山路租了一处地方做摄影棚，正式开业。

友联影片公司制片的历史虽只有短短的几年，但也留下了颇有价值的电影。除《秋扇怨》获得成功外，还有一部《虞美人》，但《虞美人》是以一鸣有声电影制片公司的名义出品的。该片由徐碧波编剧，刘亮禅摄影，影片写虞姬和项羽的故事，还穿插了剧中男女演员的后台生活和恋爱纠葛。《虞美人》是先在大中华唱片公司灌好了音再拍戏的，所以拍戏时，摄影师要设法和唱机的声浪取得一致，这也确实是个不简单的尝试。1931 年 5 月 24 日《虞美人》在上海夏令配克大戏院上映，也颇受观众欢迎。这部影片较我主演的《歌女红牡丹》的公演晚了两个多月（我后面还会就《歌女红牡丹》的拍摄再作叙述），但也是中国最早摄制的蜡盘发音有声片。当时友联公司的规模较小，而能进行这样的尝试也说明陈铿然、徐琥等人还颇有一股创新的勇气。

当年陈铿然、徐碧波、刘亮禅都是只有二十二三岁的年轻人，很是有一些"少年狂"、天不怕地不怕的做派。"友联"拍过一些纪录片，最为人称道的当数《五卅沪潮》。1925 年 5 月，日商棉七厂工人顾正红遭资本家枪杀，引起国人强烈愤怒。5 月 30 日，上海工人、学生数千人在租界各主要道路游行示威、发放传单，抗议暴行。公共租界巡捕在南京路开枪镇压，当场打死 11 人，被捕、受伤者无数。由此引发全市工人总罢工、学生总罢课、商人总罢市和声势浩大的反对帝国主义的游行示威，此即著名的"五卅惨案"。事发当日，陈铿然、徐碧波、刘亮禅连同徐琴芳闻讯立即开车前往出事现场，访寻医院拍摄现场及遭租界军警枪杀受伤的民众，迅速编辑成纪录片《五卅沪潮》在上海、苏州放映。

徐琴芳是我的好友，事后和我谈起这件事，既激动愤慨也很后怕，她说当时遭到租界军警追捕、搜查，情急之下，徐碧波将小摄影机塞到她穿的缩脚大裤管里才没有被搜到。

徐琴芳后来和陈铿然结为伉俪，夫唱妇随，相得益彰。婚后，徐琴芳在友联公司拍摄的武侠片《荒江女侠》一片中领衔主演，这部武侠片一拍就拍了 13 集，其时我已到了明星电影制片公司，拍摄《火烧红莲寺》，一时间，武侠片盛行。友联公司接着又拍了《十三妹》《红蝴蝶》《山东响马》《火烧九曲桥》。

拍《火烧九曲桥》还真的拍出火来了，连公司房屋也付之一炬，以后搬到施高塔路继续拍片。"友联"的武侠片在东南亚一带也很受观众欢迎，1934 年，陈铿然和徐琴芳参加严春堂的艺华公司，"友联"由胡旭光主理，可是胡经营不善，没有多久，"友联"就结束营业了。

友联影片公司的历史虽然短暂，但在中国电影史上却占有重要的一页。

陈铿然夫妇和我及有声友谊深厚，时有往还。后来我们各自的环境都有了很大变化，疏于联系，但友情是在的。1958 年，传来陈铿然在上海因癌症去世的消息，英年早逝，令人惋惜。海外电影界的朋友们至今还念着他。昔年的"荒江女侠"也已解刀归隐，安享晚年了吧！

主演《秋扇怨》

我1926年进入"友联"前，曾参加大中华影片公司拍《战功》一片，在其中饰演了一个在游艺大会中卖糖果的女郎，只有几个短镜头而已。尽管如此，也算是我出了电影学校以后体验水银灯下生活的第一步，而主演《秋扇怨》则算是我正式从事电影工作的开始。

▶ 胡蝶（饰沈丽琼）主演的第一部影片《秋扇怨》剧照

▼《秋扇怨》本事

《秋扇怨》是部时装悲剧片，详细剧情我如今已很模糊。和我同台演出的有徐琴芳，还有林雪怀。《秋扇怨》是陈铿然在沪江大学上学时所写的一个舞台剧本，上演后获得成功。上演时我曾去看过，颇为剧情所感动。对于女主角的表演，独到和不足之处也了然于胸。当然，电影表演艺术和舞台表演艺术有共同点，也更有其不同点，前者提炼自生活，更接近于生活。电影表演艺术透过银幕，可以有更为广阔的场景，使得观众的眼界更为开阔，更有切身的现实体会。舞台艺术需要通过演员的演技将观众带入导演所假定的现实生活中去。我并不是说电影演员的演技略逊于舞台演员，无论电影演员还是舞台演员都是同样重要的，只是处理的方法和凭借的背景各有不同而已。

第一次当主演，紧张与兴奋的心情可想而知。那时还是无声片时代，对于台词还没有太严格的要求，在摄影棚里，各人可以说各人自己熟悉的方言，只要脸部表情符合剧情要求，观众通过演员的表情能理解所演角色的内心活动，就算是可以的了。我那时虽无当一个红星的抱负，但我生就的性格就是要认认真真地做事，期望自己的表演能引起观众的共鸣。《秋扇怨》前后只用了几个月的时间就拍摄完成了，上映后颇得观众好评，我自己对初次主演能获得如许成果也感到欣慰。那些日子，我几乎日日夜夜沉浸在剧情的特殊环境里。在摄影棚里，我完全服从导演的指挥，回到家里则熟读剧本，揣摩角色的心理活动，探索角色应有的性格，母亲说我如痴如醉，常常自己闷在房间里自言自语，有时哭有时笑。母亲理解我是在努力去演好这个角色，生活上对我格外照顾，也很支持我。我常想，我之所以有所成就，其中融汇着导演、摄影、观众对我的帮助和厚爱，更饱含着母亲对我的呵护。

《秋扇怨》男主角的扮演者是演员林雪怀，他也是广东人，喜好摄影，出道比我早，算是有经验的演员，因《秋扇怨》一片，我们来往较多，但那时大家都是青年人，尤其我更是一个没有社会经验的女孩，母亲也提醒过我，社会不比家庭，交朋友要事事小心。我也有带他回家，当时，父母觉得他还可以，但觉得他不够老成，做个普通朋友也无不可。林雪怀虽是我的初恋，但我也同时迷恋着我选择的电影事业，我以为我们是基于共同的爱好，由友谊而产生情愫。我以为以订婚的形式确定我们的关系后，我们就可以携手在电影事业上相互砥砺，共同成长。但我错了，订婚后我们竟是背道而驰，他好高骛远，在演技上不甚了了，只是敷衍了事，自然受邀拍片的机会越来越少。我不认为我有多大天赋，但对电影事业我是认认真真的，我的认真得到了编导的认可，观众的好评。每演完一部片子，我的演技就上了一级台阶，我得到的拍片机会也就比他多。林雪怀是个很自负的人，我们之间关于演技、拍片之争甚至琐碎小事的争吵越来越多，他心理上的不平衡也渐渐造成了我们感情的疏离。我不是对感情随便的人，我一直希望能尽力挽回，他演员做不下去，经商也一样失败，一事无成，最令我痛心的是他还无中生有对我污蔑、造谣中伤。我父母也为我感到痛心，终于我忍无可忍，下决心解除婚约。关于此案，当时报刊传得沸沸扬扬，时至今日有些娱乐报刊还乐谈杜撰当年旧事，令人啼笑皆非。本来这是生活中虽非经常发生的憾事，但也不能说是什么了不起的大事，

▶ 1929 年胡蝶 21 岁时

人们津津乐道，说明演员生活中的一举一动都受到观众的瞩目，失实杜撰的传闻难免发生。我本是个胆小谨慎的人，更感到对自己的一言一行要万分注意。

　　和林雪怀解除婚约，算是我青年时代生活中的一个波折，但解决了一件不如意的事，也使我对感情一事更为慎重。一朝被蛇咬，十年怕草绳。我在相当长一段时间内都不敢随意交朋友，而是更加专心致志地在演艺上提高自己。

『天一』的磨炼，『明星』的发展

天一影片公司

"天一"就是今日香港邵氏影片公司的前身。"天一"的创始人邵醉翁原籍浙江宁波，原来是学法律的，做过上海地方法院及会审廨的律师，还做过银行经理。邵醉翁这个人很善经营，颇有生意头脑。1922 年，他转行去做文明戏，约同张石川、郑正秋组织班底，合股经营当时在上海有各剧团在此演时代剧的笑舞台（也称小舞台）。张石川之弟张巨川任前台经理，郑正秋任后台经理，张石川任顾问。笑舞台演过一出很有名的戏《马永贞》，讲的是上海滩黑帮恶斗的故事，很叫座。

时隔不久，张石川和郑正秋先后离去，另组"明星影片公司"，明星影片公司的《孤儿救祖记》演出，轰动一时，获利可观。这件事对邵醉翁影响很大，于是决定放弃经营笑舞台，改而筹组电影公司。邵醉翁之转向发展电影公司，完全是从生意经的角度考虑，从"天一影片公司"以后的发展也可以窥见这一点。

1925 年 6 月，邵醉翁以原来"笑舞台"文明戏的演员作为班底，组成天一影片公司，邵自任总经理兼导演，老二邵邨人任会计，老三仁枚任发行，老六逸夫任外埠发行，俨然是一个邵家班。

"天一"在 1925 年成立后的半年内连续拍了三部片子：《立地成佛》

（高梨痕编剧，邵醉翁导演，徐绍宇摄影）、《女侠李飞飞》（高梨痕、邵邨人编剧，邵醉翁导演，武旦粉菊花主演）和《忠孝节义》（高梨痕编剧，邵醉翁导演，吴素馨主演）。从影片内容可以看出"天一"影片的创作倾向是迎合当时小市民的喜好，宣扬传统的道德观念，还保留着文明戏的痕迹，和当时明星影片公司的出品，在文艺水准上有较大差距。邵醉翁是从生意人求利的角度出发，在一定程度上，抓住了当时小市民喜欢看旧剧的心理，影片的格调虽然不高，却还拥有一定数量的观众。

到 1928 年，"天一"业务已有很大发展。前后相继加入的导演有史东山、马徐维邦，演员有高占非、孙敏、我的堂妹胡珊、张慧冲，其后又有蔡楚生、王莹、司徒慧敏、杨耐梅、宣景琳等人。

"天一"在拓展国内市场的同时，也在南洋拓展。邵醉翁的三弟仁枚和六弟逸夫于 1928 年到南洋等地开办戏院。邵氏兄弟在香港、南洋等地建立起庞大的影业就是从那时开始的。现今在华人、华裔众多的加拿大温哥华也有一家邵氏大戏院呢。

"天一"开始拍有声片是在 1931 年。第一部有声片是由杨耐梅和宣景琳参与演出的《歌场春色》，是蜡盘发音有声片，拍摄后虽不十分理想，但究竟是一个新的尝试，还很受欢迎，票房价值也不低。

"一·二八"事变后，以及在随后的抗日战争中，上海的电影公司遭受战争炮火袭击的也不少，"天一"也未能幸免。战争的烽火迫使"天一"要做出新的抉择，改变它的经营宗旨，开始从拍摄民间故事的历史武侠片转而要结合当时抗日战争的形势，拍摄唤醒民众一致抗日的影片，《战地二孤女》《挣扎》《生机》就是"天一"在这个时期的产品。这一时期的观众也由小市民扩大到学生和知识分子阶层。

其后两年，"天一"人员及业务均有所扩大，但较诸"明星""联华"在拍片水准及演员阵营方面仍略为逊色。那时，邵氏兄弟已在香港、南洋一带打开市场，逐渐将业务重心转移，并以拍粤语片为主了。

"天一"的磨炼，我看"天一"

我在友联影片公司只应聘拍摄《秋扇怨》一片，这部片子一拍完，我与"友联"的合约也就结束了。同年，"天一"聘请我为基本演员，虽然我并不完全认同"天一"的创作路线，但对于一个初出茅庐的学生，能有一家影片制片公司聘为基本演员还是很高兴的，除了有较为稳定的职业和收入外，还有机会在艺术实践方面得到更多的磨炼和探索，而对我来说，后者尤为重要。至今我仍对"天一"那段时期的演员生涯颇多怀念，可能也就是这个原因吧！

我在"天一"参加演出的有下列片子：

1926年七部：《夫妻之秘密》《梁祝痛史》《电影女明星》《珍珠塔》《义妖白蛇传》《孟姜女》《孙行者大战金钱豹》。

1927年八部：《白蛇传》《女律师》《刘关张大破黄巾》《西游记女儿国》《新茶花》《铁扇公主》《大侠白毛腿》《蒋老五殉情记》。

我在"天一"期间拍摄的片

▶ 1927年默片《新茶花》剧照，天一影片公司出品

▶ 1927 年电影《大侠白毛腿》剧照之一。胡蝶饰演柳珠，裴芑香导演

子，现在记得的大约就是这 15 部，这 15 部片子中又以古装片居多。

1926 年，上海大小影片公司在竞相谋利的情况下，争拍"社会片""伦理片""言情片"，但拍来拍去，换汤不换药，情节雷同，缺乏新意，卖座率下降。基于此，邵醉翁就想另辟蹊径，改编民间故事和古典小说。我就是在这个时候加入"天一"的。对于一个新演员来说，自然不能也不会对于影片的内容提出自己的看法，再加上我的个性比较小心谨慎，只是尽自己在电影学校学到的知识付诸实践而已。只希望在实践的过程中，提高自己的修养，能赶上当时的红星如张织云、杨耐梅、宣景琳的水平，我就心满意足了。

今天，在回顾往事的时候，我又认识到一个演员的成就，要靠自身的努力与修养，其中也包括处世为人。我在摄影棚一向是服从导演的指导，努力与导演合作。但仅仅是这一点那是不够的，影片的成功，还取决于影片本身的艺术价值，以及导演本身的艺术才能和眼光，可以说后者是前者的土壤。我在"天一"的两年间，主演的片子可谓不少，在演技上，也确实得到过一个新演员所期望得到的磨炼。但当时的"天一"太过于着眼于利，影片娱乐性多于艺术性，而且多数影片停留于宣扬旧道德，与时代脱节，更说不上寓教化于娱乐。所以当时社会舆论对"天一"影片的评价也不高，这也是当时我在拍戏之余，感到苦恼的一件事。

我从 1926 年加入"天一"，原订有长期的合约，本来是不易离开的。"天一"在拍古装片时，居然盈利，引起当时的大小影片公司也一窝蜂地拍起古装片。这时，邵醉翁的两个弟弟邨人和逸夫已到南洋开辟市场，这类古装片在南洋极受欢迎，于是就与南洋的青年影片公司合资拍片。青年影片公司老板陈毕霖和邵氏兄弟协商，将"天一影片公司"改名为"天一青年影业公司"。1928 年，陈毕霖退出，仍由邵醉翁家族独资经营，恢复"天一影片公司"的名称。我的合同原是与"天一青年影业公司"订的，公司既然改组，合同也自然失效，所有演员合同需重新另订。

我那时已想离开"天一"另谋发展，因为感到自己的表演艺术水平无法在那些脱离时代的古装片中获得提高。恰好这时明星影片公司通过高梨痕来邀约我参加"明星"，我也就借此机会离开"天一"转入"明星"。

我在"天一"前后只有两年，却主演了 15 部影片，在演技上的历练不可谓不多，应该说这两年的磨炼使我打下了扎实的基本功，熟悉了水银灯下的生活，体会到与导演、摄影，以及其他电影从业员合作的重要性；没有诸多同仁的努力，演员即使有再高的天分，也唱不出一台好戏。我这块石头也是经过《战功》《秋扇怨》，转而到"天一"的 15 部电影的雕琢，才初步成为可用之才。才能在当时电影界前辈的提携、指导下有所造就。所以，我至今仍然缅怀"天一"这一段时期的生活，因为这是我从事电影事业的开始。

　　尽管"天一"早期的影片，在艺术水准上不能与当时的"明星""联华"同日而语，但是它的多产以及在影片市场上竞争的需要，公司必须要扩展，要延揽各方面的人才。邵醉翁的制片方针固然使得"天一"未能向高水准发展，但却给更多电影从业人员以更多磨炼演技以及各方面技能的机会，这一点功劳似不应该抹杀。出身"天一"的，除我之外，尚有蔡楚生、沈西苓、许幸之、史东山、苏怡、高占非、孙敏等人。虽然他们的成名是在离开"天一"以后，但不能否认"天一"曾提供给他们以工作磨炼的机会。

　　我的堂妹胡珊，在我之后进入电影界，她也曾参加过"天一"的演出，拍过的片子有1929年的《血滴子》《火烧百花台》，1932年的《一夜豪华》《战地二孤女》，1933年的《孽海双鸳》《追求》《飘零》《一个女明星》，以及1934年的《似水流年》和《欢喜冤家》。我和堂妹几十年来，从童年时代一起在天津上学，在街上玩跳房子的游戏，到前后进入电影界，又先后移居加拿大，手足相扶持，如今她也垂垂老矣，在加拿大的首都渥太华安享晚年，偶一聚首，回忆往事，恍若隔世，有喜有忧，真是不胜感慨。

　　天一影片公司自1925年成立到1937年逐渐转入香港、南洋等地拓展，在上海的十二年间共计约拍了101部影片。

　　1931年，"九一八"事变后，抗日情绪高涨，民众的感情也随着事变的发生而有了很大的变化，不再满足于风花雪月，民间传说，宣扬旧道德、旧礼教的影片。抗日的形势迫使各个电影制片公司要拍摄出适应当时形势要求的影片。"天一"在这股潮流的影响下，不得不转变创作路线。1932年"天一"摄制的9部影片，在内容上都有了长足的进步。其中《战地二孤女》《挣扎》都是抗日救亡的电影。《战地二孤女》由李萍倩导演，《挣扎》由裘芑香导演。《挣扎》上演时获得不错的影评，但该片在上海租界地区被禁止放映。

此外，"天一"在1933年由邵醉翁导演的3部影片《生机》《吉地》和《孽海双鸳》都在不同程度上反映了当时的社会问题，这不能不说是"天一"的一大转变。一般人在评述中国电影三十年代的历史时，对"天一"和邵醉翁本人没少贬词，我愿在此就我所知略述一二，也算是在长短两处提出一点我个人的看法吧！

早期中国电影创作的拓荒者——郑正秋

要谈中国早期的电影创作，就不能不提郑正秋，他是中国电影史上占有重要一页的人物，也是明星影片公司的创办人之一。

郑正秋（1889—1935），原名郑芳泽，号伯常，别署药风，广东潮阳人。清光绪年间在上海出生，祖上是在上海经商的广东潮商，家境富裕。幼时受教于国学老师，受其影响，认识到清廷的腐败。后就读于上海育才公学，结识了当时的进步革命人士，以"正秋"为笔名，在当时鼓吹革命的《民呼》《民吁》《民立》各报发表剧评。据说当年著名的京剧表演艺术家、谭派创始人谭鑫培有一年到上海，因为年纪大了，唱不动了，郑正秋年少气盛，在台下叫了一个倒好，而且在报上写了批评文章，引起了风波，从此人们称他为"不畏强御的批评家"，由此可见他的性格刚直的一面。不过，他在公司里人缘还是很好的，对像我这样的年轻演员尤其耐心，大家都称他为"好好先生"或是"老夫子"。

郑正秋曾担任过《民言报》的戏剧主笔，又在《民权报》《中华民报》等报上发表戏剧评论文章。他还自办了一份《图书剧报》，这是当时全国唯一的一份探讨戏剧理论，鼓吹戏剧革新，主张戏剧必须负起改革社会、教育民众的责任的报纸。当时社会对于演员的地位并不重视，视戏剧为茶余饭后的消遣娱乐。郑正秋在那时就能有这样的见解，并且终身从事这一事业，这就是他令人敬佩的地方。他曾在于右任先生主办的《民立报》副刊上发表过《粉墨场中的杂货店》一文，文中主张："戏剧者，社会教育之实验场也；优伶者，社会教育之良导师也；可以左右风俗，可以左右民情，是故吾人于优伶一方面，不可轻忽视之，于戏剧一方面，更不可漠然置之，无如吾国优伶自知负绝大责任者，实鲜！而戏剧进化于以迟钝不前矣，是以非有文学士出身而更始不可。"郑正秋就是以他毕生的精力来实践这一主张的。

郑正秋写的第一部电影剧本是为亚细亚影片公司写的《难夫难妻》（1913年），影片是以郑正秋的家乡潮汕的旧式买卖婚姻的风俗习惯为题材，通过一对青年男女在买卖婚姻制度下的不幸，以讽嘲的笔触抨击了传统婚姻制度的不合理。

这部电影是郑正秋主张电影教育责任的实践，同时也是我国第一部故事片，在这之前拍摄的电影大都是风景或舞台纪录片。中国电影之有专人导演，也是从这部电影开始的。张石川在1935年《明星》半月刊上发表的《自我导演以来》一文中曾说："我和正秋所担任的工作，商量下来，是由他指挥演员的表情动作，由我指挥摄影机地位的变动。"这工作，就是再没有常识的人也知道叫导演，但当时却还无所谓"导演"的名目。我还记得，好像一直到后来创办明星电影学校的时候，《电影杂志》编者顾肯夫将Director一词翻译过来，中国电影界才有了导演这一名称（另一说是为陆洁所译），所以中国电影之有导演，还是从这部电影开始。

郑正秋拍完这部短故事片后，曾一度脱离电影界，创办大中华新剧社，从事新剧活动。1922 年，和张石川等人创办"明星影片股份有限公司"，从此直到 1935 年逝世，将其毕生精力贡献给开创时期的中国电影事业。

郑正秋是明星影片公司编剧的台柱，也可以说他的全部创作活动和明星公司的营业有关。他也的确创作了不少优秀的电影剧本。他的剧本大都是"社会片"，而且比较着重于揭露封建的婚姻制度、蓄婢制度、娼妓制度，对生活在底层的妇女给予了深切的关怀和同情。

郑正秋在明星公司编写的第一个剧本《玉梨魂》是根据徐枕亚小说改编的，是关于妇女的，由张石川、徐琥导演，汪煦昌摄影，内容描写一个年轻寡妇守节的悲剧。孀居的年轻寡妇梨娘（王汉伦饰），与自己儿子鹏郎的塾师何梦霞（王献斋饰）相互爱慕，但梨娘恪守"守节"的旧礼教，不敢表露自己的感情，却请公公做主，将小姑筠倩（杨耐梅饰）嫁给何梦霞。两人虽勉强成婚，但夫妻间毫无感情。梦霞仍系情于梨娘，梨娘也郁郁寡欢成疾，终于何梦霞远行后病死。小姑筠倩便带着梨娘遗书及侄儿鹏郎长途跋涉去寻梦霞，梦霞见到梨娘遗书极其哀痛，念及梨娘嘱托，遂与筠倩和好，共同抚养鹏郎。这部影片对于吃人的旧礼教作了深刻的揭露与鞭挞，在六十年前是有一定的社会意义的。描写这一类题材的，还有 1925 年编写的《最后之良心》，由张石川导演，董克毅摄影，也是揭露童养媳、招女婿、抱牌位成亲这些杀人于无形的旧礼教、封建的婚姻习俗。

剧本触及娼妓问题的《上海一妇人》，于 1925 年放映，该片由张石川导演，董克毅摄影，宣景琳饰演片中主角，一个农村姑娘被骗卖到上海妓院后，成了名妓，但她仍念念不忘农村的未婚夫，积攒自己卖身所得，帮助未婚夫成家立业。她还拯救了另一个妓女，为她赎身，供她读书。郑正秋同情生活在社会最底层的，过着非人生活的妓女，他试图通过影片说明娼妓也是人，她们也有着人性善良的本性，造成娼妓的根在社会，他说："娼岂生而为娼者，社会造成之也。"

除了《上海一妇人》，他还编写了电影剧本《盲孤女》，也是由张石川导演，董克毅摄影，宣景琳主演，和《上海一妇人》同年上映。郑正秋提倡婢女解放，希望受压迫、被剥夺了人身自由的贫家女儿，也能过一般人的生活，这在六十年前不能不说是大胆的主题。郑正秋一生编写过很多剧本，他不可磨灭的贡献是：在当时人们把电影看作是一种娱乐消遣，而郑正秋则认为，电影也是一种教育大众的良好工具，寓教育于娱乐。从他开始，电影才真正产生了社会意义。

我是1928年进入明星影片公司的，给我印象最深的是他待人非常诚恳，没有架子。大家称他为"老夫子"，也称他为"好好先生"。他和张石川是截然不同的两种性格。张石川脾气暴躁，动不动就要骂人，甚至骂粗口，所以很多演员都怕他；而郑正秋则不然，对待电影的每一个情节，每一个镜头，都能不厌其烦地向演员解释、示范，使演员心里有数，心里不紧张，这样就能自然进入角色。我在明星公司时间最长，得到他的教益不少，直到今日仍然铭感于怀。

郑正秋自幼身体羸弱，时常咯血，也正因为如此，他父亲让他以鸦片缓解，就此染上毒瘾而不能自拔。他常常迟到。我是习惯于遵守时间的，长期养成的习惯，至今依然如此。常常是我化好妆，换上戏装，坐在摄影棚里等他。几次过后，他不但不因此不快，反而自我检讨说："迟到是不对的，我希望大家不要学我。要学胡蝶，认真演戏，不要迟到。"他说到做到，以后果然再也没有迟到过。他那时还称我为"乖小囡"，一些旧日的影友，见我如今七十多岁了，也仍然很听话，于是套用郑正秋当年送我的别号而称我为"乖老囡"。

郑正秋导演的最后两部电影，是我主演的《姊妹花》和《再生花》。那时他的病情更为严重，咳血、昏睡，时好时坏。上海的夏天是很闷热的，但他那时身体衰弱到几乎在盛夏也脱不下丝绵袍，但只要他稍好一些，仍然抱病坚持工作。同仁们既敬佩他这种忘我工作的精神，也心疼他的病体，在他这种敬业精神的感召下，大家都更为努力，相互之间出现了少有的融洽，拍片的进展也少有的顺畅，所以这两部片子至今仍有历史价值，也是郑正秋穷其一生精力的力作。

郑正秋在编剧上很有特长。他自己有很高的文学修养，又长年从事戏剧工作，这是他生长的环境给他的优越条件。他自幼饱读诗书，博览群书，尤好戏曲。他出身于亦官亦商的富裕家庭，从小耳濡目染，对于人生有丰富的阅历，社会的形形色色他都见过，懂得人情世故。他天资聪慧，秉性刚直，敢言人之不敢言。有着这样的背景，他写出的人物有血有肉，既有共性，又有个性。在他从事的电影事业中，他始终遵循自己定下的"戏剧，社会教育之实验场"的理念。他了解观众的心理，知道他们的喜好，他不是盲目地迎合，而是"寓教育于娱乐"，循循善诱。他善于结构故事，烘托情节，所以他编的戏总能扣住观众的心弦。他善于用人，哪个演员适合演什么戏，他心里一清二楚。在他的戏里，似乎每个角色都分配得那么适宜，这实在是他作为导演的过人之处呀！

就如宣景琳最初是演少女的，演出成绩颇佳。但当明星公司拍摄《早生贵子》一片时，郑正秋却分派她改演老妇人，当时大家都觉得很奇怪，担心宣景琳演不好。可是等该片拍完公映，竟获一致好评，宣景琳从此就专演老妇人。在与我一起演出的《姊妹花》中，她就是演一对孪生姊妹的母亲，演技更是发挥得淋漓尽致。至此，影界同仁不能不从心底佩服郑正秋独具慧眼，善于识人，善于用人，影界之伯乐也。

郑正秋将其一生献给中国电影的开创事业，有着不可磨灭的功劳。他于1935年7月16日病逝，那时我刚从欧洲访问归来，正期望把从西方国家得到的一些知识与他分享，相信新的知识将会使他在中国电影艺术上有更大的创造，谁想我竟痛失良师。噩耗传出，不仅是电影界，社会各界人士也都为之震惊。

1935年8月25日，由明星影片公司、中国教育电影协会上海分会、中国文化建设协会上海分会、广东旅沪同乡会、上海潮州会馆等三十余团体联合发起，在上海贵州路湖社举行隆重的追悼大会。到会各界人士两千余人，可见社会各界对这位电影界一代宗匠的崇高敬意和沉痛的哀悼。

"明星"创办人之一——张石川

我前面说过张石川脾气暴躁，同仁们怕他，如果我不加以介绍，不免失之偏颇。尺有所短，寸有所长，人总是有自己的长处的，凡是为中国电影开创事业做出贡献的人们，都不应该被人遗忘。

张石川和郑正秋是老搭档，但他长得却和郑正秋不一样，粗壮结实，肥头大耳，一脸福相，也一副洋绅士派头。他出身于宁波书香世家，在商界混过多年。虽说颇具宁波人精明能干的特性，可他做生意却屡屡蚀本。虽说他在洋行混过多年，却还很迷信。他原名张伟通，字蚀川，据说因为蚀本多了，不免怪罪起父母，取的字不好，于是将"蚀"字改为"石"。他拍戏的摄影棚供着"大仙"，进棚先拜"大仙"，求个吉利。

他之进入电影行业也是非常偶然的。1912年，美国人布拉斯经营的亚细亚影戏公司因无法经营下去，将公司的名义及全部器材转让给上海南洋人寿保险公司经理依什尔和另一个美国人萨弗。当时正值辛亥革命期间，形势变化很大，他们不敢贸然开业，直至第二年才开始拍摄影片，并聘请美化洋行广告部买办张石川为顾问。张石川后来在《明星》半月刊的一篇文章里，叙述他从影的经过："远在民国元年，我正在从事于一种和电影毫无关系的事业。忽然我的两位美国朋友，叫依什尔和萨弗的，预备在中国摄制几部影片，来和我接洽，要我帮他们的忙。""为了一点兴趣，一点好奇的心理，差不多连电影都没有看过几部的我，却居然不假思索地答应下来了。以为拍'影'戏，自然很快联想到中国固有的'旧戏'上去。我的朋友郑正秋先生，全部兴趣正集中在戏剧上面，每天出入剧场，每天在报上发表'丽丽所剧评'，并且和当时的名伶夏月珊、夏月润、潘月樵、毛韵珂、周凤文等人混得很熟，自然这是我最好的合作者了。"张石川就是这样，和郑正秋以及在上海经商的舅父经润三等，组织了新民公司，承包了亚细亚影戏公司的营业。

1914 年，张石川还办过幻仙影片公司，幻仙公司只拍过一部电影《黑籍冤魂》，是据同名舞台剧改编的，内容是揭露帝国主义在中国贩卖鸦片，严重地毒害了中国人的身心健康。该片由张石川自己编导并参加演出，很获好评。

张石川在电影业混了一阵，见未能有大的发展，就又回到商业场上，开办了经营股票生意的大同交易所，不料又一败涂地。于是又回到电影场上，再度邀约郑正秋合作，同时和郑正秋商量，邀约周剑云、郑鹧鸪、任矜苹等人加盟，组织了明星影片股份有限公司，同时设立明星影戏学校。

张石川以一个洋行买办的身份进入电影界，虽然他在生意场上不灵光，但作为电影导演来说，他是成功的。他脾气不好，不允许演员懒散，只要他进摄影棚，演员都要打起十二万分精神，全神贯注，听他讲解对角色的要求。严师出高徒，经他手造就的成名演员不少。我得到他不少教诲，我也怕他，遇有不同意见，我也不会当场顶撞。下场再虚心求教，他倒也和颜悦色，耐心讲解，所以，我算是少数不挨他厉言训斥的演员，我有时还能在他和演员，以及工作人员之间充个和事佬。那个时代，不像今日有极为详尽的脚本，演员也并非受过严格的职业训练，而全凭导演临场将要求、人物情绪、个性、形象的塑造告诉演员，由演员去领会发挥。他和郑正秋可以说各有所长，在"明星"初期，一个编剧，一个导演，通力合作，当然也加上其他人员的努力，才有"明星"在三十年代的成就。

张石川在"明星"的十多年间，导演了六十多部影片，开创拍长篇故事片的先河，如《孤儿救祖记》《玉梨魂》，张织云和我先后主演的《空谷兰》，以及我和阮玲玉联合主演的《白云塔》。我国第一部蜡盘录音片《歌女红牡丹》等，都是他执导的。

"明星"的财神爷——周剑云

周剑云是"明星"的财神爷，这是当时大家对他的称呼。郑正秋和张石川两人，全副精力对付摄影棚的业务工作，公司的财政、经济等工作，就由周剑云全盘负责。

周原来在新民图书馆工作，和但杜宇、郑鹧鸪等联合主编《解放画报》。周文笔颇佳，因此负责文字工作。刊名曰"解放"意在要将中国人从旧礼教、宗法社会、封建思想以及帝国主义的枷锁中解放出来，这是当时的思想潮流。《解放画报》在反封建方面起到推动作用，尤其对裹小脚的恶俗痛加鞭挞。他也曾和郑正秋及张石川一起经营过亚细亚影戏公司。人们也戏称他们三人为"明星三剑客"。

"明星"成立，周剑云任发行部主任。周虽是书生，却很有企业家的魄力。在开拓影片公司市场方面，他能高瞻远瞩，不局限于上海一地。他先后在南京、北平、天津、汉口、广州、重庆、昆明等各大城市设立发行分支机构，使明星公司的影片可以优先在各地上映。"明星"的影片在全国有影响，演员得以成为全国知名人物，周剑云功不可没。

"明星"业务扩大，周剑云又策划组织"华威贸易总公司"，代理发行中外各大公司出品的影片，开发制造四达通影片发音机，及"华威风"电动唱片机，发售给国内各大电影院装配使用。华威公司还发行杂志《明星（半月刊）》、《明星月报》、《明星公司男女红星纪念册》等等。在广辟财源方面，周剑云真可说是个企业家人才，明星公司同仁对他也很为敬佩，所以周剑云又有"明星公司保险柜"的外号。

我当年欧洲之行自始至终也仰仗周剑云全盘筹划，周剑云夫妇全程陪同。旅程中，他们夫妇不但在生活上悉心照料，就是在各国的访问日程、交际应酬、影片放映等方面，也多得他的妥善安排。

这次欧洲之行，中国电影界首次有电影演员出访，对当时促进中西文化交流及增进国际对中国电影事业的了解有着重大意义，周剑云这位幕后功臣不可不提。

在明星公司的发展过程中，也并非一帆风顺，初期由于制片不当，几乎面临停业的危机。后来公司也曾几度陷入困境，还多仗周剑云这位理财家的精明、外交家般的圆滑才一一应付过去。

抗战爆发前两年，因政治形势的变幻莫测，人心惶惶，各业均呈萧条，影片市场也不例外，各家公司拖欠薪水几成家常便饭，"明星"亦然。一天上午，群情激愤，相约至发行部坐讨薪水，看来很可能酿成罢工事件，到底周剑云才干不凡，应付自如，眼看一场风暴在他上下斡旋之下平息，一切恢复正常。从那以后，周剑云又多了一个"狐狸"的绰号。

由"天一"转入"明星"

关于我离开"天一"转入"明星"，不要说当年众说纷纭，就是今天查阅有关的电影史料也是莫衷一是。有说我离开"友联"是因为陈铿然只捧徐琴芳，而在"天一"邵醉翁只捧陈玉梅，所以我又离开了，其实这种种说法只是言者自己的猜测而已。我在"友联"拍《秋扇怨》时，只是一个初出茅庐的学生，与友联影片公司也只订了拍摄《秋扇怨》一部片子的合约，拍完片子，合约也就自然解除。"天一"给我拍片的机会是很多的，但如我前面说过，邵醉翁太过注重生意眼，较少注重影片的艺术性，我在表演艺术上感到既无长进，遑论提高。一个演员的艺术生命是有限的，是以在"天一"不到一年，我就想离开了，但我这个人生性腼腆，总不好意思主动开口，更不好意思主动取消合约，要不是有"天一"因陈毕霖下股而改组一事，我可能还会在"天一"留下去的。

常常有人问我："你是怎样成为电影红星的？"我常感到这个问题是容易回答，也难于回答。一个人的成名有主观因素，也有客观因素。也许我有些许良好的天赋条件，如我学语言比较快，这可能是和我幼年跑过很多地方有关。我比较听从导演的指挥，平时也注意到与同仁们的合作，虚心向他人学习，大家也愿意帮助我，自是得益不少。又有人说我之所以成为红星是因为我长得美，其实天赋条件是一个方面，能不能发挥自己的长处也是很重要的一个方面。舞台实际上是一个缩小了的人生社会，说到美，大家都是翩翩少年，花容月貌的少女，表演舞蹈是可以的，但绝不能唱出一台戏，因为戏剧舞台上，需要有各种各样的人物和角色，只有演技精湛、艺术修养深厚、品行端正的人，才会走上舞台艺术的巅峰。

我进入"明星"后，不论是艺术修养，还是演技等方面很得郑正秋、张石川的教导，才能有所长进。张石川以脾气暴躁出名，却从未向我发过脾气，原因是他每次向我讲解剧情，我都细心聆听，并领会其精神。那时是默片时代，只要有个大概故事就可以开拍，不像现在有分场剧本；在片场上，演员只听导演的指挥，所以编导实在是举足轻重的人物。

我入"明星"后，与林雪怀解除婚约，没有这些烦恼的事情牵扯，可以专心致志从事电影工作。"明星"当时给的报酬是月薪两千银元，实支一千银元，其余一千元作为公司欠的，待拍片完成后补回。那时演员都是支固定薪水，没有论片计酬，不过我的收入在当时已是相当可观的了。此外，公司还供给我一辆汽车，但因父亲有病，所以汽车多数时候是给父亲用的。

那时，家庭人口多，十几口人全靠我一个人的收入养活，所以我自己的生活也是很节俭的。现在回想起来，那一时期，也是我一生中最辉煌的时期，在那时能崇尚节俭，以后的苦日子也就可以过了。后来我稍有积蓄，感觉父亲在家闲得发慌，便把积蓄拿出来，在北四川路开了一家"胡蝶公司"由父亲经营管理，打发日子。想想父亲一生对我宠爱，我如今得以回报，心里还是很高兴的。

与阮玲玉合作拍《白云塔》

我进入"明星"，演出的第一部片子，就是与阮玲玉合作主演的《白云塔》，我们也是由此建立了友谊。这是一部令我毕生难忘的片子。倒不是因为这部片子本身，而是每当想起这部片子，就想起阮玲玉其人其事，感慨万千，潸然泪下。

1927年，上海《时报》刊登了一部长篇连载小说《白云塔》，是一部宣扬因果报应的小说，作者是陈冷血。小说情节奇特紧凑，每天只登八百字，每天都有些扣人心弦的曲折情节，弄得人人争看，欲罢不能。郑正秋、张石川、周剑云也是读者，并且看出，此故事若改编成电影一定卖座。等到小说一登完，这"明星三剑客"也已打好腹稿，电影怎么拍摄，已构想得八九不离十，于是三人马上决定由"明星"拍成电影。

这部影片由张石川、郑正秋联合导演，由我饰演凤子，绿姬是体质柔弱、多愁善感的姑娘，由阮玲玉饰演。男主角是朱飞，他是当时著名的小生演员。郑正秋的儿子郑小秋饰演白衣儿，谭志远饰演风伯老人，我堂妹胡珊饰小露，黄君甫饰王中，龚稼农饰陶陶，汤杰饰卜先生，王吉亭饰王猴子，萧英饰乔伯，赵静霞饰蒲夫人，王梦石饰王伯皎，李时宛饰王太太。我不厌其详地列出这个演员名单，盖这些都是当时有实力的演员。这个演员阵容，在当年是不可多得的，可见"明星"三巨头对这部电影的期望。同时，一个时代的潮流、风气、业绩不是由某一两个人带领，而是由一群人的努力共同完成的，在历史的史册上，他们都应该有一席之地。

这是我进入"明星"后主演的第一部片子，也是我与阮玲玉合作拍的唯一一部片子，拍完这部片子，阮玲玉便离开"明星"，参加了

"联华"。

在这部片子里，我饰演正派女角，玲玉演反派女角。玲玉进"明星"也有两三年了，但不知为什么，在"明星"总不得志。玲玉其实是擅长演正派悲剧的，她对这个反派女角并不喜欢，也不理解。记得当时张石川在导演时，要玲玉"脸上要有虚伪的假笑，心里要十分恶毒"，可是玲玉总演不好，连在一旁的我都十分同情她。因为她天性善良，这实在是难为了她。加上和她同台演出的朱飞，自恃是名小生，演戏态度很不认真。那时是默片时代，演员台词固然不必十分拘泥，但也总不能太离谱。可是朱飞在摄影棚里和玲玉对话时，胡言乱语，自编一套，弄得玲玉往往不知何以应对，有时会忍不住笑出声来，这样这幕戏就得重来。浪费胶片且不说，也影响拍片进度，气得张石川破口大骂，连带玲玉也遭埋怨。玲玉心中自然是十分委屈，又无法申

▶ 1928年，《白云塔》剧照。胡蝶与朱飞

辩，也就默默无言，暗自神伤，郁郁寡欢。后来正值联华影片公司登报招演员，她悄悄去报了名，一拍完《白云塔》，就离开"明星"了。她的整个辉煌的演员生涯，也是在那时开始的。

每当回忆往事，想起初入"明星"主演《白云塔》，就想起玲玉，也想起我和她最后的一次见面。那是我去欧洲之前到她家去，第一次未见到，只见到她妈妈和她女儿小玉。虽然访欧之前很忙，但似乎未见到她总有什么欠缺，所以后来又去了一次。她恰好在家，两人见面，十分高兴。我们既是同乡，又是同行，所以谈的话题也是大家感兴趣的。谈到我这次出国访问，她既替我高兴，也很感慨。她说："能有机会出去走走，开阔一下眼界，总是好的，不知我此生是否还有此机缘。"说着说着，大概触动了心事，她不觉眼圈红了。我连忙岔开话题，劝她说："人生也似舞台，悲剧也总有结束的时候。我自己在苦的时候常对我自己说，快了快了，演完苦的，就会有快乐的来了，你现在不也是苦尽甘来吗？"

她含泪带笑说："你真会劝人。"其实这倒是我的人生哲学，几十年来，我几经甘苦，历尽沧桑，总是这样自我安慰才度过来的。

那天下午，我们在一起消磨了好几个小时，后来她送我出门也是高高兴兴的，相约我回来后再叙。但谁能料到，正当我在访欧途中，传来噩耗，她竟与世永诀。那次也是我们最后的相聚。

阮玲玉（1910—1935），原籍广东省中山县，在上海出生。她的父亲是机器工人，早年死于贫病，家庭生活非常困难。那时她只有5岁，她母亲到张家帮佣，也就把她带了去，所以她的童年生活也很凄苦。寄人篱下的屈辱生活在幼小的心灵里留下很大的创伤。不过，玲玉秉性善良，又极为聪颖，求知欲很强。母亲很爱她，就以帮佣挣来的血汗钱送她入了上海崇德女子中学读书。她学习成绩很好，16岁就中学毕业。

张家的七少爷张达民从小和玲玉一起长大，此时见玲玉亭亭玉立，就向父母表示，要娶玲玉为妻，张家太太以门第不当拒绝。但张达民并不死心，用了一些手段，骗取了这孤苦无依的母女俩的信任，两人同居。他们住的是张家的房子，张老太爷过世时，玲玉曾去戴孝，但不为张老太太所容。张老太爷过世后，几兄弟分了家，家道中落。张达民是做惯大少爷的，又无一技之长，坐吃山空，生活拮据，恰好碰上"明星"招考演员，玲玉便去应征。当时的主考官是卜万苍，卜万苍那时已是有点名气的导演，明星公司已拥有张织云、宣景琳、杨耐梅等名演员。那时大部分片子都由几个名演员轮流担任。卜万苍提出起用新人，以给观众一种清新感。张石川、郑正秋、周剑云几个人也便同意了。于是为即将开拍的《挂名的夫妻》招聘新演员，玲玉适逢其时。

玲玉由母亲陪同，到明星公司去应征，见到了卜万苍。卜万苍一见玲玉就满意，但还是要试镜，玲玉不免有些失望。卜万苍一再解释，这是招聘新演员必经的程序，劝她不要紧张，并约定第二天试镜。

谁知第二天试镜，可能是心情太紧张，一连吃了三十个NG，玲玉心里那份难过就别提了。卜万苍本人也很失望。他一见阮玲玉，就认为她有一种悲剧演员的气质，是一定可以拍好的。因为《挂名的夫妻》开拍在即，"明星"的老板们都主张另换演员，幸亏卜万苍说了话："一次不行，也许是心情紧张。应该再给阮玲玉一次机会，明天再试一次，如实在不行，再换也不迟。"

卜万苍一面又安慰阮玲玉："不要灰心，今天回去好好休息一下，明天再来试。"

第二天一早，玲玉仍由母亲陪同前来。这天卜万苍先向她讲解了《挂名的夫妻》的剧情。剧本是由郑正秋编剧，描写一个聪明美丽的女子，由于"指腹为婚"，嫁给了一个傻丈夫。后来傻丈夫染"猩红热"

病逝，她就忍受着守节的痛苦，立志终身不改嫁。

这次，卜万苍要阮玲玉演抱着神主牌，在灵堂哭夫的一幕。玲玉自己身世凄凉，卜万苍讲解剧情时，她已是热泪盈眶，等到开拍时，她由剧中人联想到自己和张达民至今尚未有个正式的名分，悲从中来，放声痛哭，一下子进入角色，获得了意想不到的良好效果。卜万苍高兴得哈哈大笑，向阮玲玉道贺说："成了，你拍得很好。"

《挂名的夫妻》拍完上演，阮玲玉一举成名，成了至今仍为人怀念的演员。

《火烧红莲寺》

我在温哥华，曾遇到过不少从中国随同儿女来到这里定居的老人，不少人还是我的旧影迷。一位已是米寿高龄的长者，第一次和我见面，就提到《火烧红莲寺》里我饰演的"红姑"，讲得眉飞色舞。我听后颇多感慨，电影的影响真是深远啊！《火烧红莲寺》一片引发了当时有些影片公司制作了不少粗制滥造、内容有害的武侠片，在社会上产生不良影响，至今想来汗颜。我真不希望他们只记得我演过《火烧红莲寺》。

1928 年，也就是我进入明星影片公司的第一年，从那年开始的一两年间，武侠片几乎成了当年国内拍摄影片的主要题材。一时间，整个电影界摄影棚的上空，都是身怀绝技、飞檐走壁、锄强扶弱、除暴安良的侠客，刀光剑影充斥银幕。大约在三年间，上海大大小小五十来家电影公司，拍摄了约四百部影片，而武侠片却占了两百多部。

　　武侠片的第一把火，是"明星"烧的。二十年代，在国内曾流行过一部神怪性的武侠小说《江湖奇侠传》，是作者平江不肖生（原名向恺然）根据湖南省传奇人物柳森严的传奇故事为蓝本写成的。这部小说里的人物如金罗汉、甘联珠、知圆和尚、红姑、柳迟以及飞剑小侠陈继志，几乎都是当时小市民阶层家喻户晓的人物。所以《江湖奇侠传》这部小说被改编成电影，立即轰动，为"明星"赚了个盆满钵满。

　　这部小说是张石川偶然机会看到的，以他敏锐的生意眼光，一看就知道，若拍成电影，票房价值一定很高。他和郑正秋、周剑云一商量，一致同意立即动手。第一集由郑正秋编剧，张石川导演，董克毅摄影，主要演员有郑小秋、夏佩珍、谭志远、萧英、郑超凡、赵静霞、高梨痕。我是从第二集开始参加演出的，并且从第二集开始，就由张石川集编导于一身了。

　　《火烧红莲寺》的故事情节是这样的：湖南浏阳、平江两县交界处的赵家坪，是历史上有名的械斗之地，两地村民年年为争夺码头发生械斗，村民死伤不少。政府非但无力制止，反而为两地地方势力包围，卷入漩涡。两地的武装势力又各自邀请武林高手相助，搞得械斗愈演愈烈。有一年，浏阳县的地方把头陆凤阳与平江县的地方把头罗传贤，又因小事引起争吵，各自率众械斗。正在双方打斗之时，忽然从平江县的村民中走出一华服少年，举手一扬，不知少年施的什么法术，浏阳县的村民顿时叫苦连天，节节败退。后来陆凤阳求得崆峒派高手跛丐常德庆的帮助，始解众人之难。为报此仇，陆凤阳托人介绍，将儿子陆小青拜入昆仑派大师金罗汉门下，终于练成武艺，返回家乡。不料在回乡途中，因时值中秋，信步赏月，迷失荒郊，只好投宿"红莲寺"。却又在无意中，发现寺中机关重重，并有美女出入。陆小青疑心顿起，却不幸在探索中落入机关。适逢此时，昆仑派之甘联珠、飞剑小侠陈继志及总督卜文正的保镖柳迟来寺中探访落入淫僧知圆和尚手中的总督，于是先救出陆小青，并会同官兵攻下寺院，救出总督和受害的良家妇女，火烧红莲寺结束。

本来故事情节到"火烧红莲寺"就结束了。却不料此片一上映，全市轰动，连带南京、天津、汉口、北平、广州等地都上映了这部片子，为"明星"赚了不少钱。于是，张石川决定续拍第二集。我是从第三集开始参加演出的。这部戏由张石川自编自导。从1928年起拍到1931年，直拍到第十八集才结束。

《火烧红莲寺》一戏引出了暨南影片公司的《火烧青龙寺》《火烧白雀寺》《火烧灵隐寺》《火烧韩家庄》以及《火烧白莲庵》；天一影片公司的《火烧百花台》；锡藩影片公司的《火烧剑锋寨》；大中华百合影片公司的《火烧九龙山》；复旦影片公司的《火烧七星楼》；昌明影片公司的《火烧平阳城》；等等。1929年到1930年，各制片公司摄影棚的上空，火光剑影，光怪陆离，武侠神怪片一时泛滥成灾。有几家影片公司，索性专拍武侠片，有的更是粗制滥造到了极点，连周剑云对此都大发感慨。他是负责发行的，比较了解外面的情况，他说过："有些武侠片简直不像话，制片人到旅馆开一间面南的房间，对光开拍，既不要搭布景，又不用租家具，所费不过三五元，一摇就是两千英尺，再雇几个临时演员，多拍一点外景，十天半月，一部影片已经拍完。"

"明星"拍《火烧红莲寺》一片，虽然收入不菲，但也确实耗资巨大，至少在观众看来是极为真实的。

武侠片前后泛滥达四年之久，在社会上产生极其不良的影响，报纸上不断有新闻报道，无知青少年离家出走，寻仙访道，求师学艺，引起了社会舆论的抨击。于是，政府正式颁布禁拍禁演的指令，武侠神怪片的制作和演出才告结束。

我曾在温哥华碰到一位六十多岁的影迷，他见到我第一句话就说："我看过您演的《火烧红莲寺》，那时我也只有七八岁，但是红姑在银幕上徐徐飞行的轻功，我至今也还记得。您那时演的红姑真够潇洒。"

在观众看来潇洒的我，殊不知当年的我每次演完戏都大汗淋漓，衣襟湿透。从摄影棚出来，才算一块石头落了地，紧张的心情才能为之一松。

今天武侠片在中国拥有多少观众，我不太清楚，但至少在香港、南洋以至温哥华还拥有相当的市场。如台湾放映的武打片，大陆近年来和香港合拍的一些武打片如《少林寺》《少林小子》，香港电视剧《射雕英雄传》，在温哥华都有相当的市场。在《射雕英雄传》一片中饰演俏黄蓉的翁美玲自杀身死，连这里的报纸杂志都以相当篇幅报道。

八十年代的武侠片，与二十年代末三十年代初的武侠片，其水准自然是不可同日而语。今天不要说有些演员本就有真功夫，就算没有，在电影技术极为发达的今天，都可以通过找替身、特技制作、灯光、摄影等技巧加以改善。但这在二三十年代还真是一项颇为难解的技术呢！而今天说出真相，读者也一定会觉得幼稚可笑。

观众所看到的"徐徐飞行"，说老实话，我至今想起来，仍觉心惊胆战。那时是将"飞行"的演员用粗铁绳吊在十多丈高的半空中，作状飞行，然后以巨型电风扇对着演员吹风，使演员衣服飘拂，摄影时在前面加层纱，朦朦胧胧，再配上预先拍下来的大山寺院、林园景色，观众看来，就像真是在空中飞行一般。

被吊在空中的演员，铁绳系在腰上，外面套件戏装，摄影棚的棚顶装一滑车，有点像现在在院子里晾衣服用的滑车，下面人一拉，演员就徐徐上升。试想演员的生命安全，就系在这一条铁绳上，焉能不紧张万分？但表面上还得装作轻松自如。好在那是默片时代，要不然一张口，就很难掩盖住内心的紧张。

记得有一次我和饰演总督保镖的郑超凡被拉上升，刚升起不长，就听到"咔嚓"一声，吓得我魂飞魄散，死命揪住一旁的郑超凡，而他也死命揪住我。我自以为是我的铁绳断了，郑超凡救了我。等人落到地上，郑超凡千恩万谢，说我救了他一命，要不然不死也得残废。我才知道，原来是我抓住了他，没想到，我竟有那么大的力气！

在"明星"的前三年

《火烧红莲寺》之所以一直留在老一辈影迷的脑海里，那是因为这部影片在当时确实是轰动一时，但就其艺术性来说，可谓不值一提，尤其是给社会造成不良影响，受到社会舆论的抨击。这不但有损"明星"的声誉，也使我产生出自离开"天一"以后从未有过的苦闷。

龚稼农在他的《从影回忆录》里曾谈道："一个电影演员，无不希望自己多拍文艺片，借以磨炼深度的演技，或以高深的艺术修养，表现于有价值，而又为观众怀念回味的艺术作品中，俾不至于在沧桑的银海里，轻易地被影迷淡忘。"

我虽未"被影迷淡忘"，但《火烧红莲寺》则实在是算不得一部值得"为观众怀念回味的艺术作品"。何况这部作品，也违背了郑正秋当初把电影作为"社会教育之良导师"的初衷。

《火烧红莲寺》的摄制，也反映了郑正秋和张石川之间，对待影业和各种事物的不同看法。郑正秋从拍完第一集以后，本就打算不再拍下去的，但突破纪录的票房价值，使他未能坚持己见，再加他本人处处息事宁人的性格，就由得张石川一直编导下去，直至遭到社会舆论的谴责。

这一时期，我还参加了下列几部片子的演出：《大侠复仇记》《女侦探》《侠女救夫人》《离婚》《富人的生活》《爱人的血》《爸爸爱妈妈》《碎琴楼》《桃花湖》等。

这些片子大部分是郑正秋编剧，也有一些是他参加导演的，虽然这些片子在情节结构、导演处理方面，都有其独到之处，但仍未能超越他改编文明戏的框框，所以"明星"的观众仍局限在一般小市民阶层，还未能吸引更多的青年学生和知识阶层。

这个时期值得一提的，是郑正秋根据社会新闻改编，并和程步高联合导演的一部电影《血泪黄花》（又名《黄陆之爱》）上下集，摄影董克毅，主要演员除我之外，尚有龚稼农、谭志远、王吉亭、王献斋和夏佩珍。

这一社会新闻，是说上海某高级住宅的女主人黄慧如，与人力车夫陆根荣因日久相处，产生爱情。但此事为黄慧如的兄长发觉，大为不满，买通流氓毒打车夫，以致误伤人命。这是一件当时极为轰动的社会新闻，在生意经上颇为敏锐的张石川，决定"明星"立即编写，并拍摄成电影上映，由我饰演黄慧如，龚稼农饰陆根荣。

电影故事与事实略有出入，但保留了原事实以及男女当事人的原名和地点，以加强影片的吸引力，也是郑正秋自己说的，这是"营业主义"的创作。

女主角黄慧如是个小学教员，家庭富有，其兄在银行工作。黄慧如每天上下班，均由车夫陆根荣接送。陆根荣是一位贫苦好学的青年，常利用等候女主人的空隙时间阅读，以求上进。他的刻苦向学，颇为黄慧如赞许。黄慧如以其谈吐不俗，料其必不会久居人下。两人日久生情。黄兄以门第悬殊为由将之视为奇耻大辱，遂构陷陆根荣，致其入狱致死。黄慧如受刺激过深，削发为尼，长伴青灯，度其余生。

观诸改编的内容，仍然可以看到郑正秋原来创作的痕迹——不离婚姻、遗产问题。但因为这是一部轰动社会的新闻写实片，放映之后，仍然获得很高的卖座率。并且社会舆论也比较同情黄陆两青年，所以还获得好评，多少消除了一些《火烧红莲寺》对"明星"造成的不良影响。

我也从这几年深感到，一个电影演员的成功，不仅取决于个人的努力与才智，更重要的是时机和能扶掖后进的导演，以及有水准的影片。阮玲玉在《挂名的夫妻》中崭露头角，但未能充分发挥她的才能。三年中默默无闻，直至进入"联华"，才显露出光辉灿烂的才华。我想所谓的"千里马常有，而伯乐不常有"，大约就是这个道理。

会见好莱坞影星

1978 年，当奥斯卡金像奖在美国好莱坞颁发时，我在加拿大温哥华的电视里看到一位熟悉的面庞。虽然岁月在她脸上留下了痕迹，但神采依旧。她就是好莱坞"电影艺术科学院"的发起人之一，第二届金像奖最佳女演员奖的获得者玛丽·璧克馥。

今天年龄在五十岁以下的观众，很少有人知道她了，但是她和他的夫婿在二三十年代，却是红极一时的名演员，在美国好莱坞的电影历史上，还占有不可或缺的一页。她的夫婿就是二三十年代美国著名的武侠明星道格拉斯·范朋克。他曾以《侠盗罗宾汉》《月宫宝盒》《侠盗查禄》《黑海盗》等武侠片轰动上海滩。玛丽·璧克馥 30 岁以前，以擅演纯真的少女著称。她是美国默片时代的演员，在美国步入有声片时代，她又以在有声片《卖得风情》一片中的演出，获得最佳女演员奖。

第一届奥斯卡金像奖虽然是 1928 年开始评选，但其发奖日期却因筹备工作的缘故，一直延至第二年，即 1929 年的 5 月 16 日方始颁发。当时由于在第一次世界大战中，欧陆各国陷于战争，无暇顾及电影艺术的发展。而在这个空隙中，美国由于远离战火，电影在艺术及技术上，都有了突飞猛进的发展，好莱坞成了世界电影发展的中心，所以奥斯卡金像奖的颁发，也成了世界电影界的一件大事。第一届奥斯卡金像奖是由三十年代美国著名的武侠明星道格拉斯·范朋克颁发的。同年底，费尔班克夫妇环游世界，考察世界各国电影。

上海是费尔班克夫妇环游世界的第一站，在他们未来到之前，上

WELCOME
Mr. & Mrs. Douglas Fairbanks

▶ 明星公司欢迎好莱坞影星费尔班克夫妇

海《新闻报》《申报》都做了有关他们夫妇的详细报道。那时，美国电影在中国的电影市场中占有很大的比例，所以他们在上海也拥有不少观众。待他们所乘的豪华游轮抵达上海吴淞口码头时，五千余人的欢迎群众已渐集码头，除了他们的影迷外，也包括上海的电影界人士。

费尔班克夫妇这次环游世界的目的之一，是要考察世界各国的电影，以及了解美国电影在世界各国的发行情况。来到上海后，也知道"明星"是当时上海一大制片公司，所以，当张石川邀请费尔班克夫妇到"明星"参观时，他们欣然接受。

当天的欢迎茶会，是在"明星"的枫林桥新厂餐厅举行的。"明星"的一百多位同仁都参加了欢迎茶会。茶会上，张石川和费尔班克分别介绍了中美两国的电影业的历史及发展情况。那次茶会由洪深担任翻译，洪深本是美国留学生，又加他是专攻戏剧的，所以译来得心应手。费尔班克的介绍，使大家增加不少见闻，并且了解到，美国电影已进入有声片阶段，这对于仍处在默片时代的中国电影界无疑是新的刺激，也激励了中国电影界认识到要更向前迈进。

这次茶会，使我增加了不少知识。早在我进中华电影学校之时，我就是费尔班克夫妇俩的影迷，现在有机会见到他们，自是十分欣喜。我对费尔班克夫人玛丽尤其钦佩，记得我当时曾向她提问：

"如何才能成为一个伟大的演员？"

这位好莱坞红星，给了我一个意味深长的回答：

"要想成为一个伟大的演员，要靠演员自己不断地努力塑造角色，以及和同行们诚意的合作才能实现。"

这句话留给我极为深刻的印象，这是一位成功的演员的经验之谈。当我再次在电视上见到她时，五十年已过去了。1978年，是玛丽·璧克馥最后一次出席奥斯卡金像奖颁奖大会。她已经老了，但正如一位专栏作家迈克·卢柯说的："她虽然老了，但她仍然是一位充满活力的人，摄影机的镜头移近她时，我从她的脸上看到了，她是一个演员，更是一个有思想、富于感情的人，她曾经历过幸福与快乐的时光。"

拣出昔日的合影，思绪万千。我唯一可以告慰的是，自那次见面以后的岁月里，我虽未能成为一个"伟大的演员"，但总算兢兢业业，努力向前，尽自己的努力，为中国的电影事业，尽了自己应尽的本分。

奥斯卡金像奖二三事

1927 年，是美国电影面临严峻考验的一年，观众对默片的热情逐渐消退。在这之前，美国电影也每年生产长篇五百余部，短片则不计其数。在全国二万三千所电影院中，每周售出的电影票为一亿美元，这尚不包括美国向世界各国大量输出所得的利润。好莱坞，这个坐落在洛杉矶郊外的小山城，成了美国电影业的中心，也成了世界电影业的中心。1918 年，第一次世界大战结束后的十年间，美国电影在技术和艺术两方面，都有新的突破和发展。但时代在发展，观众要求有更新的"玩意儿"，来替代已经看腻了的"旧玩意儿"。这是电影事业转型的年代，观众渴望电影能有声音的思潮已在酝酿中。

1927 年 1 月的一个星期日晚上，当时美国著名的制片家路易斯·梅耶，在他洛杉矶临近海边的住宅里与三位客人闲聊。这三位客人是演员康拉德·纳吉尔、导演弗兰德·尼博罗和制片家弗兰德·皮德逊。他们在谈话中，一致认为应该成立一个全电影行业的组织，协助解决技术上的难题，帮助解决劳资纠纷。这一想法，促使他们决定筹划召开一个电影业不同部门在一起的聚会。他们四人于是分头进行联络。

1927年1月11日，三十六位代表聚集在洛杉矶的"大使酒店"，聆听梅耶等人的建议，并一致赞同成立"电影艺术科学院"。这三十六个人都是当时美国电影界知名人士。

武侠明星道格拉斯·范朋克当选为第一届主席，著名导演弗兰德·尼博罗为副主席。1927年5月4日，获政府有关部门准许登记为非牟利团体，同年5月11日，在"巴尔的摩大酒店"的"水晶舞厅"举行成立大会。参加的三百多位来宾中，有两百三十一人成为第一届的邀请会员。

"电影艺术科学院"从成立的那天起，就规定了一条至今仍恪守的原则，会员是由"科学院"邀请在电影界各个方面卓有成就的人参加的，于是被邀请加入"电影艺术科学院"也就成了一种殊荣。

"电影艺术科学院"成立后的第一件大事，就是讨论为鼓励电影界各方面的工作人员有所建树与创新而设立一项奖赏。但这项讨论，直至成立后的第二年方获通过，并决定给予在下列十二个方面有卓越成就的人士以奖励：

最佳制片奖

最佳男演员奖

最佳女演员奖

最佳电影导演奖

最佳喜剧片导演奖

最佳摄影奖

最佳艺术导演奖

最佳艺术效果奖

最佳电影剧本创作奖

最佳改编奖

最佳字幕奖

最佳艺术或独特的制作奖

于是从这时起，就有了全世界电影界人士所企慕的奥斯卡金像奖。

第一届的评选规定，影片必须要在 1927 年 8 月 11 日至 1928 年 7 月 31 日在洛杉矶地区放映过。现在，也仍然规定，参加评选的作品，要在洛杉矶地区放映至少满两周以上，然后由"科学院"将在洛杉矶地区放映的电影目录，分发会员进行初选，提出初选名单，再经评选委员会严格筛选，然后于 1929 年 2 月 15 日，在经历了六个月的评选后，选出了第一届奥斯卡金像奖获得者的名单。

金像奖高 13.5 英寸，由不列颠合金制成，并加以镀金。奥斯卡金像奖推动了美国电影事业的发展。第二年，美国就开始进入了有声片时

▶ 美国著名影星、好莱坞电影艺术科学院发起人之一。第二届金像奖最佳女演员获得者玛丽·璧克馥与胡蝶合影

代。这也就是费尔班克和玛丽·璧克馥访问上海时，带给我们的信息。

中国电影界人士，向来不甘落人后，中国的电影界也在酝酿着新的改革，中国电影界的新时代即将开始。

迎接新时代

迎接新的时代

世界各国电影界开始试制或制成有声片，这是电影事业的新改革。中国的电影工作人员也面临着新的挑战。

这个挑战是几方面的：

从电影制片公司来说，除了要购置新的器材以外，摄影棚也要做相应的改造。在默片时代，不存在隔音设备的问题，现在这个问题就出来了。过去，一个摄影棚，有时可以同时开拍几部影片，现在却不行了。电影制片公司要付出更大的投资。

从电影院来说，默片时代，电影院只要有电力就可以放映。而现在，需要有隔绝音响的设备，电影院需要重新翻造。这笔开支就不是小电影院所能负担的。

从演员来说，默片时代不需要将对白录下来，所以在摄影棚里各种方言都可以说。表演的好坏，取决于演员的表情、演技。现在，新的潮流向演员提出了新的要求，必须要说国语，必须预先背熟台词。

从编剧、导演来说，现在需要有严格的分场剧本。默片时代，编剧有时只有个大致的剧本，剧情的发展有时还要凭导演临场的灵机发挥和变通。

总之，新的挑战提出了新的问题，也向每一个工作人员提出了新的课题：是迎接新挑战，还是冒被淘汰的危险走老路。

这个问题，在当时的电影界也曾引起热烈的讨论，一种是主张仍然继续拍默片。联华公司的放映网虽然有一部分首轮影院已改装有声设备，但其他大部分仍是无声电影院。所以他们比较倾向于走老路。他们说："美国的声片，在我国国内，因为两国语言悬殊和声片来价昂贵的关系，是只适合于港、沪、津等埠三数家大规模影院放映而已。而此后默片来源既竭，一两年后，国内大部分影院都要闹片荒了！我们只须趁这个时机，摄制些精良的、饶有艺术化和民众化的国产片，便可救济这个片荒。"

"明星"的态度是比较中间的，周剑云说："有声电影虽然可以自领一军，另走一路，无声电影依然可以分道扬镳，独立存在。"

"天一"由于向南洋方面扩展市场，竭力主张拍有声电影。

社会人士则主张拍摄声片，总之，声片对于默片来说，是一个大进步，是一个不可阻挡的潮流。每个电影工作人员都必须做出自己的选择。

当时的电影演员以广东人居多，如张织云、阮玲玉，所以大家非要勤学语言不可，甚至要请专人教授。我在这方面却略占先机，因我幼年时曾随父亲奔波于京奉线上，后来虽又回广东住了几年，但幼年时学到的北方话仍未忘却。回到上海后，开始除了北京话和广东话，别的话语尚不甚了了。此外，我小妈的母亲，我称为"姥姥"的，多年来一直跟着我们。她本是北京旗人，家里两种方言同时通行，就像英语和法语是加拿大规定的两种官方语言一样。所以默片进入声片，由于有了这一得天独厚的条件，我也就顺利地过渡到声片时代。

第一部有声片——《歌女红牡丹》

1930年，明星公司，以及其他影片公司，开始了中国有声片的摄制工作。

虽然那时美国已有了有声片，似乎有了可资借鉴的经验，但是中国的有声片，仍然是经过了艰难探索、披荆斩棘的历程才达到的。

当时的有声电影，有蜡盘录音和片上录音两种方法。前者是摄制有声片初期使用的方法，外国已停止使用，后者技术比较复杂，我国当时尚未掌握这项技术，而且美国西电公司和亚尔西爱公司拥有这种有声电影的专利权。他们规定每家影片公司如要拍摄有声片，必须向这两家公司中的一家公司签订合同，要付出相当大的一笔费用，而且上映后，还需要另付版税。为此，"明星"拍摄《歌女红牡丹》时还得从头做起，走自己的路。

《歌女红牡丹》是明星公司和法商百代唱片公司合作摄制的。这部影片的编剧和说明是洪深，导演是张石川，副导演是程步高，摄影师是董克毅，演员有我（饰演歌女红牡丹）、王献斋、夏佩珍、龚稼农、王吉亭、汤杰、谭志远、朱秀英、萧英等。

故事的大致内容如下：

京剧名伶红牡丹嫁了一个吃喝嫖赌、游手好闲的丈夫（王献斋饰）。虽然红牡丹名噪一时，收入颇丰，但经不起丈夫挥霍，稍有怨言，即遭丈夫毒打。红牡丹忍气吞声，逆来顺受。在这种种折磨下，红牡丹终因染病倒嗓，声名一落千丈，只能当三四等配角。由于收入减少，无赖丈夫不但不加怜惜，反而变本加厉，更加虐待她，甚至将女儿卖入娼门，以还赌债。丈夫在卖掉女儿后，因受良心谴责，追悔不已，失手杀人，被捕入狱。而红牡丹的女儿，却由一个一直追求红

▶ 胡蝶在百代唱片公司为有声片《歌女红牡丹》录音

牡丹的富商赎回，母女团圆。红牡丹虽然感恩，却表示仍然原谅自己的丈夫，并去探监，托人营救。

这部片子严格说来，只能说是半有声片，因为只注意了对话的有声，而忽略了周围环境的音响效果，所以看来，只有人说话或唱戏时有声，其他周围事物都是静悄悄的。

说起制片过程，读者听来一定觉得十分可笑。整个电影制片过程是这样的：电影先按默片拍好，然后全体演员背熟台词，再到百代唱片公司将台词录到蜡盘上。录完后，一面在银幕上放影片，一面在放映间装留声机放蜡盘录音唱片，通过银幕后的扩音机播出。这种方法，实在是很原始的，顺利时还可以，声音十分清晰，但遇到影片跳片、断片时就苦了。观众只见电影上张嘴的男演员，而出来的声音却是女声，牛头不对马嘴。或是各说各的，形同唱双簧。观众哄堂大笑，工作人员却啼笑皆非。非得等放完一部，另换一部才能又完全对上。

　　录音的过程也是十分辛苦的。我当时的心情也和其他电影工作人员一样，十分紧张，似乎这次的成功与否，关系到今后的前途和命运。因为在录音时，演员对着自己饰演的角色念台词，如有念错念快念慢，就要重来。所有演员和现场工作人员都十分紧张。曾接连试验了四次，失败了四次，到第五次才获得成功。每天在录音室六七个小时，汗流浃背，现在想起都怕。

　　这部片子就我自己来说，都费了很大精神，先背台词，然后领会人物的感情，还要做到字正腔圆。不过那时大家都有一股创新精神，要为中国的电影事业闯出一条路，而又要摆脱美国电影商在制作有声片方面的种种限制和垄断，所以大家不以为苦，超出工时也在所不惜。

　　这部片子耗资十二万元，费时六个月。影片成绩虽不理想，但当这部影片于1931年3月15日在上海新光大戏院公映，因为是中国第一部有声片，不仅上海及全国各地为之轰动，同时也吸引了南洋侨胞。当时，菲律宾片商以一万八千元的代价，购买了这个地区的放映权。与默片市价两千元比较，可见差别之大。青年影片公司则以一万六千元，购下了印度尼西亚的放映权。

　　这部片子是中国最早的蜡盘有声片，虽然艺术水准和技术水准都还很不成熟，但却得到观众的热情支持，上映了一个多月，盛况空前。这部影片的重大意义还在于，为中国电影从默片过渡到有声片闯出了一条路。从此，中国的电影也追上了时代，向前跨一大步。

　　张石川虽然脾气不好，但做事情很有魄力。"明星"能拍出第一部有声片，不能不归功于他的果断与行动迅速。拍摄有声片是时代的需要，也是观众的需要，势在必行，只是要看谁更有勇气走出这第一步而已。

　　在拍摄过程中，张石川规定了严格的纪律，不准迟到早退，无故不得请假。对我来说，倒是无所谓，因为多年来我已习惯一早到摄影场，化好妆，换好戏装等导演。但有些习惯于晚睡晚起的同事自然是苦不堪言，但也只能偷偷抱怨。张石川是个言必行，行必果，不讲情面的人。除非你不想干了，所以谁也不敢以身试法。在拍戏的过程中，朱飞就因为迟到早退，态度不严肃，为张石川深恶痛绝而解雇。

关于《歌女红牡丹》另一件有趣的事是，片中有红牡丹唱京剧的戏，很多人以为我会唱京剧，也有人居然书写我如何练习唱京戏，说来有鼻子有眼，煞有介事，我看后不禁哑然失笑。我常对别人半开玩笑半解释说："我不是梅兰'方'，而是梅兰'圆'，是那个圆盘在代我唱哩。"

当然，影片利用有声的优越条件，穿插了京戏《穆柯寨》《玉堂春》《四郎探母》《拿高登》四个剧目的片段，效果很好。这也是《歌女红牡丹》吸引观众的另一个原因，观众可以在银幕上第一次听到戏曲艺术的唱白。

《歌女红牡丹》一剧的童星，红牡丹的女儿是由张石川的女儿张敏玉所饰。两年前（1983 年）我收到了王丹凤一封信，谈起有很多老同事仍在上海，如郑正秋的儿子郑小秋，张石川的女儿张敏玉。还谈到张敏玉小时候曾和我一起拍过电影一事，就是指的《歌女红牡丹》。十年人事尚且几更迁，现在距那时已五十多年了。昔年的童星如今也是六十开外的人了。时光消逝得真快，倘若再不趁此不长的岁月，将往事写下来，留下"一鳞半爪"，将来怕是只好"往事任人评说"了。

在拍完《歌女红牡丹》以后，原班人马又续拍了《如此天堂》，但是录音效果还是不好，改进不大，观众兴趣也就自然减少了。明星公司和百代公司，原来订立了拍十二部影片的合约，见此情况，双方也就同意终止合约。

友联影片公司稍后，在同年 5 月 24 日于上海夏令配克大戏院上映蜡盘发音有声片《虞美人》，很受观众欢迎。天一公司的蜡盘发音短片《钟声》一片却因摄影场失火，连带影片被焚毁，所以也没有公映。

国产片上发音片的出现

蜡盘有声片的试制，虽未获得理想的效果，但毕竟闯入了有声片的新领域，为国产有声片的试制取得了经验。

中国最早的两部片上发音片都是和外国人合作摄制的。真正由中国人自己拍摄的片上发音片，还要到 1932 年方始出现。

1931 年 3 月，大中国和暨南两家影片公司合股，以华光片上有声电影公司的名义，租用了日本发声映画公司的有声设备，拍摄《雨过天青》。

《雨过天青》是写少女王爱莲与陈小英结婚后不久，丈夫有外遇，妻子被遗弃，后经种种磨难与波折，夫妻终于言归于好。演员有陈秋风、林如心、刘一新等。导演是夏赤风。

这部电影是在日本东京拍摄的。同年 7 月，在上海新光大戏院正式公映。当时正处在日本帝国主义在东北发动对中国侵略的"九一八事变"的前夜，全国人民抗日救亡热情高涨，对这种利用日本的有声电影器材设备拍摄的影片，电影从业员和观众都表示反感，以致卖座惨淡。

天一影片公司在试制蜡盘收音片《钟声》，也因摄影棚失火被焚，需另建新摄影棚。他们那时聘请了美国摄影师、收音师来中国，并租借了美国的有声器材，拍摄片上有声片《歌场春色》。

《歌场春色》是根据笑舞台新剧《舞女美姑娘》改编，由邵醉翁、李萍倩导演，杨耐梅、宣景琳等主演。故事内容是写一个马车夫的儿子骗取了自己妻子的首饰，隐瞒了家里去和歌女同居，结果酿成妻子被撞死，他被判死刑的家庭悲剧。

《歌场春色》1931 年 10 月 10 日在上海光陆大戏院上映，获得相当的轰动，尤其是在南洋一带，卖座率很高。论剧情，《歌场春色》与《雨过天青》同属家庭爱情纠纷一格，但因杨耐梅、宣景琳等人都是当时红极一时的影星，片中又加插了大量歌唱舞蹈场面，和上海闻人的演讲。此外，为加强影片宣传，还临时礼聘了别家公司的著名女演员客串演出。

《歌场春色》虽然收入甚佳，但支出也十分浩大，尤其是在几个外国人身上花费了不少钱。因此在中国技术人员一掌握有声片的摄影技术后，"天一"便将这几个外国人解雇了。

在"天一"拍摄《歌场春色》时，明星公司也于六月下旬，筹备拍摄片上发音有声影片，并决定委派洪深到美国，接洽选购有声摄影器材和聘请技师。

洪深到美国后，除了买全套摄影器材、录影机、聚光灯外，还借此机会参观了美国的制片厂，取得了一点实地经验。然后偕同四位聘请来的美国摄影师、技师乘船回国。这件事在当时还颇为轰动，报纸均有报道。

这四位美国技师，分别负责摄影、录音、洗印、剪接四个部门。张石川另派了摄影师董克毅及三个青年当助手学习技术。

当时学技术也是很不容易的，因为美籍人员待遇丰厚，他们自然愿意延长时间，所以说是学技术，不如说是偷技术。因为他们根本就不愿意教，而且到收工时，他们就将线路弄乱，使助手摸不到门路。于是，张石川在机器正常使用时，设法使美籍技师让助手上来，这才算摸到一点技术，可见创业之艰难。

用新器材拍的第一部片上发声有声片是《旧时京华》，由洪深及高逸安主演，洪深自己编剧，张石川导演。这部描写一个清末贵族家庭衰落始末的影片，于1931年1月在上海卡尔登大戏院上映。电影上映之时，适逢"一·二八"事件，日本帝国主义侵略上海，以致影片营业收入很受影响。

《旧时京华》是一部锻炼演员及其他从业员熟悉使用片上发音有声技术的影片，待此片拍成，中国技师已学会操作各项器材，四位美籍技师也于此时被解雇。

"明星"在拍摄完《旧时京华》后，也即着手筹拍第二部片上发音有声片《自由之花》。

电影技术与电影艺术相结合给世界电影开辟了新的纪元。中国的电影界也经过艰难的历程，克服了重重困难，于一两年之内，完成了由蜡盘配音到片上发音的试制工作，使中国的电影也在只晚于先进影业国一两年的时间内，进入了完全有声片的时代。

"明星"对于中国电影事业的另一贡献，是附属经营的"华威贸易总公司"，设工厂自制四达通影片发音机。这种发音机机件轻巧，发音清晰，物美价廉，还专门替只能放映默片的电影院改装安装，在普及国产有声片上起了很大的推动作用。当然该公司的业务不止于此，但这一部门的工作，给我印象颇深，故录以备志，以便后人知晓先行者开发事业之艰辛和功绩。

主演第二部有声片《自由之花》

《自由之花》由郑正秋编剧并导演，影片描写袁世凯称帝后，蔡锷设计逃出北京到云南起义推翻帝制的史实。这部影片开拍的时候是1931年夏，当时日本帝国主义的侵略野心逐渐显露，在东北、华北时时有小的接触。这部影片揭露袁世凯勾结日本军阀卖国求荣，结合当

▶ 胡蝶主演的第二部有声片《自由之花》剧照之一，郑正秋编导

时情况，还是很有现实意义的。我觉得这部影片也是我从影以来，比较有意义的一部电影。

这部片子的演员阵容整齐，实力不差。女主角小凤仙由我饰演，袁世凯由谭志远饰演，龚稼农饰蔡锷，夏佩珍饰蔡锷夫人，郑正秋儿子饰蔡锷内弟，王献斋与萧英饰袁世凯爪牙。

"明星"为筹拍片上有声片投入大量资金，当然希望能在短期内回收资金。同时，当时上海的电影公司之间的竞争也很激烈，"明星"固然是人力、物力雄厚，演员阵容也比较强，但也需要在各个方面有新的面貌出现才能吸引观众，保持其当时的地位。因为在那个时候，小的电影院姑且不论，"天一"在南洋有一定的市场，而且出品快，比较迎合小市民阶层的观众，资金也是雄厚。当时还有联华影片公司也是一支不可忽视的力量。联华影片公司以其对影片有较严肃认真的艺术处理而获得了知识阶层的青睐。而且"明星"有些出名的演员如阮玲玉、导演卜万苍业已逐步转入"联华",所以当时"明星""天一"和"联华"形成了三足鼎立的局面,"明星"三巨头就感到一定要拍好影片才能留住观众。

过去拍片大都是在摄影棚里拍,这次为了以新面貌出现,郑正秋提出要赴北平拍摄外景,以增加影片的真实感。当时,张石川和周剑云因费用开支浩大有所犹豫,但在郑正秋坚持下,再加形势所迫,也就同意了。但为尽量节省开支,决定在拍《自由之花》的同时,再拍两部片子。这两部片子就是以北平为背景的《落霞孤鹜》与《啼笑因缘》,不同于《自由之花》的是,前者还是默片,后者是配音片。

读者一定会感到奇怪,既已进入拍摄有声片的阶段,为何又要走回头路拍默片和配音片呢?我前面讲过,拍摄有声片不仅影片公司要有全套设备,连电影院也需要有放映有声片的相应设备,电影院需要重新改建。这对于中小型电影院是一笔不小的开支。国内各大城市除了有数的几家一流电影院以外,限于有声片的数量及影院设备的限制,还是处在默片时代。所以拍摄有声片的同时,还需要拍摄默片,这也是当时环境使然,否则就会失去很大一部分观众,也会影响公司的收入。

《落霞孤鹜》及《啼笑因缘》是当时鸳鸯蝴蝶派代表作家张恨水很流行的小说,几乎家喻户晓。我自己也是这两部小说的读者,也深为小说里的人物所感动,所以决定由我主演这两部电影,我也就欣然应命。

《啼笑因缘》由严独鹤、张石川改编,张石川导演,董克毅摄影。名门闺秀何丽娜和唱大鼓的卖艺姑娘沈凤喜由我一个人饰演两角。一人兼两角给了我一些经验,所以以后在《姊妹花》中兼饰姊妹两角就不感到困难了。阔少樊家树由郑小秋饰演,萧英饰武术师关寿峰,其女关秀姑由夏佩珍饰演，王献斋饰琴师沈三弦，谭志远饰演军阀刘将军，龚稼农饰丽娜表哥陶伯和。

《啼笑因缘》原计划拍上、中、下三集，后来拍了六集。拍摄过程中还因为摄制权问题和大华影片公司打官司。最后虽经人从中调停，但所费甚巨。这部片子的拍摄得不偿失，这是始料所不及的。

《落霞孤鹜》由程步高改编并导演，仍由我主演，大部分演员也都参加了。一组人马同时拍三套片子，虽然是以《自由之花》为重点，但也是相当辛苦的。

拍影片也要抢时间，三套片子的全部内景都先在上海拍好，然后赴北平拍外景，估计需时两个月，所以大家在拍戏之余，还要打点行装。

有两件事值得一提：学唱歌和学唱大鼓。

《自由之花》本来是没有插曲的，而在拍摄过程中，郑正秋感到小凤仙设计送蔡锷逃出袁世凯掌握的前夕，小凤仙与蔡锷一番依依惜别之情，单是对白，尚不足以表达生离的悲怆心情，于是灵机一动，利用有声片之有声，加进了一支插曲《良辰美景》。

《良辰美景》由郑正秋作词，严工上作曲。为了练习这支曲子，我每天清晨赶到片场，由两位老先生亲自指导，国乐队一次次伴奏，总算不负众望。练到唱奏和谐，才正式在水银灯下拍摄。

《啼笑因缘》中，我一人饰两角，一角是唱大鼓的沈凤喜，为此又请了专门师傅教唱大鼓。其实我过后就忘了，但为配合情节，当时还是练得很认真，至少在银幕上的表演还是有板有眼的。

说来当时的演员也是很辛苦的，为了演好角色，就要从各个方面进入角色，样样都要学，不像今时今日可以幕后代唱或是另外录音。

外景队北上

对于去北平拍外景我是最高兴不过的了。童年时代曾在北平念过小学，能旧地重游，自是喜出望外。随我同去的还有我小妈的母亲"姥姥"，她原本是北平旗人，多年来一直跟着我，照料我的生活，这次自然也就跟着一起去了。我最近看到有关我的生平介绍，说我家原是满族旗人，想来也是从姥姥那里引起的误会。

火车从上海北站徐徐开动，看着来送行的父母亲、明星公司同仁的影子渐渐模糊，心里有点莫名的惆怅。不过外景队有四十多人，火车上大家说说笑笑，这点惆怅心情也就烟消云散了。

这次北上，由张石川带队，张夫人随行协同照料，这也是大家比较高兴的一件事。张石川脾气急躁，有夫人随行又多了个转圜的地方。

同行的还有四位美籍技师，他们对于古都向往已久，这次能有此机会随行，真是分外高兴。张石川之所以请四位技师同行，一方面固然是为了保证影片的质量，另一方面也为了使我们的助手有更多实地锻炼的机会，熟悉机器的性能，好早日由我们自己的人掌握技术，独立操作。

火车经南京上渡船，那时还没有大桥，由上海到北平要经过浦口，浦口渡口上的熙熙攘攘，至今记忆犹新。南京板鸭、鸭胗肝都是驰名的土特产。姥姥尚有亲戚在北平，也就买了些准备送礼。过了江，火车就飞驰在津浦线上。我童年是在京奉线上度过的，现在过了若干年又坐上火车，我常常望着窗外出神，往事的记忆都在脑海里涌现。

我们离开上海时已临近"九一八"事变，但我们远离在东北所发生的事变，直到临近天津时，方是真正地感觉到了。

我们到达天津时，见到大批撤下来的军队，火车无法前进。当时大家心情沉重，但对当时的政局以及政府的对日方针不甚了了，心里尽管有种种疑问也不能说什么。我们就是带着这种沉重的心情，经过一番周折到达北平，那已是"九一八"事变以后了。我做梦也未想到此行会引起一段莫须有的公案。

当外景队北上抵达天津时，已是"九一八"事变之后，我们见到有东北撤下来的军队，才知道沈阳陷落。但谁又料到这件大事竟会牵连到我身上！且不说五十四年前众说纷纭，就是前几年，这件旧事又重新提了出来。虽然"沉冤"早已获昭雪，但有很多说法仍与史实有出入。我感到有必要借回忆录的篇幅叙述一下这段历史，以澄清多少年来的种种疑问。

年轻一代人，甚或是中年一代人，只有从历史书上才能知道这件事，但对于我这个三十年代的青年人，往事仍历历在目。

我不仅从教科书上知道东北三省的政治、经济、文化、地理，在那条铁路线上度过的童年更使我了解那里的风土人情。人们常说，童年的回忆最甜蜜，我至今仍对东北怀着深厚的感情。

1931 年 9 月 18 日晚十时一刻，日本关东军制造事端，借口南满铁路被炸，起而护路，侵入中国守军驻地北大营，进而侵占沈阳及东北全境。其时，张学良为陆海军副司令，并兼职东北边防司令长官驻节北平。据说事变之日，他因病正在北平住院休养。

我和"明星"外景队是在事变之后方到达北平的，在北平期间，因为三部影片同时开拍，节奏极为紧张。同时，张石川为防大家散漫，影响拍片进度，定下了严格的生活纪律，所以空闲时间不多，即或有大的应酬，也是集体行动的。我和张学良不仅那时素未谋面，以后也从未见过面，真可谓素昧平生。1964 年 6 月，我赴台湾出席第十一届亚洲影展时，还曾有记者问过我，要不要见见张学良，他们可以给我安排。我回答说："专程拜访就不必了，既然从未相识就不必相识了。"

我还开玩笑说:"过去那段冤案好不容易弄清楚,现在相识,岂不又给骚人墨客以题目吗!?"

当时,我是回到上海才知道有这么一段公案的。

1931 年 11 月 20 日,上海《时事新报》刊载广西大学校长马君武题为《马君武感时近作》的诗。全诗如下:

> "哀沈阳"两首(仿李义山北齐体)
>
> 赵四风流朱五狂,
> 翩翩蝴蝶最当行。
> 温柔乡是英雄冢,
> 那管东师入沈阳。
>
> 告急军书夜半来,
> 开场弦管又相催。
> 沈阳已陷休回顾,
> 更抱佳人舞几回。

这真是天大的冤枉!马君武这两首诗,是根据传闻而写。据后来了解,是日本通讯社从中造谣中伤张学良,以引起国人对他的愤慨,借此转移目标。马君武激于义愤,一时也未能考证消息的来源是否可靠,情有可原,只是将我牵连进去了。当时乃至今日,传说仍是纷纭。

明星影片公司为此于 1931 年 11 月 21 日在上海《申报》以我的名义刊登辟谣启事。导演张石川及演职员洪深、郑小秋、夏佩珍、龚稼农等,也登启事,为我作证。

关于这件风波,时至今日,虽然已经澄清,并无"九一八"之夜与张学良共舞之事,但关于张学良和我是否见过面,有无交往,仍是众说纷纭。谣言止于智者,当时除了那则启事外,我感到没有必要做更多的解释。今日借回忆录的篇幅再叙述一下这段往事。

该结束了吧!这段"莫须有"的公案!

"明星"外景队在北平

在"明星"外景队到达北平前,洪深偕同董克毅已先期前往北京做各项准备工作,包括宣传工作和生活起居的安排。所以外景队到达北平后,一出车站,就受到观众的包围,确是轰动一时。当时,上海是中国电影事业的中心,"明星"发行网遍及全国各大城市,再加这次外景队所选派的演员都是一时之选,只听得观众在欢呼:

"这是夏佩珍!"

"那是龚稼农!"

"胡蝶!胡蝶!"

他们几乎叫出所有演员的名字!这种亲切的呼喊声感染了在场的每一个人。我回过头来,看到我的同行们眼眶里闪着激动的泪光。只是我更感到自己身负重任,要以出色的演出来回报观众的厚爱。

外景队好不容易才离开观众的包围圈,驱车来到住地。这是洪深先期租下的一所王府旧宅,位于东四牌楼三条胡同。这座王府原有面积二十多亩,我们住的只是其中一部分,也不过是前进,但四十多人住进去还觉得很宽敞,可见前清王府的豪阔。

我们到达北平后的第六天开始拍外景,从此开始了两个多月的紧张生活。三部戏同以北平为背景,但又要选择不同的景色,所以三部戏是同时交叉进行的。

第一场外景是在中山公园拍的，是《自由之花》蔡锷和小凤仙晤谈的一场戏。记得闻讯赶来的影迷不下数百人，平时宁静的中山公园变得熙熙攘攘，以致影响录音，最后不得不请来警察维持秩序，方能顺利进行。

中山公园位于天安门西侧，旧称社稷坛，是皇帝每年春秋祭太社、太稷的地方。园中古柏参天，建筑优雅，花径小道，亭榭楼阁，水榭北小岛，假山塘水，全园占地面积很大。所以三部戏虽然同时在此选择外景，也绝不会雷同。

《自由之花》以中山公园和北平热闹的街道为主，借以烘托出蔡锷和小凤仙的生活环境。外景一开拍，我们大家也都忙碌起来了。一天换装好几次，即使吃饭，也是由馆子送来，以免浪费时间。

《啼笑因缘》的外景则以北平公园为主，这是适应剧情而选定的。《啼笑因缘》开拍前，原著作者张恨水曾来住地和演员一起座谈，详细介绍《啼笑因缘》和《落霞孤鹜》两书创作的时代背景、人物的塑造及主题思想。对于演员助益不少。他曾对张石川说我"落落大方，一洗儿女之态，性格深沉，机警爽利。十之五六若宝钗，十之二三若袭人，十之一二若晴雯"。记得我当时听闻，笑而不答，不置可否。现在回想起来，张恨水对我的评价不无几分道理。我投身电影事业不若有些人贪图虚名，或是为生活所迫，何况人们对演员这个职业仍有一种偏见。我是出于对电影的真正爱好，我的家庭虽非大富大贵，但算得上是小康之家，我不需要为生计去抛头露面，也不需要去迎合某些人，我可以做回我自己。我的乐观、幽默、善于与人相处得之于父亲；但待人接物，面对人生，顺境时不骄不纵，在困境中能坦然面对又得之于母亲的教导，我一直和父母亲生活在一起，直到抗战后我离开大陆去香港。我对父母永远怀着感恩的心情。

▶ 《啼笑因缘》剧照之一，左起：胡蝶饰沈凤喜，郑小秋饰樊家树，严月娴饰陶太太，龚稼农饰陶伯和

▶ 《啼笑因缘》剧照之二，右起：郑小秋、胡蝶、龚稼农、严月娴在北京拍外景

　　张恨水和我很谈得来，有他帮我了解我所扮演的人物的生活环境、思想、出身、兴趣爱好，使我更容易进入到角色的内心世界，从而为塑造成功的舞台人物创造条件。我从张恨水的教诲中获益匪浅。

　　北海公园与中南海隔桥相对。北海公园又被称为冬宫。夏季湖水荡漾，可划船。冬季湖面结冰，可滑冰。春秋两季更是散步的好季节。选择北海拍摄外景，真可使观众赏心悦目。

　　北海公园位于市中心，离皇城根很近，园内的白塔位于正门不远处，有人造山洞经琼岛可直达塔顶。园内的长廊、五龙亭、漪澜堂、九龙壁都是好去处。在北海的另一好处是仿膳饭庄，供应仿宫廷菜肴。据说厨师曾经御膳房名厨传艺，小吃的小窝窝头和豌豆黄是很出名的。置身在这样美好的环境中，虽然辛苦也不觉其苦了。

　　《落霞孤鹜》外景的拍摄则以西郊的颐和园为主。我是三部戏的主角，所以一点偷懒的机会都没有。到拍这部戏时，已进入深秋，算来我们来北平已经快一个月了。颐和园远在西郊，所以游人较少，又兼深秋，落叶萧飒，别有一股落寞凄凉的意味。

　　颐和园是前清慈禧太后用建设海军的巨款修建的避暑胜地。据说万寿山即以挖起的河泥堆积而成，湖名为昆明湖，园内宫殿楼阁多不胜数。长廊的雕梁画栋，每一幅画都有一个故事。皇室的奢侈浪费，再加政治腐败，是造成我国近代史上饱受帝国主义侵略掠夺的主要原因。至于圆明园，据说其巍峨建筑较颐和园更为壮观，但已为英法联军烧毁。

　　我们在颐和园工作有一个多星期，然后转往西山八大处继续拍摄。八大处因有庙八处得名。我们在秘魔崖、龙王堂两处拍戏较多。八大处虽地处远郊，但游览设施较为齐全，有饭店，吃住都很方便。

　　在西山拍外景的时间最长，前后将近一个月，不过这一个月拍戏的效果较好。来北平时间稍长了些，逐渐适应了这里的气候，风土人情也知道多些。西山游人不多，这些客观条件利于演员更好地进入角色，同时原著作者张恨水在这两部戏拍外景中，时来指点，也助益不少。

本来外景戏拍摄已近尾声，但张石川、洪深、程步高感到来北平一次确实不易，很想趁此最后阶段，再全面过一次，看看还有什么地方需要补拍，以求完善。不料此时传来大华电影社已在内政部登记，正式取得《啼笑因缘》拍摄许可权，正在筹拍，且已在各大报刊登预告。这一消息实在是晴天霹雳。外景队自上到下莫不人言纷纭。"明星"在《啼笑因缘》一片投入巨资，如果让别的公司抢去摄制及上映权，这个打击实在太大，所以最后决定就此结束。好在外景拍摄已十之八九，于是大家稍作料理，准备束装返沪。

这件诉讼案回到上海后，经过一番周折，虽获解决，由大华电影社将摄制许可权让给"明星"，明星公司则赔偿制片的损失费。纠纷解决后，"明星"积极完成拍摄工作，希望趁市民对此片纠纷极感兴趣的热潮，立即推出放映，以获得较高的票房收入来弥补损失。但等到影片上映时，全国人民因"九一八"事变抗日热情高涨，只有《自由之花》一片很受欢迎，其余两片未达预期效果。"明星"营业上遭到了出乎意料的失败，使"明星"的经济遇到了困难。

故都乡情

我曾在北平上过小学，姥姥又是生长在北平的旗人，谈起北平，她更是如数家珍，所以我脑海里对于古都北平早就有一种熟悉的亲情。这次随外景队北上，对我来说，也是重新去拾回童年的梦。

　　我虽是广东人，但对于老家的忆念，远不如对于北平、上海来得浓厚。这可能是因为我在北平度过了一段难忘的童年岁月，而在上海又开始了我电影事业的生涯。

　　童年奔波在京奉线上，后来在北平、天津度过了一段相对稳定的岁月。这次重返北平，我就利用最初几天的日子，又游览了一下那些曾在我梦中出现过不少次的旧游胜地。

　　外景队很多同事都是第一次来北平，初到的几天，因为张石川和洪深要选定外景地点，还要做一些统筹安排，同事们才得以利用这几天的时间游览，领略一下故都风光。

　　北平是一座布局严谨方正的城市，东南西北的方向很准确，所以在北平问路，行人告诉你的不会如上海"向左向右"，而必定是"路南路北""往东往西"。记得当时外景队的南方人为此深感头痛，因为行人几个东南西北一说，顿时晕头转向，不知所云。这是由于南方人的方向感不如北方人之故。

　　北平的豪宅大抵近皇城，属王公大臣们拥有，便于清晨上朝，近城墙的豪宅则多为富商拥有。王府建筑格局大致相同，有前后进房子五座，每座之间有东西院落，房屋总计大小两百多间，分正厅和东西厢房，排场很大。房屋建筑雄伟高大，约现在楼房的一层半高，房间外面都有走廊，所以正厅与东西厢房之间既分开又相连。宅内有假山、花园、鱼池，雕梁画栋。民国以后，很多王府后代游手好闲，不事生产，坐吃山空，就将房屋一进一进出卖，所以就出来了一号二号三号等附加的门牌。

　　北平一般民宅的布局也和王府相仿，但其规模就视主人财富的多寡而决定其大小与豪华程度。一般都有正厅、东西厢房。所以当主人经济情况不佳时，就会将厢房分房间出租。北平胡同里的大杂院也就如上海弄堂房子一样，可以住上大小十几家房客。

北平的另一特点是商业与住宅划分得非常清楚。这是与上海截然不同的地方。例如大买卖都在前门、崇文门、宣武门或王府井大街、东单、东四牌楼、西单、西四牌楼，胡同则是住宅区的街道，绝对找不到一家店铺。所以想要买点零食或香烟还非要走出胡同才能如愿。

北平街道的名称也很有趣，这是别的城市所没有的。如近我们住地的有猪市大街、王府大街、灯市口。远一些或近其他各门的有国子监、羊市大街、米市大街、驴马市大街、六部口，等等。从街道的名称，可想见当年这些街道在前清，乃至更早些是集市贸易或是王府、官府、学府的所在地。

我当时上的是一所女子小学，坐落在西交民巷，据说现在那条街的名字还没有改。西交民巷出来是司法部街，东西长安街也以天安门为分界线。天安门是皇城最外面的一座门，民国以后改为故宫博物院，供人游览，当然开放的也只是故宫的一小部分。小时很喜欢跟着爸爸妈妈登上景山，从景山可以看到整个旧皇城。从上往下看，重重叠叠的宫殿，黄色的琉璃瓦在阳光照耀下闪闪发光，很是壮观。天安门左侧是太庙，面积不大，但有极多的高大的松柏树。这里原是清皇室祭祖之地，园内很静，每天早晨可以看到许多练太极拳、吊嗓子或提着鸟笼子来这里的老北京。天安门右侧是中山公园，著名水榭"来今雨轩"可以坐着吃小吃品茶。中山公园的牡丹也是很出名的，园内花木整修得极为美观，再加北平宁静的气氛，置身园中，颇有世外桃源之感。

北平城内外的名胜很多，初来的人颇有目不暇接、美不胜收之感。北平人淳朴厚道，说话都非常客气，好像也只有北京话才有"你""您"之分。

直到今日，我仍然怀念北平的庙会小吃。就在离我们住地东四牌楼不远的隆福寺，每月定期有庙会，内容包括清唱、相声、魔术、卖艺、说大鼓，五花八门，无奇不有。小吃的花样也很多，牛羊杂碎连汤一大碗加上佐料，既经济实惠，又香浓可口。还有凉粉、灌肠、炸糕。最使我怀念的莫过于豆汁，一碗豆汁，就上切得很细的咸菜丝，真是其味无穷；而豆汁非久居北平的人是欣赏不了的，闻着不太好，但喝起来很香。某种程度上来说，倒有点类似东南亚的榴莲、上海的臭豆腐，闻着臭，吃起来香。我走过很多地方，也吃过各种不同品种的柿子，但总比不了北平的柿子，尤其是入冬以后的柿子，既冻又甜又滑，加上冰碴儿，别具一番风味。至于东安市场，那更是无所不包，卖古玩玉器、字画、书籍、古钱、皮货、衣服、地毯、家具的，只要识货，一定可以买到价廉物美的货物。因为北平的很多王族后裔，八旗子弟，坐吃山空，又无一技之长，就逐渐将王府里能卖的东西拿出来卖。东安市场的小吃又不同于隆福寺。隆福寺是北京小吃，东安市场则有江浙菜、山东菜、四川菜、广东菜、清真馆，甚至西菜馆。当然最有名的当数东来顺的涮羊肉，不但选的羊肉是上乘的，刀工也极其讲究，切得薄薄的一片片，在火锅里一涮就熟，再蘸上十种不同的佐料，吃到嘴里，滑香而不腻。这次到北平，还和姥姥邀齐的亲友一起去吃过一次。谈到这里，眼前又涌现出围坐一桌，在火锅里涮羊肉的情景，不知如今东来顺的涮羊肉，风味还能依旧否？

我们到北平的时候已是秋天，正是红叶满香山的日子。香山最高处曰"鬼见愁"，一天，我们约了几个人去爬过，我反倒不如小时候随父亲游香山爬得高，这次始终未能爬上去。附近的碧云寺、卧佛寺也是名胜之处。碧云寺有中山先生衣冠冢，并有中山先生纪念堂，游人至此，缅怀中山先生推翻帝制，创立民国，致力于国民革命凡四十年，不由肃然起敬。卧佛寺有铜卧佛，极为巨大，塑像极精，同仁不少人爬上去和卧佛一起留影，我这个人其实是很好玩的，自然也不例外。据说卧佛寺建于唐代，原名兜率寺，最初的卧佛是檀香木雕成，到了元代重新扩建，才改铸铜佛。据元史记载，用了工匠七千人，黄铜五十万斤。工匠七千人似可信，黄铜五十万斤我觉得言过其实，也许是那时的斤两和现在的不同吧！

附近还有株树龄数百年、雌雄同株的白果树，也是奇迹之一，现在又过了五十多年，不知这棵树是否还在呢？

时代变了，北平也在变，不但名称又被改为旧称"北京"，我想社会风貌、风土人情都在变。有朋友从北京来，说几个牌楼都已拆除，我在西交民巷上小学时出来的街道早已变成了大广场。城门也拆除了些，他说"前门"倒还在，还给我看了相片。他笑着告诉我，你要想喝豆汁还有，可就不再是那时的小吃店了！隆福寺、东安市场、天桥早已变了样。他说了半天，我还就是想象不出北平变成了什么样子？我脑海里的"北京"仍然是那个古老、亲切而又宁静的北平：春天是漫天黄沙，秋天是红叶遍山，夏天可在颐和园的昆明湖荡舟，冬天可以在北海公园的漪澜堂品茶赏雪。我仍然怀念厂甸的庙会，嗡嗡作响的半空，长长的糖葫芦……

梅兰芳宴请外景队

虽然在北平期间拍摄外景的任务很重，但有些必要的应酬和社交活动，导演、演员及工作人员还是参加的，借以密切电影从业员与观众之间的联系。明星公司的影片在北平本已有一定的市场，外景队在北平期间的活动无疑更加深了观众对"明星"的印象。

"明星"外景队在北平最为大家怀念的一件逸事，是著名表演艺术家梅兰芳宴请外景队导演、演员和部分工作人员。那时正是梅兰芳先

▶ 梅兰芳先生（中立系领结）在家中宴请明星公司外景队，前排左起第五人为胡蝶

生以其精湛的表演艺术风靡美国，荣获"博士"头衔之际，所以梅先生宴请电影界人士，欢聚一堂，也成为北平影剧界的一件盛事。

现在还记得梅先生的寓所宅第宽敞，客厅兼书房内陈设雅致，藏书甚丰，尤以线装书为多，可见梅先生于演戏之余，博览群书，很注重个人的艺术修养。

我那天是拍完外景连戏装都来不及卸下，立即赶到梅先生府上，因为不想错过这大好的机会。

那天在一起的人有二十多个，晚饭后大家在一起叙谈，梅先生谈了访美见闻，以及将昆曲《春香闹学》拍成电影的趣闻。平剧舞台，现在该叫京剧舞台了。拍外景将花园洋房也拍进去，大家谈笑风生，笑谈初期拍摄电影的经验不足，从默片到有声这段路走得好辛苦，但也算走过来了。

这次和梅先生见面相识也是平生一大幸事，现在翻出发黄的旧相片，往事犹历历在目。后来和梅先生同船赴欧洲，又差不多同时避居香港。到我息影后，梅先生仍然在京剧艺术上不断探索，成为一代大师。他始终是我敬仰的一位表演艺术家。六十年代他于北京仙逝。八十年代中，我还在温哥华见到他的儿媳林丽源女士，梅葆玖的夫人，谈起和他的友谊，不胜唏嘘。那时，我已退出影坛，谢绝一切来访和集会，以一个普通人的身份在北美居住，难得故人的后人还记得我，我又怎能避而不见呢！

梅先生的宴请已是我们离开北平之前最后的节目，不几日，外景队就分批回上海。

与谐星卓别林见面

人生的际遇有时是很奇特的。我小的时候喜欢看皮影戏，到了北平和天津上学时，就缠着父亲带我看戏，更大一点则看电影，当然是默片了。可从来也没想过自己有一天会成为电影演员。我那时想：演员在银幕上是什么样的，大概在平时生活里也是什么样。到我自己踏进银色王国的大门后，才知道这个想法实在是幼稚得可笑。

现在上了点年纪的人都知道闻名世界的谐星卓别林，尤其是默片时代，可算红透了半边天。他的化装、演技都极为高明，他的《摩登时代》在中国大城市，尤其是上海可说是家喻户晓，人们称他为"滑稽大王"。在我的想象中，他的为人也一定极为风趣幽默和滑稽的。

三十年代，大约是我从北平回来的第二年，卓别林偕夫人到东方旅行经过上海，在明星公司的安排下，我和他有了一次见面茶叙的机

1936年卓别林（左1）访问上海，在明星公司安排下，和胡蝶在万国艺剧社与卓别林及其夫人、美国女星宝莲·高黛（右2）会见

会。闻名不如见面，见面不仅胜似闻名，而且会发现舞台上的形象与本人性格不说绝对不同，至少是有点距离的。

卓别林本人谈话确实是很幽默，但绝不流于轻浮，更别说油腔滑调了。我曾经多少有点好奇地问过他：

"卓别林先生，我原以为您一定是很滑稽有趣的。"

他眨了眨眼睛说："嗯，我知道您的意思。不过，请允许我问您一个问题，听说您在摄影棚里和导演合作得很好，您所主演的片子也大都是很严肃的，那么在现实生活里的您又是怎么样的呢？"

我不禁脱口而出："卓别林先生，您真会说话。"一个成功的演员就是要努力塑造所要扮演的角色。

那天和卓别林及其夫人一起度过了一个愉快的下午。他谈了他从影的经历。他原是英国人，生在伦敦。4岁的卓别林就曾在伦敦的大剧院代替他的母亲首次登台表演。他童年的生活也很艰苦，当过报童，在马戏团演过小丑，在哑剧团当过演员，哑剧团经常到各地巡回演出，这些经历让他有机会接触到各种各样的人物，也给他的演技打下了坚实的基础。1913 年，他随团到美国，就此为美国的电影公司所网罗，从默片到有声片，拍摄了许多喜剧影片。我和他见面时，他已四十多岁，已是个艺术造诣很深的演员。他说他从影的初期，很多片子都是他自己自编自导自演。卓别林成名前，生活道路很曲折，也曾穷愁潦倒，丰富的生活经验与阅历帮助他深刻地塑造角色。

卓别林在美国生活了近四十年，在美国，他达到了他表演艺术的顶峰，但他始终保持着他的英国国籍。1952 年，在美国麦卡锡主义时期受到美国当局迫害，举家移居瑞士，1977 年，在瑞士终其天年。那时我已在加拿大温哥华定居，在报上看到他逝世的消息，不禁回忆起和他的那次见面。斯人已去，但他留下了他的事迹，人们不会忘记他曾塑造出的那些闪着光辉的小人物的形象。

电影《姊妹花》

1982 年 2 月 25 日，意大利都灵市举行"中国电影五十年回顾展"。放映的第一部影片是 1927 年侯曜编导的《西厢记》，第二部就是明星公司的《姊妹花》。在我主演的影片中，这是近年来提得较多的一部影片。

《姊妹花》是写一对孪生姊妹的不同遭遇。这一对姊妹的父亲赵大因为私贩枪支获罪逃避他乡，姊姊大宝跟着母亲（宣景琳饰），二宝跟着父亲。姊妹俩自此分离，直至成年，不但从未谋面，连音信都毫无。大宝自小和母亲相依为命，在农村过着穷苦的生活，长大后嫁给同村的木匠桃哥（郑小秋饰）。由于连年灾荒，桃哥夫妇不得不带着刚出生的婴儿和母亲流落城市。至于二宝从小跟着父亲长大，后来父亲将她嫁给军阀钱督办，换得了军法处长的职位。二宝也生了孩子要请奶妈，大宝迫于生活，无奈只好抛下自己的孩子到钱公馆当奶妈。姊妹相逢不相识，一个是贵人，一个是下人。大宝在钱公馆做了三天工，家里就出了事，桃哥干活时不慎从房上摔了下来，摔成重伤。大宝向二宝恳求预支工钱，救治丈夫。身为贵人的二宝不但不借，还打了大宝一记耳光。大宝为救治丈夫，万不得已，偷了小主人身上的金锁片，不料又为二宝的小姑发现。大宝在惊慌失措中碰倒大花瓶，却又正好砸在小姑头上，以致当场身死。大宝遂以杀人罪被捕。大宝母亲前来探监，正好遇上军法处长，原来他就是自己早年失散的丈夫，于是夫妻相认，父女、母女、姊妹相认，以大团圆告终。

这部电影在新光大戏院上映时，曾爆满两个月。前些日子碰到一位老影迷，他谈起当年上海的盛况，描绘得犹如历历在目。

他说："那时新光大戏院算是一流影院，要看您的电影的话，要三毛钱才能买一张票呢！"

《姊妹花》由我一人分饰大宝、二宝两角，两人境遇、性格各异，虽说自己也很努力去体会，进入角色，但我过去一向演的都是善良的妇女，所以演大宝比较得心应手，演来也显得真实自然，而二宝就比较难了。二宝的霸道、骄横奢侈的作风就不太合我的戏路。但作为一个演员，特别是三十年代的演员，虽然那时我已算是有了一点名气，却仍然要受合同约束，再说我又是公认的"乖小囡"，所以只好硬着头皮，潜心努力，倒也就演下来了。

这部电影也是郑正秋后期力作，他付出很大心力。正由于他循循善诱，这部影片的几个主要演员演来还颇称职。

▶ 《姊妹花》剧照之一。明星公司出品，郑正秋编导，胡蝶饰大宝、二宝，郑小秋饰木匠桃哥

在这部影片里演母亲的宣景琳比我还小一岁。宣景琳原来的戏路是演贫苦少女的，如她主演的《盲孤女》，她能将盲人的痛苦一一表露，演来自然真实。后来在《早生贵子》一剧中，郑正秋指派她出演老妇人，获得好评。在《姊妹花》一片中，她更是驾轻就熟，演技发挥得淋漓尽致。也正因为有郑正秋的指导，和她的通力合作，我自己的演出才能达到一个更高的水平。宣景琳自那以后，就都演老妇人角色。别看演老妇人不是主角，但要找演得好的人选还真不容易。所以宣景琳也就以此著名。

年前王丹凤去美国探望女儿，临走前特地绕道加拿大来探望我，我自是心感盛意。她提到宣景琳，也提到郑正秋的儿子郑小秋，还有许多当年的老同事，有的已仙逝，在世的也都已进入暮年，感慨不已。她并告诉我，"新光"已改名为"上海学术电影院"。作为观摩，《姊妹花》就曾在改名后的该院上映过。距《姊妹花》初映相隔五十多年，这也是一件想不到的事情。

《狂流》《脂粉市场》和龚稼农

前面说过，由于"九一八"和"一·二八"事变，暴露了日本帝国主义侵我中华的狼子野心，民众的抗日情绪高涨，言情片、武侠片、伦理片已非民众所要看到的影片。《自由之花》受到欢迎，《啼笑因缘》《落霞孤鹜》被冷落，《啼笑因缘》还为放映权打了一场官司，"明星"在经济上受到重创。张石川、郑正秋、周剑云三巨头不得不面对现实，迎合潮流，改变"明星"的拍片方针。后来听到是由洪深建议，周剑云出面邀请黄子布、席耐芳、张凤梧为"明星"制片顾问。他们的加入，给"明星"的制片工作带进了一股清新的气息，多少扭转了一些"明星"的拍片方向，使观众的层次提升到知识分子阶层。这才有了《狂流》《脂粉市场》等片的出现，也使我的演出有了新的转型。我也是在后来才知道他们三位用的是化名。他们在文坛上为人知晓的是"夏衍、郑伯奇、钱杏邨"。

我与龚稼农刚合作拍了《姊妹花》，很获好评。接着，也就由我们二人主演《狂流》《脂粉市场》这几部片子。1966年，我们两个影坛老搭档还曾应邀在李翰祥的国联公司当客串演员，在林福地执导，汪玲、杨群主演的《塔里的女人》中演出。当然，那时我们都已年近半百，影片里的我们也已为人父母，说来最近的事也是二十年了。

龚稼农年轻时曾是体格健壮的运动员，毕业于南京东南大学体育

▶《脂粉市场》剧照，1933年明星公司出品，夏衍编剧，张石川导演，胡蝶饰李翠芬，龚稼农饰钱国华

系，未从影前在南京体育场当管理员。原来是业余电影爱好者，由业余到职业，他也曾做了不少努力。我在"明星"时期，很多电影是和他一起合作的，不过现在提到三十年代我和他合拍的电影，则以《姊妹花》《狂流》和《脂粉市场》三部片子为多。

那些年，我在台湾天母居住时，每月还和他见一次面，谈谈往事。他的记性比我好多了。很多事情要他提起我才记得。

我们一起演过青年人的戏，也演过中年人的戏。我忽发奇想，如果我们能再在一起拍一部当"爷爷、奶奶"的电影，一定是很有意思的。不过，这只是奇想，导演们看到这里可千万不能当真。近年来，我总接到访问邀请，待遇优厚，出这出那，任我提出，但我常说："这条老命可是要我自己出啊！"现在能安安静静做"乖老囡"，能通过纸笔和读者叙叙家常，就是我最大的满足了。

《狂流》由夏衍编剧，程步高导演，董克毅摄影，参加演出的除我之外，尚有夏佩珍、王献斋、谭志远。

这部片子是以"九一八"事变后长江流域大水灾的事实为依据而编写的。

这部片子上映后，很获好评。因为这是第一部以长江泛滥为背景的影片，而且片中剪接在灾区实地拍摄的纪录片，在制作上也很严谨，演员阵容也够强。

《脂粉市场》也是由夏衍编剧，我和龚稼农合拍，张石川导演的另一部电影。《脂粉市场》是写一个职业妇女的悲剧。我饰演的李翠芬在家庭完全破产后，不得不进入社会谋生，在一家百货公司当女店员，饱尝人们对职业妇女的歧视和侮辱、讪笑与倾轧，受到上司林监督（王献斋饰）和少店主张有济的不怀好意的追逐。虽有诚恳朴实的青年职员钱国华（龚稼农饰）的关心爱护，也仍感生活前途两渺茫。

这两部影片由于反映了当时的现实生活，即使今天看来，也仍是有现实意义的。"九一八"事变后，全国民众的民族意识大大提高，观众已不满足于一般的言情故事，迫切要求能反映现实生活的影片。"明星"三巨头的优点是能顺应潮流，和有识之士合作。所以《姊妹花》等片上映后，情况也随之好转。

"选后"与其他

从影以来，特别是拍了几部有影响的影片，最感穷于应付的是热情的观众，尤其是影迷了。

我那时虽说片酬与薪金都不低，但我父亲已不工作，上有父母，下有弟弟妹妹，个人也还有些开支，所以也并不感到很宽裕。很多影迷来要相片，这笔开支就够浩大了。人说上海人脑筋动得快，这话一点都不假。那时就有沪江影相馆找上门来，愿意给我拍照，免费代我给影迷寄相片，条件是我一年去"沪江"照几次相，由他们印成明信片出售，我也不收取任何费用。我去试了一下，他们的摄影技术还不错。这是两相皆宜的事情，后来也就这样办，直到我离开上海到香港。也许是这个原因，在民间也就流传很多我的照片，不知道是否因为这样又生出很多我意想不到的故事呢？

我不仅需要戏装，当然这个戏装不像京剧舞台的那么复杂，也还需要不时地添置衣服。我的衣服几乎都由上海鸿翔服装店包下来了。那里有几位老师傅，用料、做工很考究，现在恐怕很难找到这样做工考究的老师傅了。我至今还保留了几件留作纪念。

我因取名为胡蝶，所以日用品都有蝴蝶做标记。有一位热情的影迷还给我寄了一张相片。说是在家里辟了一个客厅取名"蝴蝶室"，墙上挂有蝴蝶的标本，沙发套上、靠垫上都绣有蝴蝶。这真是少有的影迷。

1933年另一件有趣的事情是选举电影皇后，这是因为美国电影女明星玛丽·璧克馥得了第二届奥斯卡最佳女演员金像奖，就有"电影皇后"之誉。玛丽·璧克馥来沪访问后，《明星日报》也在每日报端附印选举票，把收到的选票放入特制的"选举箱"。并且郑重其事，当众开票，由于我的票数最多，就得了这个称号。几十年来，这个像游戏之举的称号就一直跟着我，这是观众对我的爱护，我自己确实不敢妄自称大，所以等到所谓的"加冕"礼时，我就一再辞谢。

考察在发展中的欧洲电影事业

参加莫斯科电影节

进入电影界，不知不觉已有十年。三十年代中期，先进的影业国家无论在技术或技巧方面，都比电影历史短暂的中国有着足供借鉴的发展。美国是电影的发源地，尤其是好莱坞是全世界的电影中心，我一直期望着有一天可以到这块新大陆，去探索电影王国好莱坞的秘密。可是世事每每出人意外，当我满心向往着好莱坞的时候，命运之神却偏偏把我带到欧洲。可以说，完全出乎意料的我来到了欧洲。然而美洲也好，欧洲也罢，反正一样可以见识更多的新事物，不是吗？所以当我得到出国的消息时，心里依然怀着无穷的喜悦与期待，准备着去一游这海外的新天地。

苏联因为纪念其电影事业成立十五周年，特定于 1935 年 2 月 21 日至 3 月 2 日在莫斯科举行国际电影展览会，邀请各国选派电影代表团参加。苏联当局给南京外交部发来电报，邀请中国派代表团参加。电报中，特别指名请我参加。后来据当时在莫斯科中国驻苏大使馆工作的记者戈公振先生告诉我，在发出邀请电前，苏联文化当局曾向戈公振先生询问中国的电影发展事业情况，有无电影明星，等等。

戈公振先生答称："胡蝶是当今中国最红的影星，在新加坡等地都有她的观众，东南亚的影业同行都来中国定购她的影片呢！"

有机会到苏联及欧洲考察一下外国的电影事业，以提高中国电影的水平，自是影业人员神往之事。只是名额有限，在确定代表人选方面费了不少周折。我算是得天独厚，得到了苏联影展会直接寄给我的请帖，免了参加"竞选"的一番角逐。汪精卫是当时的外交部长，我去南京见了他，并得到了外交部批给我在国外使用的一些外汇。

我忙着工作，在百忙中又得抽出时间学习西方礼仪。我请了一位英国太太每天来教我一个小时，讲述西方各种礼仪。诸如就餐使用刀叉的次序是由外到里，调和牛奶和糖的小匙用完要放在杯子旁边，下楼梯不要看脚等。特别记得的是，她知道我有洁癖，一再嘱咐我，西方男士为表示尊敬与礼貌，会吻你的手，如有口水，也要等过后再抹去。幸好有她的教导，要不然我可真要失礼了。

在访苏期间，正逢隆冬，乘火车途中下车，总有当地显要迎接，经过男士亲吻的手背，免不了沾上口水，我也只好任由它结成薄冰，直到我找到机会将它抹去。东西方礼仪各不相同，但入乡就只好随俗了。

中国电影代表团成员经过一再协商，最后决定，由"明星""联华""艺华"和"电通"四家公司，挑选八部影片，由制片人、编剧、导演、摄影师、演员七人组成代表团前往莫斯科参加盛会。七位代表分别是：

"明星"制片人周剑云，"联华"制片人陶伯逊，"联华"编剧余一清、副导演黄谦，"明星"摄影师颜鹤鸣，翻译孙桂籍，演员代表就我一人。

参展的八部影片如下。

"明星"有四部影片：

1.《姊妹花》（1933 年出品，根据郑正秋舞台剧《贵人与犯人》改编）编导：郑正秋，助理导演：沈西苓，摄影师：董克毅。主要演员：胡蝶、郑小秋、宣景琳、谭志远、顾梅君。

2.《空谷兰》（1934 年出品）编导：张石川，摄影师：董克毅。主要演员：胡蝶、高占非、宣景琳、严月娴、郑小秋。

3.《春蚕》（1933 年出品，根据茅盾同名小说改编）编剧：夏衍，导演：程步高，摄影师：王士珍。主要演员：萧英、严月娴、龚稼农、高倩苹、艾霞、郑小秋、张敏玉、王征信。

4.《重婚》（1934 年出品）编剧：王平陵，导演：吴村，摄影师：周诗穆。主要演员：高占非、高倩苹、严月娴、萧英、谢云卿。

"联华"两部：

1.《渔光曲》（1934 年出品）编导：蔡楚生，摄影师：周克。主要演员：王人美、罗朋、袁丛美、刘继群、王桂林、韩兰根。

2.《大路》（1934 年出品）编导：孙瑜，摄影师：洪伟烈。主要演员：金焰、陈燕燕、黎莉莉、罗朋、郑君里、章志直、刘琼、尚冠武、刘继群、韩兰根、张翼。

"艺华"的《女人》（1934 年出品）编导：史东山，摄影师：周克、吴蔚云。主要演员：黎明晖、胡萍、雷梦娜、蒲曦、奚良。

"电通"的《桃李劫》（1934 年出品）编剧：袁牧之，导演：应云卫，摄影师：吴蔚云。主要演员：袁牧之、陈波儿、唐槐秋、周伯勋。

访欧远行的开始

中国电影代表分三批启程。第一批是陶伯逊、余一清和孙桂籍三位先生。

第二批是黄谦和颜鹤鸣两位先生。第三批是周剑云伉俪和我，也

▶ 1935年2月张石川（左1）、潘有声（右1）为胡蝶（右2）、周剑云夫妇（右3、4）赴欧洲考察送行

是最后一批出发的。我们迟出发的原因，当时外间颇多传言，以为是我要准备行装，所以耽搁了时日。其实是那时我主演的《夜来香》一片尚未结束，正在赶拍。个人临时决定动身，自然免不了有点手忙脚乱。同时明星公司方面在接近年关时也有许多需要办理的要务，周剑云先生也不能说走就走，总要处理妥当才能抽身。结果便不得不将启程的日子推迟了。

动身之前，驻沪苏联大使鲍维洛夫曾在使馆给我们饯行。他对我的出席表示非常高兴和欢迎。当时我们曾提出恐怕赶不上展览会期限的问题，他却一力承担，要我们不必顾虑，他会发电报请他们延期，务必等候我们到会。听他这么热心，我们当时更觉放心前去。不料事与愿违，待我们到达莫斯科时，大会已闭幕多日。我们不免感到有点失望。幸而后来影展的主持人非常热心，并一再表示歉意。因为我们赶不上会期，为弥补计，竟可说为我们重开了一次影展，使我们一行人深为感动，也深为感激。这是后话，容我在后面再为详述。

　　1935年2月21日，是我一个可纪念的日子。虽然在拍片的时候常常有出门的机会，可是到国外去还是第一次。那天中午，我们就把行李搬到船上了。来码头送行的，除了自己的亲友和明星公司的许多同事之外，还有许多热情的电影观众。我当时除了心里感激之外，还觉得有点恐慌。对他们的深情厚谊，我心领了，但当我想到他们今天来这里送行，对我抱着极大的希望，就不由得诚惶诚恐。参加这次影展，可说是中国从1922年开始有自己的电影以来，第一次走出国门。对于

▶ 1935年赴莫斯科，上海市长吴铁城代表余先生（右）、胡蝶（中）、梅兰芳（左）在船上合影

代表团的全体成员来说，也是第一次担负"文化交流"的重任，这实在是一次不寻常的远行啊！

我们坐的是"北方号"邮船，"北方号"是苏联政府专程派来迎接颜惠庆大使返任及迎接梅兰芳先生以及他的剧团赴苏联演出的。我们出发的日期适逢其时，也就趁便一道前往。

"北方号"邮轮于当日下午两时起航。那天上海正下着蒙蒙细雨，当邮船缓缓驶离港口，望着渐渐淡出的人群，虽说只是暂别，心中依然荡漾起一阵阵莫名的惆怅。真是：是离愁，是别绪，别是一番滋味在心头。

"北方号"邮轮并不很大，只有六千吨重。全船舱内外油漆一新，听说是因为这一次航程而重新油漆并着意修饰的。这船分头、二、三等，头、二等可载客五十人。不过这次乘客除梅先生及他的剧团和我们一行人外，只有三两位苏联乘客。船上既然几乎尽是中国人，所以处身其中，倒没有浓厚的异国之感。

我是首次尝试海洋生活的人，即使邮轮刚驶离出吴淞口进入大海，还没有大风浪，我已经有点受不住了。头一天还没有太大感觉，依旧吃喝玩乐。第二天却不对了，一早醒来，便觉天旋地转，头晕目眩，一起床就马上呕吐起来，这滋味至今想来都仍觉可怕。没办法只好仍旧回床上躺着不敢动。这样整整一天，除掉喝水之外，一点东西都没有吃。直到第二天下午，我还是不敢起来，也不敢吃东西。同行的周剑云夫妇对我细心照料，但也颇为我担忧，因为航程还只走了不到三分之一，这样下去是不行的。后来有人说，在船上晕船，只要勉强吃下去，呕吐也不要紧，吐完再吃，这样反复几次，慢慢就会好起来。我便依了这话，吩咐侍应生把饭送到舱房，勉强自己饱吃一顿。也许是心理作用，也许是因为后来风浪略微平静，到了第三天我的精神便恢复了许多，再也不感到航行之苦了。

船上每日三餐。早餐为牛奶、麦片之类，中午和晚餐为烧鸡、猪排、牛排等，和寻常在上海吃的俄国大餐也差不多，味道也还不错。面包则分黑白两种，没有下午茶点。船上服务人员都是苏联人。好在苏联政府随船派来一名通晓国语的女译员，所以并不觉得有什么语言上的困难。

"北方号"因为吨位轻，所以设备也比较简单，消遣的玩意儿非常少。每天除了闲谈之外，就只有下外国象棋，或是打打纸牌。幸好我临行前，亲友们送了我不少书报杂志，所以船上的五天，除了晕船睡了两天之外，还不觉得怎么寂寞。

1935 年 2 月 27 日，船便到了海参崴。到码头的时候，便有海关的人员上船查验。同时我们也需要将所携带的金银首饰等贵重物品一一登记清楚，领得凭证，以便日后出境时查核。如果没有此证，海关可以将东西没收。倘若所携带出境的东西超过入境时所登记的数量，也一样要没收。海关平时对于入境的检查极为严格，这一次对我们却极为优待，稍微看看便算。

船到海参崴，来码头欢迎的有苏联对外文化协会由莫斯科派来的专员和海参崴地方当局及中国领事馆所派的人员。上岸后先到领事馆休息，权领事对我们殷勤招待，厚意可感。在海参崴，我们都住在砌留斯金旅馆。这旅馆规模颇为宏伟，华丽的吊灯，大理石的圆柱，很具古典风格。也许是年代久远或是别的缘故，这一切似都染上一层陈旧的色彩。房间很宽敞，唯一使我感到惊异和不安的，便是晚上我竟在床上发现了几只臭虫。

砌留斯金旅馆的侍应生男女都有，服装也很整洁，晚餐的时候还有音乐师奏乐。这里的房钱是不包括膳费的，吃饭得另外付钱。东西也不便宜，食物也未见可口，一只烧鸡就是两元美金，而且还是老鸡。

这里我不妨大略地说一说海参崴。海参崴是太平洋海岸的重要港口，经西伯利亚赴欧的旅客，从前都由我国东北入境。"九一八"事变后，在东北旅行不易，所以赴欧的旅客，取道海参崴的渐渐增多，这个港口也就日显重要。未到海参崴之前，听地名，以为海参崴是一个很可爱的地方。可是到了之后，却使我非常失望。街道因为积雪，混入了行人鞋底的泥迹，到处显得很泥泞。街上虽有很多人，可是却掩盖不住荒凉的色彩。商店是半开半闭，行人神色匆匆，衣服也不见光鲜，这种情形使我联想起上海"一·二八"以后的情景。那时苏联十月革命已有十多年了，想是偌大一个国家要使每一个地方都能富裕起来也不是一件容易的事情，何况这里面还包含着执政者的政策是否适应当时的国情，顺乎民心呢。

晚饭后和颜大使的女公子到外面闲逛，因为外面路上雪地泞滑，心想着买一双橡皮套鞋，不料走到外面，才发现商店都已关门。后来问人，才知道商店每日下午六时后便停止营业，家家休息，不再做生意了。

这里的商店，美金卢布都通用，做生意的态度既不滑头，也不见得客气。好像买卖是个人的自由，谁也不必巴结谁。他们看见我们，好像是既不惊异，也不显得特别热情，好像他们心目中没有国度种族的分别。只知道彼此都是人类，都应互相尊重而已。

海参崴的交通工具主要是有轨电车和一些马车、汽车。汽车实在很少，而且车身都很旧。乘汽车的价钱也很贵，短短一段路就要两元美金，这在四十年前实在是个不菲的数目。电车是最大众化的交通工具，整天看得到的是挤满人的电车，车少人多，常常看见许多乘客手拉着车窗，身子却挂在车外。上海的电车算得是拥挤的了，但比起海参崴来，实在算是宽敞的了。

这里最使人感到不便的是水的问题。洁净的清水是得用钱买的。

自来水管不是通到外面自来水公司的管子的。要自己把水买回来，盛在槽里，然后水龙头才有水放出来。所以洗浴都非常不便。苏联和欧洲各国用的洗脸池，池中都没有橡皮塞子。他们都习惯用手接着水龙头流出来的水，然后浇洗面部，和我们先盛好一盆水，然后用毛巾洗用的习惯有点两样。我洗脸的时候便只好用手帕来代替塞子了。

娱乐的地方有影戏院和跳舞场，但因在海参崴只停留三天，而多半时间又在应酬中过去，所以也未能去当地的影戏院看看。进入苏联境内的第一站就这样匆匆地过去了。

梅兰芳的"亲传弟子"

1935年3月2日下午六时，我们乘特别快车离开海参崴去莫斯科。车中每天三餐，一般还可以。我和颜小姐同住一房。每次去餐室的时候，总要经过许多扇门。车上无聊，我又好奇心起，有一次我便数它一数。原来一共有十六扇门。精确算起来，我每次从卧室到餐室，各门启闭共需三十二次，回来启闭又需三十二次，一共是六十四次。这样一算，吃一顿饭，来回一走，几乎很快就可以消化得干干净净了。

车上初时几天的饭食还好，过了几天，大概是车上粮食短缺，结果是一天不如一天。白面包没有了，只有糙糙的黑面包。幸好我是个随遇而安的人，所以也不觉得怎么样。所幸临走时，家里怕我不习惯吃西餐，硬要我带上点罐头食物，这时竟救了急。

沿途经过的大小车站不少，大站停十余分钟，小站五六分钟。到了重要的地方，凡设有领事馆的站，颜大使总要下车去看看。我们因为怕冷，而且沿途皑皑白雪覆盖大地，一望无边，什么也看不到。有时只是下车拍个纪念照便了。

在上海未出发前，就听说苏联的气候非常寒冷，我们便应有尽有地把冬天用的衣物全部塞进箱子里，所以有足够的御寒装备，因而也就不觉得太冷。只有在将抵达莫斯科时，在赤塔下车和领事拍了一张照片是最冷的。只站立了一会儿，手脚都僵痛起来，好像千百把寒刀向身上手上插将下来一样，真可说是这次欧游中我感到的最寒冷的一天。

在火车上的日子颇感无聊，大家有时玩玩桥牌，多数时候也只是闲聊。颜大使的外表看来很严肃，其实是个很和善的长者，有他在时，气氛常常会变得轻松愉快起来，因为他做驻外使节多年，见闻广博，在言谈说笑间，各国奇事趣闻，给我们增加了不少知识。

梅兰芳先生是一位沉默寡言的谦厚君子，待人诚恳有礼。因为在火车上有的是时间，我又对新鲜事物感兴趣，加上梅先生和我两人既不会饮酒，也不会打牌，当时不知是哪位提议说："这里有梅先生在，胡蝶何不就此拜师学艺，就此机会学唱京戏？"梅先生自是谦虚说："这哪敢当啊！"不过禁不起我一再"央格儿"（北京土话"央求"的意思）。

梅先生说："拜师可不敢，就唱一段《三娘教子》吧！"

可别看我学方言挺快，而且学什么方言都学得很地道，几可乱真。可是这脑袋一到学京戏可真成了榆木疙瘩。饶是梅先生一句句教，总也学不会，可又不想放弃这大好良机。最后只好请梅先生教唱一段易上口的《别窑》，这"儿的父……"一句句至今还哼得出来，这倒还真是梅先生亲授的。所以我有时会开个玩笑说我还是梅兰芳先生的"亲传弟子"呢。

1937年"七七"卢沟桥事变后，有一个时期梅兰芳先生曾避居香港，那时我也在香港，彼此心情都为国难感到沉重，他蓄须明志，我也深居简出，极少交往。而今梅先生早已作古，我也垂垂老矣！真是不堪回首话当年啊!

话扯得远了,还是书归正传,回到当年的欧洲之行吧!

坐过火车的人,都有这样的经验,日子不易打发,尤其是长途旅行。隆隆隆,单调的声音,弄得人昏昏沉沉,老想睡,老感到疲倦。我幸好攀上梅兰芳先生这样的好老师,天天跟着他,学唱,也学做人,学他的一丝不苟,学他的认真,日子竟过得飞快。

车中有两件绝对相反的可喜和讨厌的事。可喜的是沿途各站都有小贩到车里做买卖,卖的是牛奶、鸡蛋、面包之类的食物。价钱很便宜,而且也很新鲜可口。有时还有肥嫩的烧鸡,比起海参崴两美元一只的老鸡真是不可同日而语,尤其是在后来的几天车上缺少可口食物的时候,更觉得它是无上的佳肴了。可讨厌的是车上没有浴室,在这十天的旅程中,没有好好地洗过一次澡。幸好天冷,如果是在夏天,真不知如何是好了。

车行十日,沿途所见尽是皑皑白雪,顾盼窗外,无论森林、平原都堆满了积雪,装缀一个宁静无垠的白色世界。我童年虽在北方度过,却还没有见过如此壮丽的雪景。车经贝加尔湖的时候,尤其壮丽,景色奇异,耀眼生辉。车驶出了好一段路,那壮丽的景色仍在脑海里久久不能淡去。

莫斯科的记忆

3月12日晨八时,火车抵达莫斯科。火车一进站,就听到人声喧闹。我因为想把行李整理好,所以等人人下了车,我还在车上。后来戈公振先生上车来找我，说外面许多记者等着我拍照，叫我赶快下车。我只好放下行李随他出去。车站上挤满了人。来欢迎的有苏联"外交人民委员会"东方司副司长鲍乐卫、苏联"对外文化协会"艺术部主任契尔年斯基、东方部主任林迪夫人、苏联作家特尔塔可夫及中国驻苏大使代办吴南如、苏联驻华大使代表奥山荫，此外，就是许多拿着摄影机和照相机的记者。苏联驻华大使代表奥山荫曾在中国住过十多年，能说流利的汉语，鲍乐卫也能说汉语，林迪夫人则说英语。他们对我们未能在限期内及时赶到电影展览会很为关注，殷殷询问。

在月台上让许多摄影记者拍过了照之后，便分乘汽车直往京都大旅馆，在此下榻。当日有戈公振先生请我们午宴。我和戈公振先生是旧交，他在上海当记者时，我们就相识，他待我如长兄，处处得他指点，异地重逢，倍感亲切。

参加戈公振的午宴后，我们回旅馆稍事休息，五时又赶到大使馆茶叙。茶叙吃的是中国点心，炒面、包子、饺子，这些在中国极为寻常的食物，此时入口却觉得甘美无比，想是十多天的外国菜吃多了，此时此地，更觉得家乡的饭菜可口了。真是，甜不甜，故乡水，亲不亲，故乡人。

车中多日，大家都想活动活动，大使馆也为代表团订好了当晚的娱乐节目。晚饭后，即赴国家第一艺术剧院观剧。剧场宏大非常，设备华丽，一派贵族气息。是晚座无虚席，据说晚晚如此。剧场共分六层，观众大多数是平民。场内虽有几千观众，但秩序很好，开演时肃静无声，和中国的戏园子完全不同。场内不准吸烟。场间休息时，可以到休息室休息或吸烟等。剧再次开始时再鱼贯入场。后来到欧洲其他国家也均是如此，同行代表看后颇多感触，单是在剧场秩序方面，可供借鉴之处也实在不少。

当晚上演的剧目为《巴黎之火》，是一出舞剧。剧情是叙述法国大革命的。伴奏音乐的变化及演员的舞蹈、表情和动作传达出了全部剧情。音乐和舞蹈的语言是世界相通的，我们不懂俄语的人看了，毫无隔膜之感，和他们本国人一样，得到同样的满足和欢喜。

该剧演出的阵容和布景非常宏大。几百个演员同时出场也并不觉得拥挤。真的马匹可以在台上往来驰骋，舞台的宽阔，可想而知。

除了舞剧，我们还观赏了几次歌剧和话剧。歌剧的规模也很大。俄罗斯的音乐在世界上也占有一席重要的地位。音乐欣赏对每个家庭都很重要。大多数人在音乐方面都有一定的修养。俄国曾产生过像柴可夫斯基等卓越的天才音乐家，不少有名的歌剧也在俄国问世。所以这里，尤其是莫斯科的歌剧更是分外精彩。不过有一点颇感不解的，就是有些女演员实在是有些过于肥胖了，有些连弯腰都觉困难，这不能不说是美中不足的地方。另一个发现是在弦乐队里有几位女乐师，这在三十年代不能不算是新鲜事。这也说明只要条件许可，女子才干是可以与男子发挥同样的作用的。

话剧的演出也很成功。我曾参观过许多话剧院，有一所最新式的剧院，布景的设计颇具象征派的色彩，其色彩全部靠灯光的明暗来调节。但是大多数话剧院仍然是很写实的。布景的逼真使人们几乎忘却这是舞台。无论是行云流水，还是花开花谢，都布置得栩栩如生，惟妙惟肖。演员的技巧也很纯熟，说起话来也很自然，毫不生硬，也不见演员扯大嗓门，而全场听起来却异常清晰，这当然是演员训练有素，场内的设备良好，两相配合的结果。想起我们在上海的那些文明戏，演员们动不动要大声疾呼来讲话，相形真是见绌得多了。

在莫斯科，单是电影院，当年就有两百多间。最大的一间非常宏伟。楼分四层，第一层是舞厅，专供一般人跳舞娱乐吃茶点，第二层是音乐厅，每天都有音乐演奏会，第三层才是电影院，最顶一层是阅览室和休息室。

苏联的社会制度不同于别的国家。电影乃至其他企业都是国营的。外国片子不能随便进口，因此电影院上映的大都是本国自制的国产片。也不像当时的中国因为有不同的公司，就有竞争。制片公司为了要在竞争中站得住脚，就要不断更新内容，提高演员的技巧和修养。苏联当时的电影，内容还不错，但就技巧而言，比诸同时代的欧洲国家还是略感有所不足。

有意思的是苏联电影院，票价分两等，对本国观众收费非常低廉，而对外国的游客则特别贵，相差到两倍，不知这个制度是否仍然沿用至今。

我们这次是为参加国际电影展览会远渡重洋，可是当我们到达莫斯科时，展览会已在十日前结束。想起在上海临行前，苏联驻华大使对我们说过可以展期的话，不免有点失望。幸而展览会的主持人异常热心，不想使我们失望而归，所以将展览会上上映过的电影为我们重新放映一次，使我们有机会补回这一课。

我们在莫斯科和列宁格勒（原名圣彼得堡）两地停留了一个多月，主要是因为等待安排《姊妹花》和《空谷兰》的公映日期。我们是3月12日到达莫斯科的。展览会的主持人专为放映《姊妹花》和《空谷兰》，召集尚未回国的各国代表和苏联电影艺术界专业人士，按照西方的习惯，宴请集会需在会期前一个多月发出请柬。所以《姊妹花》一直等到3月24日才上映。

放映的当天晚上，由苏联电影事业总管理处处长苏密斯基及苏联对外贸易局局长乌西叶维奇联名设宴欢迎我们，并放映《姊妹花》。当晚，来的客人有名导演道维森柯及亚历山德洛夫等。

宴会开始前先放映《姊妹花》，映后即行进餐，周剑云先生即于此时致辞，表示感谢。苏密斯基和道维森柯也相继致辞。道维森柯的讲话使我感慨。他说从前在欧洲看过许多西方人所摄的关于中国的电影，在这些影片中的中国人形象往往是被歪曲了的。他说他虽然明知中国的实际情形不至于这样，但是要把被歪曲了的事实颠倒过来，是需要中国人自己的努力。现在看了中国自己摄制的电影，不仅技术和表演成绩使人满意，也使西方国家的人民第一次从银幕上看到了健康的中国人的形象。

讲话的大意如此。由此，我感到我们电影从业员所负的使命的重大，发扬民族的光荣，我们是责无旁贷的，同时也深感中外文化艺术相互交流的重要。

最后由我起立致谢辞。我对主人的盛情招待，表示感谢，也对我到莫斯科以后所见到的男女平等的现象感到兴趣与赞赏。讲话结束后，来宾再三欢呼鼓掌，使我很受感动。

我前面说过，中国电影代表团是分三批出发的，前两批出发较早，所以赶上影展开幕。联华公司出品的《渔光曲》在这个有着三十一个国家的代表和影片参加的影展会获得了"荣誉奖"，成为我国第一部获得国际荣誉的影片。这是应该写入史册的。我也同样感到高兴，与有荣焉。

影片《渔光曲》是写一个渔民家庭的悲惨故事。暴风雨夺走了穷苦渔民徐福的生命，他的妻子徐妈不得不丢下一对双生子女，到船主何家去做奶妈。二十年后，徐妈苦心抚养的何家少爷子英（罗朋饰）和自己的女儿小猫（王人美饰）、儿子小猴（韩兰根饰）都长大了。他们三人成了很好的朋友。又过了八年，他们都已长大成人，小猫和小猴租了何家的船，继承父业，捕鱼为生；子英则遵从父命，出国去攻习渔业。临行前，他来向小猫、小猴告别，并表示学成回国，改良渔业。子英出国后，由于军阀混战，盗匪横行，徐家被洗劫一空。操劳过度的徐妈连遭打击，双目失明。接着又由于何家与外国轮船公司合资创办渔业公司，用轮船在海上捕鱼，使徐家生计更为困难，不得不背井离乡，到上海投靠卖唱度日的舅舅。在这里，小猫、小猴遇到了学成归国的何子英。何子英同情他们的遭遇，资助了他们一百元。不料这笔钱却给小猫、小猴带来了灾难，被诬为抢劫所得，被捕入狱。及至出狱回来，家已被一场火灾烧掉，母亲和舅舅也葬身火海。这时，子英找到他们，要带他们回家。不料子英家里也发生变故。他父亲的姨太太卷走巨款与奸夫潜逃，父亲则因破产自杀，子英也成了无家可归的人，就和小猫、小猴一起到渔船上去。最后，小猴因捕鱼受伤而死。全剧在《渔光曲》的歌声中结束。

《渔光曲》的编导是蔡楚生，摄影是周克。蔡楚生是广东潮阳县人，1906年生于上海，后返原籍，做过多种工作。1927年重返上海，先后在好几家影片公司做过临时演员、剧务、宣传、场记、布景等。曾担任过郑正秋的副导演，艺术手法上很受郑正秋的影响。

《姊妹花》在列宁格勒（圣彼得堡）公映

《姊妹花》的第二次公映，是在列宁格勒的电影厅。按照苏联的惯例，新片公映前，先在电影厅放映，请导演、剧作家及演员观看。《空谷兰》则是后来于4月2日我重返莫斯科的时候，也是在当地的电影厅公映的。电影厅不同于电影院，凡新片公映之前，都在这里预映，请文艺界人士、导演、剧作家、演员观看并批评，带有观摩性质。

《空谷兰》在莫斯科电影厅的公演，节目是预先早已拟定的，是列为电影厅四月上旬公映的剧目之一。演出仪式颇为隆重，当晚电影厅布置一新，大门上面悬挂着中文的横幅，上面写着"苏联艺术创作人员向中国电影界工作人员致敬"。我们到莫斯科后，曾将一百多张介绍明星制片公司的制片过程和男女演员的相片送给他们，当晚也被装潢得十分美观地悬挂在入门沿楼梯的两旁，我的放大相片则被他们挂在正中，是晚来宾有中国大使馆官员及苏联外交部的官员、名导演蒲道维奇及男女演员数十人。电影放映前，由名导演希莱德洛夫起立致辞，向来宾介绍周剑云先生和我，并赠我鲜花一束，以示欢迎。

放映完毕，就是晚宴。宴会开始前，蒲道维奇致辞，对我们的表演技巧表示赞许。我也代表明星制片公司致辞表示感谢。我在苏联公开演说或谈话，一向都用国语，只有这一次用粤语，因为为我翻译的李先生恰巧也是广东人。

《姊妹花》和《空谷兰》在苏联得到的反映还不错。不过在他们看来，《姊妹花》比《空谷兰》更好。我想也许是《姊妹花》所反映的贫富之间的矛盾适合他们的国情，因此易于引起共鸣，而且《姊妹花》的中国色彩比较浓厚。《空谷兰》穿西装的地方，他们以为不调和，大概他们总以为穿中国衣服才能十足地道表现出中国吧。另外，在和导演蒲道维奇的交谈中，他认为《空谷兰》的对白太多，未免近于说教。还有他们觉得我们所用镜头微觉呆板。在当时的欧洲，苏联的电影业还不是最先进的，但比起我国来，摄影镜头的运用也算得是多姿多彩了。所以从苏联回来以后，在摄影镜头的运用方面，向他们借鉴的地方也不少，以至当时有"俄罗斯镜头"的流行语。但说到我们的镜头太呆板的话，大概他们还没有明白我们在设备简单又不完备的情况下，艰难制作的情况。我们当年的有声摄影机是很笨重的，摄影时将机器全身厚厚裹紧，以防机器的声音透进影片，像这样的情况，也很难灵活了。

在莫斯科参观

3月17日，前往莫斯科电影学校参观。该校分科很全，和正规大学的训练相仿。分表演、导演、创作、摄影、美术布景等系，理论学习与实践并重。学生不少，男女都有。这些学生经过五年的正规训练，本身都具备一定的艺术修养，并具有理论知识，成为电影事业的专业人才。回顾我国当时的情况，尚未有正规的学校，进入电影事业的人员都是从别的行业转过来的，还是在摸索中前进，艰苦创业，能取得当时那样的成绩，也很不容易了。所以，当时在苏联的各国影业界人士看到中国的电影无不感到惊异与钦佩。而我作为一个电影从业人员，也颇感自豪，感到自己为祖国增了光。

在莫斯科制片场参观时，有件颇有趣的事。在谈话中，有位导演偶然问我："胡小姐，你在电影界服务了多少年了？"

"十年了。"我说。

"那么你可是两岁那年开始演戏了吗？"他带着开玩笑的口气说。

可是我不太懂他的意思，便老实说："我十几岁的时候开始演戏的。"

他于是笑着说："什么？你现在不是只有12岁吗？"

我知道他是跟我开玩笑，便告诉他："我今年27岁了。"

这位导演听了非常惊奇，他望着我："你已经27岁了吗？我以为你只有十七八岁呢！"

记得我当时听了他的话，不觉好笑起来。可惜时光不会倒流，倘若我真能回复到十七八岁就好了。其实这也不能笑他。照一般俄国人看来，十七八岁的人已经长成得很像大人了。二十七八岁的人要比我们看起来更老些。想起来前几年，许多人都以为我不到70岁，有的还以为我只有六十多岁，这话又不知从何说起了。其实人的年龄是小事，个人努力不努力才是大事，年龄大小有什么关系呢！

在莫斯科的一个月中，起先应酬很忙，苏联对外文化协会在我们到达的第三天便宴请。当晚到会的有名导演爱森斯坦、女明星奥戈罗娃等。大使馆和我们约在3月19日招待前来参加会议的各国代表，地点就在中国驻苏联大使馆内。在莫斯科的许多大使馆中，我觉得最宏伟的还是中国大使馆。大使馆的会堂很大，能容纳三百多人。那晚招待的外宾除苏联艺术界人士外，还有各国使馆的官员，所以到会的人也不少。

在莫斯科的酬酢多半大同小异。给我印象最深的，还是波斯大使馆邀宴的那一次。

那次是波斯国庆大典，波斯大使馆邀请外宾出席宴会和舞会。到会的有各国大使、武官、参赞及他们的夫人，我们也在被邀之列。那晚，衣香鬓影，济济一堂，极一时之盛。波斯大使馆建筑堂皇富丽，灯饰辉煌，俨然若置身于欧洲古代的王宫中。到会的各国外交官，文官一律着燕尾服，武官之军服可谓五彩缤纷，肩坠垂金缨，金钮银剑，胸襟上的宝星勋章，璀璨夺目，每一国有每一国的颜色，可是其庄严华贵则无别。当晚宴舞的情形，使我想起了在外国电影中贵族宴席舞会的豪华情景，也可算是我有生以来所参与过的最盛大的宴舞会。当晚我的赴会颇引起一班宾客的注意，大家都请使馆的人介绍，要和我共舞。

又，当晚的宴会也颇为特别，不是像普通宴饮一般地大家围坐着，等一盘盘的菜端上来。却是一张大桌子上摆满了几十种冷盘，客人自己拿着碟子，自己拣自己喜欢吃的放在碟子上，各自吃喝，吃完了再拣取。像这种宴客法后来在德国、法国也常遇到。现在久居国外，知道这是很普遍的宴会方式之一，当年初次出国自觉新奇。我至今仍觉得这种宴请方式很好，主人既省却许多麻烦，客人方面也比较自由，吃得舒服，也不至十分拘束。当晚还有波斯大使的两位女公子表演波斯土风舞，以娱宾客，舞风自成一格，甚为可观。

梅兰芳誉满莫斯科

关于梅兰芳先生及其剧团，那次来苏联，自然博得盛誉。我因为在莫斯科逗留多日，所以梅先生剧团的公演，我去看过多次。就我个人接触及见闻所及，有几件事颇觉有趣，不妨在此顺便一谈。

我初到莫斯科的头一两天，因为报纸还不曾将我的照片在报上发表，所以当我走在街道上或购物时，许多人就指着我说我是梅兰芳。他们好像还不知道梅兰芳是男士。过了两天，报纸把我的相片登出来后，大家才知道以前弄错了。

关于我国京剧的男扮女装，有一次一位外国朋友曾问颜大使说：

"我不明白贵国演戏为什么不像各国的歌剧一样，以男演男，以女演女，而要以男扮女呢？"

颜大使毕竟是外交官，应对敏捷，他立即向问者答曰："这不足为奇，男子体能天生较女子要强些。比如说，裁缝针线活本应是女子的分内事，然而一般巧手的裁缝却是男的。烹饪做饭是女子的事，可是有名的厨子还是男人。可见因为天生的体力或其他原因造成的条件不同，有时男人会做得比女人更好。男扮女装也不过是同样的道理罢了。"颜大使说完，随即又回过头来对我们说："这话你们听来一定很不高兴了。"说完，彼此又笑了一会儿。

每逢梅氏剧团演出，我都会去观赏。照例，每出戏上演之前，必有解说员用英文和俄文解说剧情，然后开场，可是有许多人仍然对于京剧的台步不太明白。我在看戏的时候，左右观众时时都来向我提出各种各样的问题。如"为什么有的是黑花脸，有的是红花脸？"等等。我对于京剧本来就知之不多，不过也只好尽我所知——为他们解释。

有一次演出《汾河湾》。剧情是说薛平贵回窑的故事。因为京戏的背景不是经常调换，这次挂的是宫殿内的布景。于是立刻就有人问我，薛平贵家里那么穷，为什么还会用这么华丽的布景？我当时觉得颇难回答。最后只好老实告诉他，中国的戏台布景，有时不过是为了要遮掩幕后，并不一定要和剧情吻合的。又当平贵回窑的时候，因为门口低窄，平贵需俯身哈腰而入，实际上台上并没有门口的实景。许多观众还不习惯于中国戏曲的虚拟动作，演员在台上虽无门，但可当有门而做出虚拟推门的动作，观众从演员的虚拟动作中，可以从无门中想象出有一扇门来。外国观众没有这种舞台上的虚拟与想象的经验。他们没看见有门，见演员俯身哈腰，不免莫名其妙，于是问题就来了。"为什么他不好好地挺身而行，而要把腰弯得这样低呢？"像诸如此类的问题不胜枚举。所以他们会用惊奇而又不理解的眼光来观看。

我们从小就习惯，也知道舞台上走的是台步，也知道看动作就知道怎样加上虚幻的想象。一拿到外国，自然难令他们一看便懂。这个问题至今也依然存在，所以，我在北美看到来访的京剧团，以演出武打戏为主，这样比较能为外国观众接受。

梅兰芳剧团首次上演的地方是音乐厅。音乐厅在花园街，为前俄沙皇时代建筑，平日多半是开音乐会之用，有时也演演各种戏剧。有一次我去看了一场话剧与马戏的混合剧。剧名为《马戏场情史》，是叙述马戏团多角恋爱的故事。最初由话剧演员演出，待演到马戏场情节时，便由马戏团的演员上场，霎时间，台上跳跃飞纵，宛如真的马戏团表演，一时间，我们仿佛置身于马戏场中，而不是音乐厅了。

莫斯科红场

红场是一片宽大的广场，场中较高处建立着著名的礼拜堂，该堂建于沙皇时代。相传建立时，沙皇指定建筑师要在这小小一块地方建起一座富丽无比的寺院。那位建筑师绞尽脑汁，耗尽心力，居然在这块不大的地方修建起了一座富丽堂皇的寺院，成为世界著名的建筑物之一。故事是这样说下去的，说后来沙皇见了，也非常赞赏，可是转念一想，要是这位建筑师也给他人建一座更为雄伟壮观的建筑，自己这一座便不能称为唯一的杰作了。于是沙皇就命人将这位建筑师的双眼挖去。传说如斯，在于说明沙皇的毫无人道和残暴。不过这座礼拜堂确实是精美绝伦，可说极鬼斧神工之能事。上面的几个圆尖，五色斑斓，尤觉璀璨夺目。

列宁的陵墓，就在红场中。墓的建筑是广宽的四方形。转梯而下，下层便是列宁的灵柩所在地。他的陵墓每日开放至下午六时，瞻仰的人络绎不绝，瞻仰者需依次序排列进入，绕棺而过，不能停止，以免阻塞。遗体置于三角玻璃棺内，棺中满缀灯泡照耀得很清晰。列宁身着军服，瞑目长眠，一手置胸前，一手下垂平放。灵柩前后和墓内各出入口处，均站有卫士。墓内全是光滑的巨型石板，极为严肃。

克里姆林宫也是旧俄建筑。塔尖林立，有些地方很像中古时代的堡垒，设计极为瑰丽。斯大林夫人之墓也去看过，在一座尼庵内，她的墓没有什么特别装置，平地上竖起一块石碑，碑上有半身雕像，是很简单的平平无奇的墓。

此外，参观过的还有戏剧展览馆、革命陈列馆等。前者是各国的戏剧模型及戏台上的用具等，中国舞台上用的枪剑脸谱也一同陈列；后者是世界各国的革命史迹及纪念品。中国部分的另有一室陈列，内有孙中山先生遗像等。

莫斯科漫步

我在莫斯科前后约一个月，到过不少地方。起初的两天，许多人以为我是梅兰芳。后来各报纸把我的照片和访问登载出来，我每到一个地方，无论是商店、马路上，人人都围着我看，彼此说着我的名字，有些较为大胆的便走上来和我说几句话，可是我们语言不通，无法交流。他们多半只说一两句表示高兴的话，比如我很漂亮之类。出入剧场的时候，也一样引人注目。所可高兴的，是他们都同样用欢迎的眼光看着我。我听不懂他们的话，可是他们的表情我是读得懂的。

他们对我的衣服非常称赞。我们去的时候，为能表现中国的工艺美术，所以多带了几件刺绣衣服，他们看了非常喜欢，赞不绝口。记得当《空谷兰》在电影大厦公映的时候，因为要悬挂我的大幅照片，特地把我请到一家照相馆去拍照。本来我初到莫斯科，有许多家照相馆约我拍照，那时因为实在太忙，所以都没有去。后来因为《空谷兰》公映需要，临时只好随便找家照相馆去拍照。原来只打算拍一张的，可是那位摄影师看见我非常高兴，同时见我穿的衣服很亮丽，便特别请我多换几身衣服，多拍几张。我在欧洲多日，在照相馆拍的照很少，拍得最多的要算这一回了。

在欧洲，女人都以戴帽子为有礼貌。我虽然最怕戴帽，但入乡随俗，因此也预备买几顶，同时在海参崴时未曾买到套鞋，也很想就此机会一并置办。在此我顺便说说莫斯科的百货商店。这里的百货商店比起我们在上海的永安、先施、新新等公司要大得多，买东西的人非常拥挤。买东西的手续则觉得很麻烦。照例是先将货物选好，由售货员给你开具一张发票，顾客拿了发票去收款处付款，然后才凭收据到售货处取货。所以买一件小小的东西，也要花不少时间，实在不方便。百货商店不许吸烟，虽然顾客拥挤，也无烟气熏人之苦。

在马路上情况却又完全相反，最使我感到惊异的现象是，到处都能见到的男女老少，纸烟不离手，有的十来岁的少年也口含烟卷，人们不以为意。苏联标榜他们注重儿童教育，何以不见及此。还有一次在旅馆前有个衣服不太整洁的小孩向我们讨钱。我们给他卢布，他不肯要，说要外国钱，意指美元。我们没有给他。他是乞丐吗？我们不知道。

莫斯科有很多咖啡店，随处可见，各工厂下工以后，咖啡店就挤满了人。他们喜欢慢慢喝茶、喝咖啡，聊天。这种性格和中国人很相似。还有一点相似的是做事慢吞吞的态度。我到了莫斯科，吴楠如夫人便教我一个俄国字"士加里"，意即"快点"。她说，俄国人做事极慢，如果他叫你等五分钟，差不多是要等五十分钟了。这种情形，比比皆是，尤其是在咖啡店和饭馆，所以你非得频频地喊"士加里"不可。起初我们不了解俄国人的拖拉，曾经有几次宴请，帖子上写明是晚十时，我以为外国人是最守时的，便往往在十时前到达。结果呢！不但宴会在十时举行不了，有时连主人都还没出现，受邀的客人就更不用说了。说是十时入席的宴会，十一时能入席就不错了。

这里的用餐时间也很特别。他们在中午十二时吃的是早餐，下午四时到八时食午餐，晚餐是十时到十二时。当时我们在莫斯科的生活习惯是这样的，是不是光是我们生活的环境才是这样，就不得而知了。在旅馆里上午是没有东西吃的。如果我们上午要外出，只好自己出去买些牛奶面包做早餐，到中午十二时回来才吃所谓的"早餐"。旅馆里的膳食，早餐是面包、麦片之类。午餐则是西红柿牛肉汤、牛排、烧鸡等，晚饭没有汤，却有一种涂在面包上吃的"乌鱼子"。以前我是不吃的，这回却是学会了。据说这类"乌鱼子"，第一次你会觉得很腥，难以下咽。第二次人家劝你尝尝，你只好勉强吃一点。第三次你便会自动取来吃。到了第四次，即使人家不许你吃，你也非要吃。这话是否形容过甚，无从查证。不过在我个人来说，以前是不吃的，但自从在俄国学会吃了以后，现在回来，久不久地还真有点想吃呢！

在俄国旅行了一个多月，什么都没学到，只学了几个不中用的俄国字，一个是"不老好"，就是"不好"的意思。意义和中国字很相近。一个是我的名字"胡蝶"，俄语是"巴巴次加"。可是俄语的"祖母"却叫"巴波次加"，和"胡蝶"相差只是其中一个音节。所以我常自嘲说，我那时还不是"巴波次加"，现在才是真正的"巴波次加"了！

列宁格勒（圣彼得堡）之行

我们3月27日晚离开莫斯科，28日晨抵达列宁格勒。抵达的时候，天气奇冷，和经西伯利亚在赤塔下车时的感觉差不多。我们离开莫斯科之前，莫斯科方面已有电报通知，所以这里最大的制片厂的女明星和导演都来车站迎接。彼此寒暄了一番以后，我们即驱车前往旅馆。

当天下午便随即到列宁格勒制片厂参观。这个制片厂比莫斯科的更大，设备更新，一切比前者更为宏伟。听说还计划要建筑一所更大的摄影场，以求提高影片的质量。综观俄国影片的进步，那几年真是一日千里，又因为是国营事业，所以在制片方面毫不马虎，影片质量也较高。我们到达该厂的时候，正值他们在摄制影片，我们便和片中的演员们合拍了几张照片。

在列宁格勒的五天，天天陪同我们到处参观的是一位列宁格勒制片厂的理事约克和摄影师莫斯惠克两位先生。约克比较活泼，莫斯惠克则比较含蓄，但是两位先生的态度都非常诚恳，有他们两位陪同，我们方便不少。莫斯惠克先生请我教他中国话，同时他教我俄语，所以从他那里，我倒是学了几句俄语。我临离开列宁格勒返回莫斯科的时候，约克先生送我一个丝绸制作的猴子做纪念，莫斯惠克先生则送我一瓶香水和一只漆盒子。这盒子看起来和我国福州制作的漆盒子差不多，听说这盒子在俄国算是名贵的。香水瓶上还附有一张小纸条，上面写着"胡蝶小姐再见"几个中国字。这几个中国字是他请我写下来后，马上自己照着临下来的，临得还不错。他还送给我一张他给我拍的照片，照片右上角印了他自己的小照，上面也写了几个中国字。

在列宁格勒看过三次舞台剧。第一次看的是足尖舞，整个节目由始至终都是表演足尖舞蹈，配以优雅的音乐。第二次看的是歌剧。另一次看的是歌剧与话剧相配合的《风流寡妇》，有唱有对白有表演，背景布置也非常悦目。

电影院则没有去过，只在列宁格勒制片厂的试片室看了几部片子。其中有一部是以坦克车为题材的，布景和摄影技术堪称上乘。影片是叙述一位坦克军人和女学生恋爱的故事，片中的布景随着季节的变化而更换，树木发芽吐叶，以至于开花结果有序地展开，摄制得非常巧妙自然。画面灿烂，光线柔和，确实不同凡响。

苏联所出影片，宣传军备者颇多，这一部以坦克军人为题材的即其一例。又我在莫斯科时也曾看过一部以飞机为题材的影片，满片飞机密布，大概也无非想表示其军备充实罢了。

在列宁格勒参观过的有俄国博物馆、凯瑟琳女皇行宫等。博物馆多半是有历史价值和历史意义的珍藏，和一般的博物馆相似。女皇行宫建筑甚为富丽，里面分各国式样不同的居室。中国室中则完全用中国式的家具、美术品、顾绣椅套等，陈设也颇觉堂皇。行宫中陈列有俄国历代帝王的肖像及木刻像，其中以彼得大帝最为英俊威武。凯瑟琳女皇的肖像在这里看到的颇为丰满肥胖。但我在莫斯科克里姆林宫见过她17岁结婚时所穿的礼服，腰部非常窄小，大概是后来发胖的。礼服是银丝织成的，异常好看，一直保存到现在，还觉得很新，看来仿佛是刚刚缝好了不久似的。

我们到列宁格勒，不过以游览为目的，所以不曾把从中国带来的影片带去，可是当地电影界的人士却非常渴望看一看中国片子，结果只好打电报回莫斯科去，把《姊妹花》一片寄来，在列宁格勒开映，邀请当地的电影界人士观看。大家看后都赞许说，想不到中国的电影已有了如此令人意想不到的成就。我记得当时《姊妹花》放映到大宝在走投无路、万般无奈下偷金锁一段时，观众都鼓起掌来。因此我觉得纵然彼此语言风俗习惯不同，但艺术是无国界的，优美或粗劣的地方大家都有同感。该片开映之前，特请当地一所大学的东方语言系教授将剧情翻译出来，所以观众看起来容易明白了解。听说这位教授曾居留中国十余年，精通中国语文，曾将《聊斋》一书译成俄文，推介给俄国读者。

如果将列宁格勒和莫斯科相比，无论在交通、建设、民风和我们所住的旅馆方面，列宁格勒均不同于莫斯科。若说莫斯科是南京，列宁格勒则可以说是北平了。列宁格勒就是帝俄时代的圣彼得堡，所以这里多古迹，多帝俄时代的宫殿，纵横交错的河流桥梁，更显出无限的典雅和美观。马路比莫斯科更整洁，汽车也较多，而且民风也比较淳厚，以此来比北平，实在是再合适不过了。

我们前后在列宁格勒停留了五天，就回到莫斯科，因为出入境均需经由莫斯科办理。回莫斯科后又在那里盘桓了数日，并到新闻制片厂参观，由他们摄制了一段有声新闻片，留作这次中国电影代表团访问苏联的纪念。

在这次旅程中，我学到了很多东西，也见识了许多前所未见的事物，尤其是我们感受到的俄国人的热忱，更使我不能忘记。无论在莫斯科或是列宁格勒，每当我在公共场所的剧院、音乐厅或是舞蹈演出场所进出时，人们都热烈鼓掌表示欢迎，我竟觉得世间仿佛没有恰当的字眼用来表达我的谢意。

海外惊闻阮玲玉谢世

在苏联，我到处受到热情的款待，无论如何也料想不到，正在这个时候，国内却正为一件惨痛的事件轰动，这便是阮玲玉的自杀。这消息传来，犹如晴天霹雳，几乎使我精神上一下子失去控制，难以相信。玲玉自杀的消息传到莫斯科的时候，与事件的发生已相隔一个月左右。记得有一天，大使馆里的冒秘书对我说："阮玲玉服安眠药自杀了。"听了这话，我不但不信，还叫他不要乱说。我满以为是因为《新女性》一片中有她自杀的场面，所以有些人故意拿这件事做广告，替影片宣传，耸人听闻罢了。冒秘书见我不信，便立即将中国寄来的报纸让我看，上面果然将玲玉自杀的详情登载了出来，我才意识到这不幸的事件是真的了。

倘若人们知道我和她的友谊是何等地深厚，就不难想象我当时的悲痛。我们既是同行，又是同乡。这份情谊自是不同。我和玲玉是在合作拍摄《白云塔》时相识的，拍完《白云塔》后，她就离开了"明星"转入联华影片公司。那几年，她在艺术上获得很大成就。她个人生活遭遇是很不幸的，但事业上的成就给了她很大的安慰。我们彼此都因为拍电影而各自忙碌，见面的机会不多，但每当见面，总感到有说不完的话。在我出国之前，曾到沁园村去看她，那天她刚好不在家，只见到她母亲和小玉。后来我又和她约好再去一次，说是我走前一定要见一次。现在留在脑海里的那天的印象，一点也找不出她会自杀的痕迹。她依然和平时一样和我说笑，也和平时一样的快乐。谁曾想到这竟是我们最后的一次见面呢？

我回国以后，听说有人造谣，说我在国外听到她自杀的消息时付之一笑，这些不近人情的猜疑，不值得我去理会。以友谊言，世间有哪一个人会在听到挚友的死讯而笑的？以电影的同业言，尤其是在欧洲考察了国外的电影业后，深感当时中国电影优秀人才如此匮乏，正希望大家共同努力，使中国电影能够在世界影坛上争光，有谁会在听见阮玲玉这样一个天才同业的死讯而能不深感哀伤呢！

尤其使我难过的是，我们这么多年的友情，我们曾相约等我回国后再相聚的约定已成我终身憾事。临行一别，竟成永诀。殓不凭其棺，窆不临其穴，此恨长留心底，至今未已。然而我们当时远羁异国，可又有什么办法呢。然后我和周剑云先生商量，立即发电报回中国吊唁，聊表我们哀悼之意于万一。浮生若梦，世事变幻莫测，既生于此世，是沉是浮，谁能主宰？

我们从列宁格勒回到莫斯科，在莫斯科又多停留了十天，才前往柏林。临行的时候,电影展览会送行的人员还送给我们鲜花和放在皮夹里的两封公函。一封是致明星电影公司的,盛赞"明星"出品的影片,另一封是给我个人的,以奖励我的演技。最后,我们向他们表示了深切谢意,才登上离境的火车。

我们离开莫斯科是 4 月 15 日。16 日出境,照例一出一进,关员的查验是很严的,可是关员对我们很客气,循例看看就通过了。

我们在波兰换乘了直接开往柏林的火车,这火车比起在俄境的火车,车厢内的设备要豪华宽敞得多,食物的丰美,更不在话下。车中一夜,第二天便到达柏林了。

畅游柏林

柏林的明朗与街道的整洁给我以非常愉快的印象,尤其是那满目青葱的颜色。因为此前的一个多月,放眼所见的无非是白雪枯枝。到了波兰,才见到绿茵茵的青草。到了柏林,天气转暖,正是枯木逢春,百花含苞,万物苏醒,一派欣欣向荣的季节,人们也更觉神清气爽,精神为之一振。来车站迎接的有柏林大学东方学院讲师曾垂祺先生和公使馆的王家鸿先生及夫人、留德同学会会长魏华鲲先生等。当即下榻旅馆,略事休息后,王秘书便邀往泰东饭店午膳。泰东饭店是柏林一家讲究的中国饭馆,内部装潢全部是中国风格。顾客除我国侨胞外,外国人光顾的以日本人居多,所有菜肴原料全部由伦敦运去。当年德国为要安排本国失业人民,对雇佣外国人极力限制,所以泰东饭店虽说是中国馆子,可是除了厨师之外,其他一切侍应人员都是当地的德国人。其他中国饭馆在雇佣人员方面也是一样情况，中国侨胞在德国居住谋生的不易，由此可见一斑。

当日下午四时，应刘崇杰公使之约，到使馆茶叙，在座的除刘公使之外，还有他的夫人及女公子等。彼此说起来，原来都是在上海见过面的，异国相逢，倍感亲切。这里的公使馆是我国购地自建，内部装潢布置也很不错，离我们住的旅馆也很近。我们住的旅馆设施虽然还算过得去，可并不算是当地最好的旅馆，只是图它离使馆近，同时泰东饭店就在旅馆对面，到各处都很方便。我国留学生住在那里的也很多。

柏林的街道整洁，可算是我在欧洲见过最好的。这里的街道都很宽阔，比上海的街道至少宽五六倍。街道的建设多半是中间一条电车道，电车道两旁是两列草地，草地两旁是自行车道，再其次便是汽车道，然后才是人行道。每条街道都分来往两条路线，毫不相混，所以车行极有秩序。上行的完全靠在一边，下行的靠在另一边，看起来也很舒服。柏林骑自行车的人很多，所以大街上有特设的自行车道。这里的人们都喜欢去郊外，也许是自行车风行的原因。在休假的日子里，我们常常看见成群结队的人们骑着自行车到郊外去，有许多自行车是两人座的，坐的多是一男一女，一前一后，背着背包，预备到郊外野餐游玩。

柏林除普通车辆外，还有高架车和地道车。高架车是在街道上架着的铁桥上行驶，我最爱坐。高架车车内座位舒适，又可以瞭望全城，别有一番风味。汽车到处都是，私人汽车有各种不同牌子，式样也各不相同。出租车则一律是又高又笨的车子。车资每人每次半马克起算，经若干路程后计程表有自动递增之价目。两人同坐较一人独坐为贵，三人同坐之价又再增，但超过三人就不再加价了。

德国人爱运动，爱大自然，有健康的精神、活跃的意志。这些可

▶ 梅兰芳（立左 6）与胡蝶（坐右 4）在中国驻德公使馆与外交人员合影

以从柏林郊外的各种建设中看到。环柏林城的郊区，也都布置得非常美观舒服。许多地方的一草一木一石都由人工布置，更觉难能可贵。城郊各种设施都为供人游乐运动之用，如咖啡室、游泳池、划船等。德国人对于体育运动最感兴趣，我们到的时候，天还不算太热，可海滨游泳场已有很多人。

我们到柏林时天气已转暖，所带的冬天衣服都不能穿了，只好临时到百货商店买衣服。我平时最不喜欢穿西服，到此也只好入乡随俗了。中国衣服又高又硬的领子最讨厌，穿了西服，最感到舒服的是领子，而且西服的一般便服又较短，走起路来很方便。中国衣服除领子不好以外，还有就是便服和礼服都一样长的缺点。我认为日间穿的便服不妨短些，把领子也改良一下就会很好。

在欧美各国，因为人工工资高的缘故，一切衣服都是现成做好出售的，你看中了哪一件，如果大小不合适，店里可以给你改。量身定做衣服也只有那些富裕人家才花得起。这种情况，时至八十年代的今日也仍然如此。我在柏林因为想买一双鞋子，结果去了好多家商店都买不到，并不是因为式样不好，而是鞋子尺码都太大。其实我在中国一般女子当中，也算是体格高大的，可是到了这里，连尺码最小的鞋子我穿着都大，最后只好买了一双比较旧式样的。德国一般妇女的体格由此可想而知。

柏林的百货商店比莫斯科、列宁格勒的还要大，货物品种繁多，琳琅满目。店内布置得迂回曲折，多转几下，就会晕头转向，忘其来路。所有的货物都制作精良，多半是德国制造，价钱也不算很贵。百货商店内设有自己的餐厅，是那种比较随意又实惠的餐室，在此吃饭，价钱很便宜。因为经营者并不打算靠此谋利，不过是方便顾客，借此招徕生意而已。这种情况就是在八十年代的今日也仍然如此。

抵达柏林不久，适逢复活节休假。刘公使的两位女公子约我们到郊外游玩，划船野餐。领略一下柏林的湖光山色，颇感心旷神怡，柏林原来是城内繁荣兴盛，后来渐渐向西发展，城外反而比城内热闹得多。

我们还去参观过郊外的旧皇宫，该宫花园很大，石级层层，甚觉雄伟，中设喷水池，喷出的水犹如飞花落下，增色不少。游览此宫须先购门票。入内时换穿毡拖鞋，以免污损地板，拖鞋既宽且长，走在前面的人，拖鞋往往让后面的人踩到，一不留神就会摔倒，甚是狼狈。宫内布置还好，但比起列宁格勒的女皇行宫似乎略逊一筹。宫内并有德皇为一位文学家所设的寝室，这位文学家是德皇的好友，常常住在宫内。宫旁有一座很大的风磨，据说德皇当日颇觉此风磨有碍观瞻，想将它买下后拆除。风磨主人是个农民，不管你怎么说，他就是不肯卖，德皇也不能强求。后来不知怎么的，这两人竟成了好友，后来农民去世，就将这风磨送给德皇。德皇为纪念这个朋友，反而不肯将这风磨拆卸了。所以这风磨一直留到现在，巍然与皇宫并立，留存了一段佳话。这有点像童话故事，姑妄听之。

参观德国的电影制片公司

德国最大的制片场自然是乌发公司，还有一间较小的是吐别士公司。这两家公司我们先后去过两次，第一次是我们由使馆具函介绍去参观的，第二次是国际电影会议的会期中去看的。乌发公司的规模真大，据说资本有五千万马克。场内一切设备在当年都是最新式最灵巧的。别的且不说，单以布景而言，我们到里面参观时，见了一座"哈尔滨"的布景，占地极广，里面布置了几条街道，还有商店、银行、车站等。街上的中国招牌，也惟妙惟肖。听说这是拍《逃难》一片时使用的。该片叙述一德国工程师因东北事变逃难回国的故事。有说这部片子有不少侮辱国人之处，但我们参观时并没有看到拍摄这些场面的戏，所以也无从评论和抗议。我们所见到的是拍摄一段罗马故事的场景。这里的布景是全仿罗马古代的建筑，还有两艘很大的木船，异常宏伟。白鸽数千，飞翔天际。拍摄的是罗马王出游时，万民欢呼的情景。在拍摄之前，必先演习一两次，然后开拍。虽在白天，却仍加灯光配光。演员化装涂粉颇厚，且男女演员均用油彩。原本配光和摄影得当，都可以不用油彩化装。据说好莱坞是不用油彩的，我们中国呢，只有女演员还用。德国事事这样进步，而男女演员仍用油彩，恐怕是另有道理吧！

片子自然是有声的。每拍一段，均拍两次，一次是说德语，一次是说法语。这就是说，同时摄制两部不同语言的片子。法语在欧洲很流行，德语本在德国国内放映，法语本可以在欧洲各地公映。

英美到德国的片子，除了在第一流戏院开映时照原片放出英文的对话之外，在第二流戏院放映时是完全由德语配好音的德语片子了。而在我国三十年代时，只做到在屏幕上加上中文字幕，而他们是要将影片上的声音完全配过。

配音的方法，先把外国片子无声地在银幕上放映出来。配音员便依据原片演员所说的英语的嘴唇动态与快慢长短，而配以适宜恰当的德语，由配音员随银幕上所见说出，用收音机纳入片上。所用的方法是这样的精细，所以当放映出来的时候。因为声音的快慢长短都差不多，看起来便很像幕中人当真在说德语。我参观他们的配音室的时候，他们刚在给美国片《金银岛》配德语，片中的儿童角色，也由德国小童说德语配音，很有意思。

配音室为隔音起见，和室外完全隔绝，室内有空气调节设备，毫无窒闷之苦。

乌发公司的男女演员很多，尤其是有不少漂亮的女演员。他们看见我好像很惊异，好像是想不到中国也有电影，也有演员，大家都很客气地和我打招呼。参观完后公司方面请我们茶叙，最后还请我说几句话，以便制成唱片，在无线电中播出。说话的程序是先由主持者问话，我答，曾垂祺先生译成德语，这样一问一答，全收在片里。记得开始时，他先说介绍的话，说得很轻松有趣，大意是：

"今天我们摄影场来了一位很漂亮的东方美人，我们很惊奇，这是谁？什么地方来的呢？后来我们探听，才知道这是中国的葛丽泰·嘉宝，电影明星胡蝶女士。"

他介绍了以后，便开始问我许多问题，不外问我对欧洲的印象和中国电影界的情形等，我一一作答。最后一句他说：

"胡蝶小姐，你会说德语吗？"

我说"会的"，便把在德国刚刚学来的"谢谢，再见"说了出来，作为片子的结尾。

吐别士公司的规模比"乌发"小，他们大部分的营业以代客户拍片子为主，其他方面也没有什么特别之处。

第二次参观上列两公司，是和国际电影会议的代表们一同去的。接下来说说国际电影会议的事。

德国举办的国际电影会议

我们到柏林的第二天，就有当地的许多记者向使馆打听到我们住的旅馆，便来访问我，和我要了些照片，又请我到街上拍几张照，表示我在柏林的情景。同时问我许多话，都是关于中国电影，以及苏联电影展览会的情形等，最后还问我们是否参加这里的电影会议。当时我们以来此目的不过访问性质，虽然是恰逢德国举办的国际电影会议开幕，但我们知道这个电影会议名为国际，其实各会员国差不多是只限于欧洲，并且这次会议完全是专家讨论研究性质，所以我们并不预备参加。可是第二天，各报把我们的消息登载了出来以后，国际电影会议就送来请帖，邀请我们参加会议。我们倒也想乘此机会多一些参观学习，所以就接受了。

会议开幕之前一夜，各国代表先行餐叙联欢，临时有一位意大利女明星和一位德国男明星相继献唱，以助雅兴。第二天正式开幕，由大会主席史超尔夫致开幕词。他虽是用德语致辞，可是外面播音处有同声传译，立即将之译成英法各种语言，各国赴会代表都带有听筒，倘若你喜欢听英语，你可以把机针拨至英语处，便可以听到英语翻译的播音，极便于各国不懂德语的代表。致辞完毕，有几位代表相继上台讲话，讲话完毕，开幕仪式完成。下午开始到各处参观。

这个会议共举行了一星期，每天分组进行，或讨论研究，或参观摄影场及柏林风景名胜等，任代表随意加入。我们是参加参观那一组的，所以便有第二次参观"乌发"和"吐别士"之行。

大会对于各项活动组织得非常之好，比如我们参观乌发公司的时候。二十多辆双层公共汽车把代表们载到门口，事先每个人都分好了队，等车子一到，便有人拿着有队号的旗帜站在门口，每个人走到自己所属队号旗下，人集齐了，就跟着带队的去参观。比如第一队先看摄影场，第二队就先看配音处，各不相混，既无拥挤之苦，带队的人也便于解释。秩序井然，人人满意。至于参观的各部分，和我们第一次去看的差不多，不过多看了几处如修灯处、发电机及服装部等。服装部收藏的衣服非常丰富，举凡一切古今中外的衣服用具，无不应有尽有，进到里面，犹如到了旧衣店最多的上海北京路一样，林林总总，目不暇接。

大会的日程，除参观上述两制片场外，还安排参观博物馆、观赏电影、参加餐叙舞会。代表们还观看了根据历史故事改编的电影《贞德》。博物馆有些从地下发掘出来的古代建筑物、罗马式的宫殿雕刻等，遗迹中的石级都很高，大概是古代的人比现在更高大吧。其中细砖雕出的花纹图案，我觉得比现在的还更精巧。

舞会是假座一所大的跳舞场举行的。这舞场有舞厅五个，分日本式、西班牙式等，各舞厅有门可通，总共可容数千人，大会组织的舞会除代表外，其他宾客也可参加，唯需另购门票，但听说当日的门票早已预定一空了。那晚我因在使馆吃饭吃得很晚，所以很晚才到会。

到会的时候，人人都望着我，因为有许多人不知情，都很惊异于来了这样一个东方人！更有许多人望着我的脚，因为在他们心目中，还以为中国女人都是缠足的。幸而那晚我穿的是镂空花的鞋，更无假装的余地，他们才觉得想象错了。我穿的绣花衣服，也很受彼邦人士的赞美。大会请各国代表参加舞会，其实只是请大家欢聚跳舞，至于饮酒和吃茶点，仍是要各人自己付款的，这也算是他们请客的特别之处吧。

外国人喜欢请人签字留念。在大会中，各国代表请我签字的不计其数，大家临时找张纸请我签上，几乎各式各样的纸都有，有几个人找不到纸，便让我签在他的护照上，最妙的是有一个人什么都找不到，便请我把名字签在他衬衫的袖子上。

电影会议于一个星期后闭幕，闭幕会上由德国宣传部长致辞。闭幕会，我因有别的约会没有参加。听说这个组织的会员各国都可以参加，唯其会员资格是以国为单位的，不能以一个人或某一个公司的资格参加。下一次会议将于1937年在巴黎召开。

柏林见闻

柏林各处可观的地方很多，除和参加会议的各国代表一起参观以外，我们自己去游览的也不少。我们到柏林的第二天，使馆的王先生便请我们乘汽车游览柏林全市，后来又到无线电广播公司的铁塔上面游览。这铁塔很高，有电梯直达塔顶，在顶上眺望，全城景物尽收眼底。往下看，街道成了一条条白线，纵横交叉十分整齐。塔上还有饮茶吃点心的地方，供游人休憩。我们游览过的地方，下面略作简述。

水族馆是收罗饲养各类水族动物的。两旁都是玻璃墙壁，壁内贮满了水，还装了电灯，照耀得非常清楚。各类水族，无奇不有，不胜枚举。圆台般大的乌龟实属罕见。还有一种海葵，看来像是一朵葵花，可是它的花瓣大的爪可以自动收缩，捕食各种鱼虾。水族馆上层还养了各种昆虫。同行的人和我取笑，叫我去看看那些蝴蝶，好认认自己的来历。原来这里的蝴蝶有三四百种，颜色斑斓，各具异趣。由毛虫蜕化变成蝴蝶的过程，在这里都可以完全看到，增加不少知识。

其后又到动物园参观。园中有各种罕见的动物。最有趣的是猩猩的表演。这些猩猩都很懂人意。饲养员叫它做什么，它就做什么。它们会推车，会打秋千，还会走钢丝，像演马戏一样。还有成群的海狗也很有趣。当中有一头生得很庞大，看起来很笨重似的。可是它居然能够站起来回首用嘴接着饲养员投掷给它的食物，还会用嘴顶起皮球，和海京伯马戏团在上海表演的一样，它们叫起来有点像狗叫。到了该吃东西的时候，它们就会自动地叫起来，很是有趣。

此外，还参观过一个应季的花卉展览会，会场布置，美艳绝伦。场内摆设了各种应季的花，万紫千红，斗艳争芳。德国绣球花特别多，花朵像盆一样大，杜鹃花也一样，花朵大且多，其他还有许许多多的花，一时也记不清这些花名。最可惜的是，这许多花中，大半都是有色无香，未免美中不足。柏林无论是城内还是郊外，人们都喜欢栽植花木。到处都是花草树木，最多的是蝴蝶花。这种花，在中国叫蝴蝶花，听说在德国却称作后母花，原来同一种花，却有两个含意相差甚远的花名。

说起花来，使我想起柏林郊外的一座小山，山上满植各种果树，最多的是樱桃树。远望一片粉红的花，嫩绿的叶，绚丽异常。据说结的果子是用来酿酒的。附近有一家很大的酿酒厂，就是专收这些果子做原料的。在开花的季节，这里的酒卖得特别便宜，去喝酒赏花的人也特别多。青年男女都喜欢来这里痛饮狂欢，喝醉了酒，躺在草地上细诉衷情，落花散在他们头发上、身上，愉悦情怀融和在这美丽的春光中，使人几疑此地是人间乐园。可惜这些花灿烂的时候只有一个星期的光景，好景不长，殊堪惋惜！

这里还有一个特殊的地方就是孔雀岛。孔雀岛远在柏林郊外，要坐两次渡轮，再换一次汽车方能到达。岛就像一个大花园，里面满是孔雀，大大小小，数不胜数。据说这岛从前是某王太子所居住，他生平最喜欢孔雀，他养下的孔雀，繁殖至今，便成了这有名的孔雀岛。岛中孔雀随处可见，它们见了人也不惧怕，你拿东西叫它来吃，它便走到你身边来吃，好像和你曾经相识一样。开起屏来的时候，如百十个锦绣画屏，甚是壮观。我一时高兴，还拍了几张照片。

移居温哥华后，发现温哥华的斯坦利公园也有孔雀、松鼠，见人也不怕，也会走到你身边来，只要你喂它，它们就乖乖地从你手上啄食。此情此景，常使我想起当年柏林之游。

说起照相，我十年来在镜头前生活工作，都是别人给我照相，自己拿摄影机，这还是第一次。到了柏林以后，承刘公使夫人的盛情，送给我一个很精美的照相机，并由王先生指导，在这孔雀岛一试身手。虽然拍得不十分好，可是看起来还过得去，这照相机有自动摄影装置，所以我自己也给自己拍了好几张。

记得王先生教我摄影的时候，因为我不懂得如何测量远近距离，王先生就告诉我，如果距离是一米，就把镜头移到一米处便好了。我因为连一米有多远也不知道，便再请教他，他说把自己的身长来算，大概有一米多长，这样便易于计算了。当时我便笑着说："倘若我要给别人照相的话，我岂不要先躺在地上，量度一回，才能动手吗？"说得大家都好笑起来。

说到娱乐的地方，如舞厅游乐场等都是很有特色的。所谓特色，像埃甸酒店顶层的舞厅，上面的天花板可开可闭，随时可做露天舞厅，还不算什么特别。我在柏林第一次到的是鹦鹉舞场，这舞场像柏林一般的舞场一样，都是喝茶和咖啡的地方很大，舞厅很小，可是装潢却很精巧。那晚我们到的时候刚刚是复活节，照例，复活节是不许跳舞的，所以我们只能喝茶，实在没有什么可看的。后来有两位留学生带我们到柏林老城的一家舞厅，这舞厅有趣极了，那两个留学生告诉我们这样的舞厅全柏林只有一家，外国游客到柏林是一定要去观光观光的。

这舞厅除了装潢美观外，就是全场灯光色彩的变化，五光十色，目不暇接，甚至连一盏小灯也内藏乾坤。墙壁上嵌满了玻璃，玻璃内装了喷水池，利用灯光的变幻，把喷出的水变成了五光十色，或如银树开花，或如奇幻图案，匠心之巧，非言语能尽述。在五十年之后的今天当然算不得什么奇巧，但在五十年前，我们国家还不如今日之发达，自然是蔚为奇观了。

还有更特别，异于其他舞厅的是，每张桌子上都有电话和信箱。每个电话都有号码。每张桌子上都有一个发信的邮筒和收信的袋子。这在五十年前觉得新奇的玩意儿，今天说来实在是不值一提，我就略过不谈了。

这里一般舞场或舞厅都有舞女，不过不像上海那样要买票子。这里的舞女散坐场内，你喜欢哪一个，便叫她和你同坐，请她喝香槟酒，随便和她跳若干次，跳完你随便给她相当合适的钱就可以了。舞场一进去就要喝酒，倘若你要咖啡或茶，他们都回答你说没有。但倘若你喝完酒之后，再要茶或咖啡就都有了。

舞场之外，这里还有些杂戏场，内部和普通戏院一样，不过舞台上演的不是电影，不是歌剧、话剧，而是各式各样杂戏，如幻术、唱歌、舞蹈、滑稽双簧等，演完一套又一套，颇迎合一般中下层观众的趣味。有一家杂戏场建造得很特别，戏院座位不是长方形或是椭圆形，而是横扁形。戏台很宽，座位排列也随同舞台形状，横宽，所以每个座位都很接近舞台，不会相距很远。这家戏院天花板上画满星星、月亮、云景，骤然望上去，好像是天空一般，颇觉别致。

比较特别的是一家游艺场。游艺场内，百戏杂陈，许多商店在这里做广告。最特别的是场内分馆布置，每馆均以地名命名，比如"维也纳"，则馆内一切装饰设计完全和维也纳有关，馆内工作人员均穿维也纳服饰，乐师和所奏音乐亦然，事事模仿，贴近维也纳。威尼斯则四周游艇荡漾来往，水影波光，一切利用灯光之变化，布置逼真。其他如南美洲、苏格兰、日本等馆，也无不力求惟妙惟肖，一入其馆，恍如置身其国，各处环游一遍，就好像环游世界一周。独无中国，我们问及经理，他推说，不知中国详情，所以没有设置。其实中国之不为人重视，无可讳言。我们这次到欧洲，一开始，许多人都误以为我们是日本人，好像中国不会有一个体面的人似的，说起来实在很觉痛心。

却说这设有各国奇景的游艺场，我们游览完最后到了莱茵河畔（也是地方布景之一）。据说此莱茵河下雨的布景，甚为可观，我们特意来看看。

我们坐了下来，遥望着前面一丈多远的铁栏杆之外，便是莱茵河了，河面水波荡漾，前面有山有树有人家，建筑物的屋顶上旗帜随风招展，远远看去还有汽车轮船来往，火车经过。屋内车内船内，都是灯火通明，望去完全是真景实物，即使有人告诉你这一切都是假的，恐怕你还不会相信吧！

不久，莱茵河下雨的景象表演开始了，只听到雷声隆隆，由远而近，电光闪闪，风声呼呼，莱茵河上天空的黑云渐渐密布，越聚越密，越密越厚，霎时间大雨倾盆而下，雷声、风声、雨声和闪电相互交织，又密又响，下了一会儿大雨，雨势渐收，再过一会儿，乌云渐消，云开日丽，天空现出彩虹，雨过天晴。表演得逼真，令人叹为观止。我不但惊叹设计者的匠心独具，还想着这神肖的布景如此逼真，倘若用在电影上，也定然很有用处。因此我走近前，再细看一回，我把疑点问那管事的人。原来前面不过是一幅画，近的山树屋等都是小型的模型，远的则是画在壁上的。至于一切波光云影，无非是利用灯光的变幻。下雨时的黑云是用电影映在上面的，雷声和闪电都是用储存好了音的唱片放出来的，下雨则是用电影用的落雨机把水洒下来。拆穿了虽然没有什么特别，可是技巧运用得熟练得当，令人叹服。由此可见德国人对声光电的利用，可谓无所不至了。

我们坐在这虚拟的莱茵河畔，四周都盖了葡萄架，所有的电灯泡都像是一串串葡萄似的吊着，而大家喝的也是葡萄酒，犹如在葡萄园中一样。

场中各国场馆的装置，不独景物逼真，而且还表演当地的舞蹈、游艺或唱歌，还有乐队为游客跳舞时演奏。

欧洲科学发达，对于游艺独有这样的设施都能有奇妙的构思，何况日常生活。比如各种"快餐店"，规模都很大，装潢简洁，各种食物，一盘一盘地摆在玻璃橱内，如果你要吃三明治，只要在三文治的玻璃橱旁，依照旁边所标明的价钱，将钱币从小孔投入，就有一盘三明治掉下来，就可自己取来享用。简便快捷，也无需服务人员张罗。这种食品店所预备的食物，种类繁多，不过大多数都是冷盘。好在欧洲人都是喜欢吃冷盘的，所以这是适应他们的饮食习惯。如果喝咖啡，也是照样投入钱币，也就有热咖啡从管中流出，把杯子接了，流够一杯，就不再流。现在看来，没有什么稀奇。但这是在五十年前呀！

欧洲一般人对于膳食很随便。我有一次因为要看演出，没来得及吃饭，休息的时候很饿，戏院并无餐室，只有小食处，人们就在柜台上随便要些冷盘，站着便吃，也不用刀叉，就用手拿着放入口中。我觉得很不习惯，而且在许多陌生人面前用手拿着吃，更为不惯，结果要同行的人把我围在中间，才把这餐饭吃了。现在想来，我年轻时，从未受过苦，自是有些娇气。

在欧洲，随处都令你感到简便快捷，不浪费时间。柏林有一条很长的专给赛车用的快车道，平时不赛车的时候这条路便公开给大家用，不过每次在这条路行驶，要缴回一马克的路费。在这条路上行驶，车速不受市政府车速规定的限制。对于有事要赶时间的人有很大便利，可以节省不少时间。我们曾经坐车在这条路上行驶过，车速开到时速110公里，可算是有生以来坐汽车时速最快的一次。

《空谷兰》在德国公演

《空谷兰》一片在德国正式公演之前，我们将带去的《姊妹花》和《空谷兰》两片先放映给当地的留学生及使馆人员观看，征求意见，以决定拿哪一部出来公映。《空谷兰》就是按照大家的公意选出来的。选出之后就定了日期，租了一家电影院，柬请德国电影界和新闻界人士来观看批评。开映之前由学生会魏先生介绍，我照例上台和观众见面。开映之后，侥幸还得到了不少好评。有一位新闻界的林先生还到后台看我，并送花致贺。有许多德国人还不知道中国有电影，现在看了这样成绩还算可以的中国片，自然令他们感到惊奇而加以称赞了。《空谷兰》开映时，由一位留德十余年的齐君翻译。一面放映一面翻译讲解，所以德国人看起来也很明白。

关于《空谷兰》，我们在临离开柏林的时候，曾请当地的使馆人员、侨胞及留学生在天津饭店聚餐欢叙，我们也曾提出这部片子请大家批评。大家都说这部片子的毛病在于对白太多，音乐太单调等。我

▶《空谷兰》剧照，胡蝶饰幽兰夫人

们因为他们侨居在德国的时间比较长，比较了解当地的社会心理，所以便提出了倘使中国电影要在外国获得市场，应采取什么样的方针来拍片的问题，征求各侨胞的意见和建议。在座的侨胞提了很多宝贵的意见。有的主张中国应多拍点东方色彩浓厚的片子，要宣扬儒家的伦理道德，洋房和西装绝对不要用。有的主张要尽量介绍当代中国社会生活，让外国人知道一个现代的中国正在向前迈进。有的主张在影片中尽量将中国美丽的自然风光，壮丽河山如北平、杭州等历史名城、风景秀丽的胜地介绍到西方去。更有人提出改良中国音乐的问题，等等。这许多意见和建议，我们都带了回来。供国内制片家和有关人士参考。

在柏林的时候，承当地使馆人员、留学生以及中外各界人士的邀请，应酬很多。临走的时候，又蒙他们设宴饯行，隆情厚意，深为感激。有一晚承公使馆参事谭伯羽先生及夫人之邀，在他府上晚餐，谭先生是已故行政院长谭延闿的公子，在使馆任职。

当晚梅兰芳先生也应邀出席，还有刘公使和黄伯樵先生夫妇等。梅先生是我们在俄国分手后再次重聚，谭先生夫人是俄国人，他们有了一位七岁左右的女公子，活泼可爱。晚饭后，他们还把自己拍的生活电影用家庭电影放映机放给我们看，大部分是他们女公子的生活，很生动有趣。

临行前一晚，戈公振先生陪同俄国使馆的吴南如先生夫妇从莫斯科来柏林游玩，听说我要离开柏林去巴黎，一定要给我饯行，盛意难却。我们很晚才回旅馆，忙着收拾行李，几乎一夜未曾合眼，第二天一早，约八时许去火车站赶九时左右的车。

和戈公振这一聚没想到也是"最后的晚餐"，他于同年1935年10月应邹韬奋先生之邀回上海办《生活日报》，没想到他10月15日到达上海，一周后，10月22日竟因急性盲肠炎去世。他是记者，而且是名记者，他是因采访我而相识，他之于我犹如长兄，在社会历练上，我很得他的指点和教导。就如这次能出国访问，我在前面提过，也是他在莫斯科提出的。

他是中国新闻史学的奠基人，出身书香门第，满肚子学问，通晓英法德日俄语，还都是自学的。他曾以记者身份赴东北调查"九一八"日本侵华事实真相。他去世时才45岁，正值有为的壮年，殊令人痛惜。1987年，他的故乡江苏东台县将他的故居东台市城内兰香巷立为"戈公振纪念馆"，我忝为他的生前好友，应邀为他写了纪念文，纪念在我人生道路上给过我指引的长兄。

访问花都巴黎

早在我进入电影界，就知道巴黎，心向往之，也花了一些时间从书本上去了解巴黎，了解令人神往的塞纳河，因而知道塞纳河之于巴黎的意义，绝不仅是赋予了巴黎的浪漫。塞纳河是巴黎境内的一条河流，这条河流现在看来并不大，但在几百年前，船只不像现在这么大，一般规模的船只，就能在塞纳河里行驶。所以，在那个时候，法国人只要在塞纳河坐船经勒阿弗尔港，就可以进入英吉利海峡，再去任何想去的地方。那么，巴黎是怎么来的呢？在巴黎的塞纳河段，有一个面积并不大的小岛，被称为西岱岛。西岱岛看上去很"迷你"，南端距离塞纳河南岸，约有20米。北岸略宽一些，也就约50米。如果说巴黎是法国的中心，西岱岛就可以称为巴黎的中心。巴黎这个名字，和西岱岛有直接的关系。二千多年前，西岱岛上有很多渔民，人们就把他们称为巴黎斯人（或巴黎希人）。久之，巴黎斯就简化成了巴黎。这是罗马帝国的著名皇帝——恺撒大帝下令给高卢总督，将这里改名为巴黎的。几百年后，法国历史上著名的查理大帝决定在巴黎建都。那时的国都并不大，主要就位于西岱岛上。法国大作家维克多·雨果那部著名的《巴黎圣母院》，让巴黎圣母院全世界知名，而巴黎圣母院，就位于小小的西岱岛上。著名美国作家海明威有句关于巴黎的名言。他说："如果你足够幸运，在年轻时来过巴黎。那么，巴黎将永远跟随着你。因为，巴黎是一席流动着的筵席。"所以巴黎因着塞纳河而"流动"，塞纳河因着巴黎而"浪漫"。

由柏林到巴黎，火车行程13个多小时，我们当日清晨九时许离开柏林，晚上十时便到巴黎。虽然夜色深沉，但感到巴黎车站远不如柏林整洁。使馆刘君前来迎接。刘君建议我们住在第五区，即拉丁区。这区接近各大学，所以学生多半都住在那里。那里不但费用可以节省，而且中国学生就在那里，又有许多中国饭馆，一切方便得多。听他这一说，我们便采纳了他的建议。离了车站便租了一辆汽车，这辆汽车可算是我生平所坐的唯一最旧式的一辆，车身很大，车顶还有放行李的地方。当晚便下榻旅馆。

第二天先往中国使馆拜访，顾公使回国未归，由萧代办接待我们。和巴黎中国使馆相邻有一座完全中国式的房子，我初以为是中国驻巴黎的又一个办事机构，或是私人寓所。后来和他们说起，才知道是当地的一家电影院，不过外观采用中国式装潢而已。

公使馆出来，随即到领事馆拜访总领事林晶先生，林晶先生是当时国民政府主席林森先生的令侄。巴黎的侨胞人数较多，所以除公使馆外又另设领事馆以办理侨务事宜。第二天使馆设宴招待我们，又遇上上海闻人张啸林先生的公子张法尧先生和他的夫人。

巴黎白天给我的印象不比晚上在车站时所见到的好。街道虽然很繁荣，但是很脏，比起柏林的整洁真是有天渊之别。马路上汽车以及各种车辆，横冲直撞，毫无秩序，所以过马路都提心吊胆。到我移居加拿大后，去过加拿大东部法裔聚居的蒙特利尔市，八十年代的交通设施和三十年代相比自然是不可同日而语，但是民族性格却很难改变，在蒙特利尔那种汽车横冲直撞的情景常使我忆起当年在巴黎的交通。法国人还有一个习惯，一上车就开收音机，收听音乐，马路上的人声、车声本来就够嘈杂了，这一来，更是八音杂陈。所以，在巴黎最怕上街，一上街就头疼。法国人有些地方很像中国人，好闲谈，好喝茶。巴黎的咖啡座特别多，五步一座，十步一店，而且大都设在人行道边，谈笑看行人，似乎很有闲情逸致。

巴黎是世界有名的脂粉地、销金窟。街上的妓女也似乎比别处为多。她们打扮得极为妖艳，一到华灯初上，就在街头巷尾出没，或是杂坐在咖啡室。在那时的中国，当妓女的多半为生活所迫，出此下策，不知巴黎的妓女群里有多少是被迫为娼的。当时曾想，郑正秋是善于写社会问题的，而且他的观察力极为敏锐，如果此行有他，想必会做一番社会调查。

到巴黎后的第二天，旅法侨胞在中国学生会会所开会欢迎我们。那天到会的人很多，把整个会所都挤满了。照例又是欢迎词，我们致答辞，等等。大家兴高采烈地谈了很久，直到晚上七八时才散会。

我们到巴黎不久，就有记者来访问。除询问中国电影、苏俄影展、柏林国际电影会议、巴黎观感之外，还问我要不要在欧洲拍电影的问题。他们提出黄柳霜和一位杨姓的女演员为例（姓杨的女演员是巴黎高蒙分公司的一位中国演员，是从新加坡去的，不过因为她的母亲是外国人，她的容貌几乎和外国人一样，我参观高蒙时没有见到她，只看过照片，长得确实是美），问我喜不喜欢在欧洲拍片。我当即回答他们说，此行没有这个打算，因为我既不懂他们的语言，也没有这个计划。不过我表示再过个一两年，如果机缘合适，倒想来这里拍一两部片子。因为外国的电影并不需要中国女演员，即或有，也只是配角而已。就是做主角，恐怕有那么一两部也就很够了。他们称赞我的衣服，问是否中国货，我告诉他们完全是中国货，而且中国的丝绸是最好的。随后有记者请我们去报馆参观，还在报馆给我拍了几张照片，不到十五分钟，照片就印好给我，并立刻制版，当日晚报，我的照片就登了出来。办事的灵敏和工作效率，令人敬佩。

巴黎的制片厂如百代公司、巴黎摄影场、高蒙分厂等，都去参观过。百代公司的规模并不算大，场地也很小，不过布置得非常精巧。巴黎摄影场场地比百代略大，我们到的时候，他们刚好在拍戏。演员的化装也一样地涂上油彩。后来招待我们到试映室，放映了一部近作《无家之人》，影片描述一位老艺术家和一群孤儿的生涯，表演得很好，我看了很受感动而至于忍不住落泪。至于高蒙分厂的摄影场就更小了，高蒙厂较多精力放在摄影器材制造方面。

三十年代世界电影事业进步最快的当然首推美国，其次便是德国、俄国、英国，法国是比较落后的。倘若照电影事业的创始，以年代历史来算，则中国电影的进步，确是比法国还快些。

当年法国电影都是对白太多，表演过少，所以看来极为沉闷。有一次在电影院里看过一部片子，太近乎胡闹，不甚高明。只是这家电影院颇为特别，天花板上都布置成天空的景色，非常逼真，和柏林的一家杂戏场一样。休息的时候有舞蹈表演，最先是坐满了乐师的音乐台先从台上徐徐升起来，奏了一首乐曲，又徐徐地降回去，然后舞女方始出场。又有一次在一家名为派拉蒙的影戏院里，看了一部叙述拿破仑故事的片子，片子冗长而沉闷，可以代表法国片的一般作风。

我们带去的《姊妹花》和《空谷兰》是在19日和23日两天先后公映给侨胞看的。事先租了一家电影院来作为开映场所。为弥补戏院租金支出，所以门口设有售票处，每票五法郎，以售票收入支付租金。侨胞们因为已很久没有看到中国电影，所以来观看的人都争先恐后，竟至有许多人买不到票。

《姊妹花》是在19日下午公映。看完后，各侨胞还请我们去万花楼吃饭。吃过饭后想拍照留念，可是室内光线很暗，大家便去离这里很近的卢森堡公园。

卢森堡公园是巴黎最著名的一座公园，据说从前是皇宫的花园，法国大革命后才向公众开放的。公园面积很大，布置优雅，赏心悦目。游客男女老少都有，很多妈妈带了孩子来玩，也有许多戴了大领结的画家在这里竖起了画架写生。

却说我们这一大群人一齐到公园，引起公园里游客们的诧异，他们彼此猜度，有的以为是中国的国庆日，所以我们这些中国人如此高兴。有些在报上曾见过我的照片和名字的，便知道我是胡蝶。这消息一传出来，大家都围过来要看中国女明星。不认得的便到处问哪一个是胡蝶，认得的都微笑地望着我，有的拿了相机给我拍照，有的走上来和我握手。结果我们周围挤了上百个法国人，而我们拍的纪念照片也把他们一齐收进去了。

两片公映给侨胞们看了以后，我们便将《空谷兰》一片选出来，招待当地的新闻界、电影界和艺术界的人士，映完后我们还请他们到申江楼吃茶点。在座有些人是第一次看中国电影的，他们很觉惊异，他们从未想到中国也有这样成绩相当好的电影。还有几个会说国语的法国人，说了许多赞美的话。第二天报纸上的评论也赞扬有加。所以我觉得我们这一次旅行，把片子放映给法国观众看，片子本身纵然不是很完美，可是在对外宣传中国电影和中华文化这一点上却是成功的。

在巴黎观看了各种不同流派的戏剧。刚到没几天，张法尧先生和他夫人便请我们去看话剧。该剧内容叙述母子之情和男女之爱，一个教皇的私生女，面貌美艳，性情却浪漫而阴险。曾经嫁过几个丈夫，都被她害死。她有一个儿子，她自知自己生活放荡，不想让儿子知道，将儿子交由她信得过的人抚养，她供给儿子生活及各种费用。到儿子长大时，她又嫁给了一位伯爵。儿子只知道她是个美艳而狠毒的放荡女人，却不知道她就是自己的生身母亲。儿子痛恨这个蛊惑男子的女人，有次经过她家门口，将有她名字的门牌摘下扔在地上以示痛恨和藐视。女人大怒，要伯爵将这个年轻人杀了，等到伯爵真要动手时，女人认出这个年轻人竟是自己的儿子。她转而求伯爵原谅年轻人的无知，求伯爵放过他。现在轮到伯爵起了疑心，以为这是女人的情人，非要年轻人喝下毒酒，以证明这个年轻人与她无关。女人无奈只好照办，但她悄悄将解药给了年轻人，嘱他回去后立刻服下，以免横死。年轻人半信半疑，待服下解药，消解了毒酒毒性引起的痛苦，方觉女人也许并不如人们传说的那么狠毒。以后在威尼斯和女人相遇，也不再恶言辱骂，而是以礼相待。可是年轻人的几个朋友却误以为这个女人又要迷惑年轻人，出于朋友义气，他们辱骂这个女人，并将她从年轻人身边赶走。这个女人不检点自己的放荡，反而怀恨在心，唆使一位公主出面宴请年轻人的几位朋友，在酒中下毒，待他们喝下毒酒后，她将预备好的棺材抬出来，告诉他们，她所以要这样报复的原因。就在此时，年轻人忽然来到，他看到他的朋友们被这女人毒害，辗转呻吟，不由大怒，拔剑刺向这女人，要为朋友们复仇。女人垂死之际，才说出她就是他的母亲，年轻人听了，痛悔交集，也自杀身死，剧至此闭幕。先不说剧情曲折复杂，就其角色的分配、演员演技的精湛，尤其是女主角的表演，是我在欧洲所见的各种戏剧中，给我留下印象最深刻的一剧。

我们到过巴黎最大的歌剧院，国家第一艺术剧院，该院秘书是一个很熟悉中国情况，对中国人很友好的法国人，他有很多中国朋友。这次他认识我以后，便请我们到他们的剧院看戏。当天白天，他先带我们参观剧院内部，院内装饰富丽堂皇，设备讲究。院内另设有舞厅，供观众休息跳舞之用，后台比前台还要大，化装室、布景处、办公室等都在后台。他又把灯光的使用法，一一演示给我们看，招待非常殷勤。当天晚上就在这院内看剧。剧目分三部分。第一部是足尖舞，然后是歌剧演出，歌剧演完后是古典舞蹈，舞者技巧娴熟优雅，布景也极尽华丽之能事。

剧院的规定是每周有两天看戏要穿礼服，我们去的那晚，也正是要穿礼服的，男士们都高冠礼服，女士们也着华贵的礼服。剧场内的气氛也就显得庄重严肃。

巴黎的名胜古迹

巴黎的时装是世界闻名的。时装店里的时装表演，我们在电影里常常见到，这回来，很想去看看，可是几次想起来要去看，时间却已过了，所以还是没有看成。

时装店里的表演虽然看不到，但就像时装表演一般的公共场合里却见得多。有一次在一家颇为讲究的咖啡店里喝咖啡，座中男男女女，都是文质彬彬，举止高雅，女士们的衣服更是争奇斗艳，比看时装展览会还更好看。这家咖啡店还设有舞厅，有两班乐队，不停地轮流演奏。如果你高兴，你可以继续不停地跳几个钟头。

这次同去的有萧代办、梅兰芳、余上沅、熊式一等几位先生。熊式一先生还郑重其事地邀请我到伦敦后去看他所译的，最近在伦敦公演，极其卖座的《王宝钏》。

巴黎的小铺子很多，包括食品店、杂货铺。大家买了食物就在店门口站着吃，不以为怪。起初当地几个留学生陪我们去买东西，走得累了，他们就在路边店里买吃的，买完随手就拿来吃。第一次我觉得很不惯，但几次过后也就习惯了。

巴黎的街道，最壮丽的当然首推总统府广场前的大道，有名的凯旋门便矗立在这里。凯旋门的周围是一片大广场，以这里为中心，有十二条大道向各方射出，好似星的光芒一样。这凯旋门是拿破仑征服欧洲的时候建来纪念自己的功劳的，上面满是精工细凿的雕刻，在艺术上是很有价值的。在巴黎，到处都可以见到纪念坊和雕像，真不愧为一座艺术荟萃的名城。

我们住在巴黎第五区的拉丁区，卢森堡博物馆就坐落在拉丁区。1935年，卢浮宫博物馆尚未建立。当时的卢森堡博物馆就收藏了十九世纪的绘画和雕塑，我们去看了一整天，连一半都未看完，艺术品之丰富，可想而知。

巴黎善于美的建设，所以喷水池特别多，几乎随处可见。如博物馆附近、卢森堡公园里以及凡尔赛宫等地，都有很大的喷水池。凡尔赛宫也是巴黎著名胜地，到巴黎的人差不多都会去看看，宫前有一条河，可以划船。

巴黎最明显的象征，当然要算埃菲尔铁塔了。铁塔是世界著名的高建筑物之一，从下面到顶层，要坐三次电梯，中层还有喝咖啡的地方，我们到了中层坐下喝了咖啡，稍事休息再上顶层。由顶层往下俯瞰，整个巴黎尽在眼底。有名的圣母院、上下院、凯旋门等一一在目，下面往来车辆犹如小蚂蚁般在爬行。

使人依恋的塞纳河宛如一条银色的缎带，带着巴黎人的梦想伸向远方，河的两岸之下，还有一层低堤作为走道，有栏杆围着，树木成行，与水光相掩映，在晚霞似锦的时候，尤其使人依恋，在这一带可以望见巴黎许多优美的景色。许多诗人和艺术家，都喜欢到这河边来徘徊，不忍离去，好像塞纳河并不只是一条河流，还是一条有感情的、亲切的朋友一样。从河边望去，还可以望见许多美丽的桥，其中最优雅的当属亚历山大三世桥（Pont Alexandre III）。这座桥上有许多精美的雕像，两端各有两根方柱，亚历山大三世桥是巴黎跨越塞纳河的一座拱桥，连接右岸最繁华的香榭丽舍大街地区和左岸的荣军院和埃菲尔铁塔地区，普遍认为是巴黎最华丽的桥梁。拿破仑之墓就坐落在荣军院内。

拿破仑墓建筑得颇为雄伟，而最特别的，却是人们要看他的大理石棺时，必须从上面的一个井口般的栏杆旁边俯身低头而望，才可以看见这里藏埋着这一代英雄的枣红色七层石棺。拿破仑灵柩是一具大型赤紫色斑岩石棺椁，底座是青灰色的云石。石棺椁内还有 6 层棺，从里至外，依次为白铁棺、桃花心木棺、两层铅棺、乌木棺、橡木棺。拿破仑的遗骸放在最里面。相传这建筑的方式是拿破仑遗嘱定下的。他设了这个井口，意思便是说，在他身后，无论何人，即使是他的仇敌，要来看他的墓室，也先要向他鞠躬一下（即弯腰俯身下望），可见这位英雄的高傲。

巴黎还有个历代军器的陈列馆，里面除了陈列各国各时代的军器之外，还有许多在战争中得来的战利品。当中就有许多八国联军入京时从我国掠夺去的物品，有一尊中国巨炮，炮身全身雕刻满了精细的花纹，比起旁边并列的各国古式大炮要庄重豪华。

女神游乐厅（法语：Folies Bergères）是巴黎的一家咖啡馆 - 音乐厅，演出以华丽的服装、堂皇的排场以及异域风情著名，并时有裸体表演。十九世纪法国画家马奈的名作《女神游乐厅的吧台》即以该咖啡厅为背景。看客大部分是外来游客，几乎外国来的人，似乎都会来这里看看。

还有所谓的"地狱"游乐场，一个大厅里，摆着桌椅，参观的人都在这里喝咖啡，像在普通的咖啡室一样。四周墙壁上画满了神话中的地狱恶魔，以及恶人死后受刑等恐怖的形状，此外还画了几条蛇环绕各处。坐下不久，便熄灯表演。当室内全黑了的时候，各种人为的恐怖声音就慢慢地从各处声张起来，壁上的蛇也开始蠕蠕而动了。恶魔鬼怪也在黑暗中伺机而动，把满室都弄成地狱的景色。表演了一会儿，灯光重明，依然是壁上的图画，这就算是地狱的现形了。看完这些之后，大家又上楼另至一处。这个地方有点像戏台的样子。

大家一排排地坐着，灯又熄了，戏台上面在黑暗中来了一堆火焰，火焰上面站着一个女人，给火烧着。女人表演完了之后，主事的又叫了台下的一个观众上去。这观众也是个女子。只见那女子站在火焰里，火慢慢地猛烧起来，女子身上的外衣一瞬间便没有了，只留下胸衣和短裤，做出挣扎的样子。女子下来后，主事者又叫另一个男观众上去。这男子也照样地在火上燃烧，一瞬间他身上的衣服便完全变成了囚犯的衣服，手戴着镣铐，在火上辗转挣扎。可是他的头部却顾盼自如，还向台下笑着，好像完全不知道给火烧着的样子，他下来后，别人问他，他对于刚才的事果然没有感觉，只知道在台上站了一会儿就下来，可知这一切完全是灯光的作用。所谓的火焰完全是假的，不过奇妙的是，主事者能够把站在上面的人的衣服完全幻变了，而且还替他做种种动作。大概是表演的时候，那头颅依旧是他的，不过那个身体，却完全用别种形象给他替代了，这不能不称赞光学运用的巧妙。

未看地狱之前，大家都说这里是很恐怖的，我自己也以为是很恐怖的，可是看的时候，我却完全没有这些感觉。只觉得是看了一些稍微有趣的幻术罢了，没有一点感觉到有什么恐怖的气氛。

比较可观的还是蜡人馆，巴黎的蜡人馆是举世闻名的，而里面也的确很好玩。买了门票，走过一条长廊，迎面看见站在门口的是一个巡捕和一个士兵。仔细一看，原来是蜡人。接着里面陈列着千百个蜡人，个个都栩栩如生。骤看和活人无异。有的是单个的，有的是全套故事的，无一不有。当年各国的元首都有。曾听别人说还有中山先生的像，可是我遍觅不见。中国部分的有一套"古北口抗日"的蜡像。一个军官骑在马上，四面有许多士兵，都穿了东北军的军服。其中各种作战的姿态都有。骑在马上的军官指挥着其他士兵，有的伏地开炮，有的执枪冲前，有的是负伤倒地，热血迸流。一切都异常逼真，使人兴无限感慨。这套蜡像占地很大，仿佛是在战场上作战一般。

关于电影方面，有一套是瑞典著名演员葛丽泰·嘉宝拍戏时的景象。有导演，有场记，也有摄影师和摄影机，嘉宝就和两个男女配角站在摄影机前面。情节是这对男女做很亲热的表演，而嘉宝则是在吃醋的样子，表演得很酷肖。嘉宝曾四次获奥斯卡最佳女主角奖提名，并于1954年因其"闪耀而令人难忘的表演"而获得奥斯卡终身成就奖。

此外还有许多我叫得出或叫不出名字的蜡像，如法国女英雄贞德的坐牢、指挥作战，以及被火焚烧时的情景。拿破仑全家人的蜡像，名目繁多，不胜枚举。

蜡人馆最作弄观众的便是，他们并不把所有的蜡人放在一定的地方，有的是随处散放，使人真假难辨。即如在一扇门旁边有个人倚门看报，细看时原来是个蜡人。馆内墙边本来摆着好几张沙发给游客坐的。有一次，有一个游客经过一张沙发前，无意把一个坐着看书的人伸出来的脚碰了一下，他连忙说了句对不住，可是仔细一看，原来这也是蜡人。

最好笑的是，蜡人馆楼上是有些空处围着栏杆，人们可以扶着栏杆向下俯望。栏杆旁边也就放了几个蜡人，做着手扶栏杆，向下张望的样子。我和同行各处观看，朝上望去看到了这些蜡人，我便指着他们对同行的说着这个好，那个好，后来指到一个，不料那以为是蜡人的，却动作起来。脱了他的帽子向我招手，操法语向我笑说："不要误会，我是真人，不是蜡人哦！"引得大家都笑起来。

蜡人馆里面，还有一个光学表演的地方。这里的光看来非常简单。当中有六根圆柱，四面都满装了镜子。灯光熄了，柱上便映出花样来。因为四面都是镜子，反映出来，就觉得景色变成万万千千，渺无涯际。所表演的景色有罗马、埃及、印度等，都是各地的建筑，有人物，有自然风光，埃及处还有骆驼等，各种景色变换得非常迅速。熄了灯不到一分钟，第二个景色又现了出来，另有一番天地。最后看到的一个景色是各处满植了灿烂的繁花，镜子反映，四望无际，更觉绚丽异常。不久上面落下了六个小型的飞机跳伞，冉冉而下，坠在地上之后，跟着又有六只蝴蝶飞下来，因为镜子里反影，便觉得是大园子里繁花似锦，其中翩翩飞舞着无数美丽的蝴蝶，景色繁华绚丽，令人叹为观止。这自然是借着光学的作用，像万花筒的道理一样，不过设计得如此精美，也可见匠心的巧用了。

巴黎的十几天，酬酢也不少。比较可叙的是一对比利时夫妇（夫人原是美国人）在家里宴请我们。主人是一位发明家的儿子，所以极为富有，尤其爱收藏中国古玩。在他们家里，不仅屋内摆设了名贵的美术古董，甚至我们吃饭用的杯盘碗匙，以至于果盘及洗手的小盘，都无一不刻着雍正、康熙年代制造的字样。最后他们还搬出许多中国的瓷器古玩种种东西给我们鉴赏。其中有八个象牙的女子裸体雕刻，大小不一，或坐或卧，大的长约六七寸，小的约四五寸。唐宋元明清历代都有。其中有两三个好像抚弄得滑熟似的，问起才知道这是从前医生用的，因为从前女子生病不易做身体上的检验，就借这些雕像来讲解部位，也算煞费苦心了。

是晚同席的尚有一位姓卢的古董商和郭泰祺大使夫妇。郭大使本来是刚从日内瓦回来，经巴黎而返伦敦的。他便和我说起，伦敦方面大使馆已预备了一个欢迎梅兰芳先生和我们的茶会，邀请各界人士参加，要我们务必赶到与会。

所以我们到伦敦的情形，就变得极为匆忙。既然欢迎会在30日举行，我们便决定29日的火车启程。不料因为我们在各地屡次延期改期，所以办好的入英护照日期便完全不对。就是因为要到英使馆办好入境签证，结果29日没能动身，最抱歉的是那天有许多人到车站去送行而空跑了一场。

29日既然不能动身，而欢迎会却在30日，我们便乘30日清晨的火车，幸好欢迎茶会是当日下午五时，我们终于及时赶到。

访问英国

欧洲大陆，国与国相连，各国的面积既不能和我出生的中国相比，更不能与我目前居住的加拿大相比。当年我们清晨乘火车离开巴黎，三个小时后我们就到达了边境，在这里下火车，经过一番例行手续后，我们就改乘轮船渡过英伦海峡。在巴黎时，就听人说英伦海峡的浪很大，即使经常航海的人都不免要晕船，我因有出国时坐海船的经验，真有点视若畏途。还说是一上船，每人就会拿到一只供呕吐用的盆子，等等。可是上船后并没有人发盆子，而且一路风平浪静，只是船下面稍为有点暗浪而已。不知传言失实，还是我们运气好，总之，我们一直在甲板上欣赏海景，一小时后，船就靠岸，我们下船后改乘火车前往伦敦。

英国的火车和中国京沪线上的火车很相像，沿途所见的乡村洋房，和上海的英租界类似。现在移居到加拿大，发现温哥华所在的不列颠哥伦比亚省省会维多利亚的建筑也和伦敦相仿，可见一个民族不论他在哪里居住，总要将自己的文化传统乃至建筑带去。火车每到一站，也和在中国京沪线上一样，有小贩推着小车售卖食物，如水果、香烟、糖果、三明治等。我们在车上午餐，车行三个小时就到达伦敦。

来车站迎接的，除使馆人员外，还有许多闻讯而来的记者，因为这是中国第一个到欧洲访问的电影代表团，所以所到之处颇为轰动。记者将我包围，我因时间匆忙，还要赶赴使馆的茶会，只好约他们次日到旅馆见面，这才得以脱身，叫了出租车赶到旅馆。我们住的旅馆是"兰金旅馆"，离使馆很近，对面就是世界著名的BBC无线电广播电台。旅馆内装潢华丽，有很浓厚的欧洲贵族色彩。我们稍事休息，便即赶赴使馆的茶会。到使馆时，见到郭大使夫妇殷勤接待来宾。梅兰芳先生早已到了，我和梅兰芳先生这一路访问见面机会很多，有很多观感相同，相谈甚欢。那天到会的有各国外交、文学、美术、戏剧、电影等各界人士，自然少不了大批新闻记者，记者中，女性占多数。梅先生和我不断为记者包围。他们问了许多关于中国电影的发展及近况，以及和欧洲电影的比较，等等。当问到我对欧洲电影及世界电影的看法时，他们对我的博闻颇感惊讶。殊不知十里洋场的上海，外国电影充斥各影院，当时很多人谈起外国电影如数家珍，反而对中国电影一无所知。所以这次出国访问，另一重要意义还在于向世界介绍中国电影事业的成就，也提高国人对中国电影的重视，增加民族的自豪感。

当日茶会中，好莱坞华裔女明星黄柳霜女士也在座，黄女士身材高大，穿的是一件五色斑斓、袖子很宽的衣服，头戴一顶红黑色的草帽（帽子的式样和清朝的士兵帽子一样），大约她的服装很特别，所以我至今仍记忆犹新。她是广东台山人，那时在北美的华侨以台山人居多，台山话成了当时北美通行的中国话。黄女士会说一点广州话，但深谈则不行，所以和她谈话，也需借助翻译，不能做更多的思想交流，这是一件憾事。

第二天记者又再次来访，他们的问话，大概都是问我最喜欢英国哪一个明星，预备到什么地方参观，是否打算在英国摄制影片等。在伦敦的几天，每天都有记者来访，甚至清晨六七点钟，或是晚上十二点以后都有，使我连睡眠都受到影响，只好规定一个时间，在规定时间之外来的记者一律挡驾。记者虽多，好在他们还很客气，并不强人作答，未发问之前都声明，如果有些问题不愿意作答的，可以不答，所以记者虽多，还容易应付。

这次到伦敦，并没有将《姊妹花》和《空谷兰》两片带去。因为这次到伦敦，只拟逗留数日，而外国的规矩，邀请约会的请帖要在一星期以前发出，所以时间也很匆促。再加我们在过去的几个地方，停留的时间过多，在伦敦也就不便多耽搁。在柏林的时候，我们已订了"康特罗素号"的船票，船期已定，不能更改。上海明星电影公司也频频电催。因为有这些原因，所以片子就没有带到伦敦，却由柏林应瑞士胡世泽公使电约寄到日内瓦去。当时觉得我们行程有限，日内瓦是国际各界人士荟萃之地，在日内瓦公映，也可以使我们未去的其他欧

▶ 胡蝶与黄柳霜合影

洲国家的人士，得以观赏中国电影。

影片既未带去，当地人士和侨胞固然觉得失望，尤以郭大使觉得最为可惜。他说伦敦那年差不多可以称作"中国年"，因为中国的书画展览会刚在伦敦开过，梅兰芳先生也曾在这里演出，风靡伦敦，中国的文物展览也在筹备展出。当地人士对于中国文化都表示异常的兴趣，况且中国电影从未在这里放映过，不将片子带来实在是非常可惜。他的殷殷盛情使我们倍感歉疚，所以后来与周剑云先生商量后，决定片子在日内瓦、罗马公映后，再寄回伦敦公映。虽然片子寄回伦敦公映时，我们早已回国，但据英国来信，放映时盛况空前，颇获好评，对于当时中国能有如此水准的电影，侨胞固感光荣，英国观众也很觉意外云。

三十年代英国的电影市场基本上都为美国好莱坞影片所垄断，这当然是由于好莱坞在当年已成了世界影业的中心，制片多，向各国输出的影片也多。英国更由于使用的是共同语言，连配音、打字幕这道程序都可省略。所以，美国影片曾一度充斥英国的电影院。英国电影院只能在纪录片方面发展。英国政府为了保护本国的电影事业，曾限制美国电影片进口的数量，并竭力扶持本国电影事业。不过英国有许多著名影星也为好莱坞以重金聘去，如劳伦斯·奥利弗（Sir Lawrence Oliver）、名导演阿尔弗雷德·希区柯克（Alfred Hitchcock）等人。

八十年代的今天，英国电影自然也有了飞跃的进步，但翻翻老账倒也可以"温故而知新"。

1935年访问英国时，曾访问了当时伦敦有名的摄影场，高蒙公司和大英国际公司。高蒙公司是一座有七八层楼的建筑，摄影场都在各层楼上。地方支配得很经济，大概因为公司不在远郊，地皮较为昂贵，只有向高空发展了。所以我们初到时，颇觉高蒙不同于一般的摄影场，倒像大的写字楼。公司的重要负责人非常热情，引导我们参观，并作了十分详尽的介绍，得益匪浅。

高蒙公司的道具服装部规模很大，一切道具都是用电梯搬运的，所以那些电梯都特别大。灯光和各种机械都比较新式，布景也很逼真，可资中国电影界学习的地方不少。

高蒙公司当时另一个给我印象较深的是电话很多，无论走廊、电梯各处，都装有电话。电话旁边装有小灯，场中的每一个人都有一个派定的号码，谁的电话来了，他的号码便在各处电话旁的小灯里显示出来，无论他在什么地方，听见了铃声，看见自己的号码时，就可以随时随地接听，既省却对方等候的时间，也省却找人的麻烦。到我移居加拿大温哥华时，见到这里的人十分讲究节约时间，事事要求方便快捷，这里的电话已发展到即使你不在家，也可由电话公司替你转接，有些职业人士如医生更是身带电话机，随时可以接听电话。当然西方文明之有今日，也是经过几十年不懈的努力才达到的。

我们访问时，刚刚有两组在拍戏。一组是在拍以热带为背景的戏，布景也完全是热带风光，几个男演员把脸涂成古铜色，颇像是给热带的太阳晒成的颜色。

另一组是拍以马戏班为题材的戏，训练员指导鹅鸭等演戏，演得很灵活，真正难为了这些不挂名的导演。电影里有女主角跳舞的镜头，在配光和选取合适的角度时，另有一个身材服饰和女主角穿戴得一模一样的女子替她去做，女主角自己却很舒服地坐在椅子上，等到配光和角度都已选定，要演习或开拍时女主角才亲自出场。这比起中国演员来说，就舒服多了。其实，拍电影，预备的时间去了一两个小时，真正拍摄的时候不过几分钟，预备的时间过长早已把人搞得筋疲力尽，到真正开拍的时候效果就不易理想。特别是特技，就像我在《火烧红莲寺》演"红姑"，有些镜头如能由懂武术的临时演员做替身，效果必定更佳。如今过了五十年来谈这些旧话，读者看了一定觉得幼稚可笑，殊不知在创业阶段，连这点微末之技，也是在参观他国的电影业后才得到启发的。

大英国际公司的摄影场设在郊外，附近还有其他电影制片公司的摄影场，所以人们也称此地为英国的好莱坞，大英国际公司摄影场的设备和普通摄影场差不多。摄影场有六七个之多。伦敦因为天气不好，所以不能到外面拍外景，都得在场里自己布景拍摄，这样每家公司都必须拥有相当的摄影场，方能满足拍片的需要。

我们参观的时候，有几组戏同时开拍，一组是拍近代的，一组是拍古装的。布景是意大利式的布景，房屋是用木头盖的，所以很坚实，也极逼真，地上则用真正的石板来铺上，可谓不惜工本。这部电影的男女主角原是舞台剧的明星，是由舞台转入电影界的。女主角大约进电影界不久，还不曾习惯于一般电影演员所应有的忍耐。她身材很胖，又因为是古装戏，所以腰部得紧紧束住。在我们参观的时候，她屡屡不停口地告诉我腰部的痛苦，她说她在这里已经坐了两个小时，电影尚未开拍，实在难以忍耐。可见要做一个电影演员也并不容易，不像舞台剧尚有喘息的机会，银幕上一个镜头不过几秒钟，而演员却要为此付出不知多少倍的辛劳，而能"忍耐"，能坚持却非常重要。

在另一组，我们见了丽琳·哈蕙（Lilian Harvey 1906—1968），她身材中等，苗条瘦削，脸上皱纹很多，不如我们在电影中看到的年轻。不过她脸上涂了很厚的粉，所以在银幕上还不容易看出来。其实她只比我大两岁，那年还不过三十，我利用她拍电影的间隙时间，和她做了简单的谈话，并向她表达敬慕之意。当我告诉她说中国有许多电影观众对她很欢迎时，她觉得非常惊讶，她说她做梦也不会想到中国会上映她的影片，更想不到中国电影观众不仅知道她，而且还欣赏她拍的电影。今天电影观众知道她的人已经不多，但在三十年代，她是世界影坛的超级巨星，她出生于伦敦，母亲是英国人，父亲是德国商人，

▶ 在大英国际摄影场内与影星丽琳·哈蕙合影

外表清纯甜美，曾被媒体誉为"世界最甜美的女郎"。她曾在柏林的歌剧院受过严格的声乐训练，所以能歌善舞，且能毫无口音地说英、德、法三种语言，在德国、法国和美国都拍过电影，在三十年代风行的音乐片中有突出的表现，从德国红到好莱坞。

由于周剑云先生的介绍，她对我也满口赞赏，在场的工作人员对我们的访问极感惊讶，纷纷围上来与我们握手，并要我签名合影。我除和丽琳·哈蕙合影外，也和其他外国同行合影留念。

那天丽琳·哈蕙拍的一个镜头是她正在看一份文书，一个男子从后面走来，她见了非常惊讶的样子。这一个小小的镜头拍了六次，才拍成功。导演、演员以及工作人员一丝不苟的精神令人敬佩。

伦敦一般人都爱看电影，所以电影院经常客满。电影院的票价分两种，价钱相差甚远。高价的可以随时买票入座，便宜的座位就得在门口等待。电影院是连续放映的，可以随时出入。在门口等的人，要等到里面的人出来的人数多寡以补进相应的人数。所以电影院门口常常站满了人。不过人们都很守秩序，依次前进。没有争先恐后的情形发生。伦敦常有骤雨，即使这样，他们也依然很有耐心地拿出雨伞站着等候。有人就动脑筋做出租椅子的生意，租的人就可以坐在椅子上看书阅报，以等候有缺额时可以入场。

英国的纪录片得到英国政府的资助，摄影的质量好，收费也便宜，我们看了一出英皇登基的纪录片。

英国的电影事业当时在政府的资助下，力求赶上美国的水准，正在全力进行"无线电影"的研究。所谓"无线电影"就是"电视"，在今天当然算不得什么，但在五十年前却是一门相当热门的电影科学。在柏林国际电影会议中，"形色电影""立体电影""无线电影"都是研讨的主要课题。在当时，美洲及欧洲各国都致力研究，而以英国成就最高。可惜我们在英国逗留的时间较短，即就当时中国电影的现状而言，与欧洲先进影业国家差距尚远，如向上攀登，一时间，仅就经济实力尚可的明星影业公司而言，也难以从心，所以我们只做了一般性的探询，礼仪观察，获得一些知识。现在经过五十年的时间，我在温哥华可以看到台湾、香港及内地出品的各种国语粤语片，所谓的"无线电影"对于国人早已不是什么新鲜玩意儿，有时和儿孙们谈起当初中国电影创业的艰难，尤其是在北美出生长大的孙子更是瞪大了眼睛，以为我讲的只是神话而不是历史呢！

伦敦是以大雾著名的，可是我们在伦敦五日，不但没有雾，而且天气晴朗，当地人说真是难得，虽不见雾，却时有骤雨，所以出门一定得带雨伞。英国被称为绅士的国家，街上行人也很有点绅士气派，举止矜持，态度沉稳。民族性格既不同于德国人的严谨，更不同于法国人的浪漫散漫。有些人日夜都穿着礼服，走路也保持着一定的姿势。

街道和上海租界相似，只是古旧的建筑、寺庙和新的建筑杂处；交通工具也一样，旧的汽车旧得行驶时摇摇晃晃；还有马车同在路上相伴而行。新的如双层公共汽车、双层电车和地下电车都有，新的世纪和旧的时代都在伦敦的街道上交叉呈现。我们仿佛看到了英国文豪狄更斯笔下的人物、街景，此时更感到狄更斯的作品之所以受到欢迎是有他深厚的生活基础的。狄更斯的一些名著曾改被编为电影上映，他尤其善于描写基层人民的生活，信笔写来栩栩如生。北美的电视也常放映一些老片子，有时看到一些英国老片子，就会回忆起当年在伦敦短暂的日子，这时候，仿佛当年伦敦街道上那陈旧不堪、到处充满了保守的古老的空气也有了几分亲切感。

三十年代伦敦的泰晤士河，就有点像上海的苏州河，河道上挤满了许多小火轮，就像苏州河的货船。在泰晤士河畔有巍峨的国会议院和其他高大建筑。泰晤士河畔有一条很美丽的散步道，闲暇时在这里散步是很不错的。

我们参观的地方还有著名的惠斯敏尼士特教堂，这座教堂有千年以上历史，建筑物非常恢宏。与教堂相连的墓园，有历代帝皇和伟人的坟墓，著名文学家和诗人也葬在这里。

此外还有一个无名英雄墓，纪念在欧战中的阵亡者。里面既葬有那么多伟人，所以伟人的雕像也随处竖立着，颇为庄严肃穆。教堂占地甚广，英国皇室最庄严和最神圣的重大典礼如加冕、婚礼都在这里举行。

著名的白金汉宫在戈林公园附近，我们曾在宫前经过。宫前有两个黑帽红衣的御林军在巡守着，态度严肃，不苟言笑，虽然有些孩子不知就里，跑上去和他们开玩笑，他们也视若无睹，依然目不斜视地往来巡逻，极示纪律之严正。宫前有维多利亚女王的大纪念像。

伦敦的大博物馆也是有名的，馆中珍藏丰富，我们去了一天，只看完很小一部分，要慢慢细看恐怕需要好些天的时间。馆中有许多中国文物，看后感慨万千。中国是有五千多年历史的文明古国，晚清以后，朝政腐败，国势日衰，这里很多文物，怕不是八国联军侵华时巧取豪夺来的。

伦敦的跳舞场，多半开至深夜十二时，最迟也不过子夜一二时，每至散场必奏英国国歌，各人起立致敬，然后出场。舞场形式和欧洲各国差不多，咖啡茶座的地方大，舞池较小。

这里的植物园也是值得一提的，那天我们去参观，同行的还有梅兰芳、熊式一、余上沅等几位先生。园内好像是个大花园，满植了世界各国的植物、奇花异草，无所不有。还有极大的玻璃暖房，里面栽种了各种热带植物，像椰树这种高大的植物也有。这里还有一种很美丽的兰花，但无香气，和德国的蝴蝶兰颇为相似。梅兰芳先生觉得它很可爱，想把它摄入镜头，却被管理人员阻止，不知何故。到植物园游览的人很多，里面也设有咖啡座，生意也很不错。咖啡和饮茶也分两种，一种由侍应生送来，一种是自取，所以价钱也分两种。

是晚在使馆晚餐，饭后郭大使带我们到楼上参观孙中山先生蒙难处。这里地方很小，像上海亭子间般大小，设备也很简单，中悬孙中山先生像，两旁墙壁上挂了许多党政要人的题字。里面还有签名簿，来参观的人都在上面签字留念。郭大使详尽地向我们叙述了总理蒙难的往事。

记得当年还有一件有趣的事，是郭大使夫人为我相手掌，把各掌纹说得很详细，大意是说我的掌纹生得很好，将来是不会吃苦的。

郭大使夫人又劝我有机会时，最好多学一门专门技术，以备将来不吃电影饭时来发展自己，她的盛意我至今铭记。现在到了晚年，再来回想当年这段往事，甜酸苦辣一起涌上心头。我和潘有声结婚后，本来是想急流勇退，不吃电影饭了，可是有声去世，生意失败，我后来又再度下银海，固有生活的因素，也是自己始终不能舍掉电影这个对我最熟悉的领域。人生的安排是由于机遇，还是命运呢？我又何曾想到我会远离故国，寄居在北美温哥华这个滨海城市，虽然我十分十分地想念我熟悉的朋友、我热爱的观众，也曾多次起了远行的念头，三十年代就和我相识的司徒慧敏，已是中国文化部副部长，以及当年的黄子布先生，后来也是文化部副部长、著名的戏剧家夏衍都曾邀我回国访问或定居，但我毕竟老了，疾病缠身，总也下不了决心。

据说温哥华的地形像摊开的右手，它的方向是伸向太平洋彼岸的亚洲，伸向中国。我住在这滨海城市，临近海边的大厦，不论晴朗的白天，或是群星灿烂、灯火闪烁的夜晚，都可以听到海浪拍岸的声音，就像在呼唤着游子归去！当我站在窗户边向远处眺望时，我的心就像温哥华的地形似的，伸向东方，希望能握着我的祖国，我的母亲的温暖的手心。

英国广播电台（BBC）是世界闻名的。从事电影工作的人都对广播事业很感兴趣，因为这两者之间有着密切的关联。周剑云先生在明星制片公司负责经营，同时他还负责经营华威贸易公司，所以他对一切和电影科学技术有关的部门都不放过参观的机会，他真可算得上是一个有心人，参观时，他也必作详细的询问和了解，并且与其他公司作比较，故而获得不少宝贵的资料。

英国广播电台的楼宇有七八层高，地下面也有七八层，所以合共有十四五层了。我们先到下层参观，下面几层完全是播音的总机器房，电器繁多，机件宏大。地面上的几层则完全是播映室，播音室的设备是经过缜密研究的。播送音乐的地方，一切构造设计都要适合于音响效果。播送话剧，则又有另一种结构。并且播送话剧的时候，不像上海的电台将对话的几个人，都挤在一个房间里。比如他们播送一个在监牢里的人和牢外的守兵对话，说囚犯对白的人，则在另外一间有特别构造的房间里说话，使他说话的声音让听众听起来像是在牢里的声音一样。至于在教堂的声音、高楼的声音，说话的人都在另外一间有特殊音响设备的房间里说话，务使他的声音能够表示他所处的环境。一切设备但求效果完满，不厌其烦，做事的认真，真不愧是世界大电台。

至于其他复杂的配音，更不惜工本，力求其惟妙惟肖。声音的调度与支配，则由一个总枢纽的地方，专司其职，有些声音需如何调节，或是有的声音要先储存起来，待时而发，都由这里总辖，毫不紊乱。

在英国观看熊式一先生改编的《王宝钏》

熊式一先生是中国近代著名双语作家、戏剧家，久为欧美文人所推崇。代表作有《天桥》《王宝钏》等。与林语堂、蒋彝是二十世纪三位以中英双语创作闻名遐迩的作家。

熊先生长期侨居国外，对介绍中国文化起了积极的作用。1935年我在伦敦时，熊先生翻译的《王宝钏》在伦敦的"小戏院"（Little Theatre）上演，他约我去看。小戏院座位不多，戏院构造很精致，颇能名副其实。我们到的时候台上早已开场。熊先生和梅兰芳、余上沅等各位先生也早已在座。

《王宝钏》就是我国京剧的《红鬃烈马》。熊先生把它翻译成英文，介绍给英国的观众，公演之后，非常成功。到我去看那一晚，刚刚是这部戏的第二百场公演，卖座仍然不衰（后来听说约共演出九百场，真是空前的成功），总算是中国戏剧介绍到外国去的空前收获。戏台上布景很简单，当中一块天空的画境，两边挂了几张中国古旧的刺绣品，不能算布景，只能说有点中国气氛而已。因为京剧舞台上的布景在伦敦无从购置，都是临时从各收藏家处借来的，演员的服装也是如此，所以看起来有些东拼西凑，不伦不类，不大合调。甚至那几个番兵，身上所穿的竟是俄国军服，就算是番服了。不过也是因为置办不易，也无需见怪，况且在古代中国，一向将外国人称为夷狄、女真、番等，所以细想也不算太离谱。

演员则完全是外国人。没有唱戏，只有对白，对白也自然是用英文的。台步则有点像京戏，有点像话剧。在中国人看来，自然觉得和中国戏剧有点两样，不过对于刚在尝试演中国戏剧的外国演员，是不能太过苛求的，演员的表演都很认真，尤以饰演女主角王宝钏的表演值得赞美。

台上，使我们中国人看起来，觉得很不舒服的地方，则是那两个做检场的人（就是拿跪垫递茶盅等，帮演员做零杂小事跑龙套的人）。那两个检场的也是外国人。他们身穿中国长衣，头戴瓜皮小帽，耸肩弯腰，脸上撇了中国式的胡子，把手笼在袖里，装出一般外国人所形容中国人衰弱的样子，在台上走来走去地做检场。我觉得这两个人并非演员，又不是在做戏，如此的装扮及矫揉造作，实在大可不必。我在这里重提旧事，是想让中国读者知道在三十年代，虽然中国已推翻清王朝，建立民国二十多年，但晚清腐败、国贫民衰的印象，不是一下子能从外国人的脑海里清除掉的。不过高兴的是，五十年后的今天，我移居国外，却见到中国人的地位已大大提高。过去在海外的华侨只能经营洗衣、餐馆行业，而今日在政治、科学、教育、商业各个高层领域，均有中国人担任领导工作，"东亚病夫"的称号早已一扫而空，在温哥华的武术馆，还有不少外国人学习中国武术、拳术。抚今思昔，百感交集。华侨、华裔这五十年的奋斗也是和祖国的繁荣富强分不开的。

话扯远了，还是回到 1935 年在伦敦观剧的情景吧！那天的戏全用对白，上面已经说过。不过在过场的时候，也稍微配一点用唱片放出来的中国音乐，如胡琴、三弦等所奏的乐曲。有些地方如跑马等则也配上一点声音，以求一点真实感。

演员的服装都是各处拼凑借来的，所以不很鲜明，而且也不很切合。我曾和熊先生说起，因为这出戏已公演了很多场，获利自然可观，那么为什么不索性写信回中国，订购一批齐全鲜明的服装呢？熊先生也很赞成我的意思，他说他本来就有这个想法，不过外国的演员都很迷信，他们以为第一次穿了这衣服演戏而获得了成功，就不愿意再换别的衣服，他们相信头一件衣服是给他们很大的吉利的，便不肯把它抛掉。可见迷信使人变得固执，即使有科学头脑的外国人，也未能免俗了。

散场之后，我们还到后台参观，熊先生介绍梅兰芳和我见女主角，我们都向她致贺。当晚是该剧演出的第二百场，一个改编翻译的京剧，能在莎士比亚的故乡演出，并获得如此成功，实属不易，熊式一先生的努力应该载入史册。为纪念第二百场演出，散场后在戏剧俱乐部设宴庆祝。熊式一先生及演员们都坚邀我出席，可惜我因早有约会，未能参与盛会，但那晚的情景至今仍深深印在我脑海里，大约是因为《王宝钏》在英国演出的成功，深深地感动了我。

这里我还要插上几句，梅兰芳先生是家喻户晓、享誉海外的京剧表演艺术大师是不待言的。而熊式一和余上沅先生也是海外闻名的戏剧家。熊式一是近代著名的双语作家、戏剧家，尤其在英国负有盛名。余上沅是中国戏剧教育家、理论家，留美学习戏剧学，1935 年任国立戏剧专科学校校长。中华民国成立后曾任复旦大学、上海戏剧学院教授。以我的学历和经历实在不能与他们相比，于我，可谓亦师亦友，欧洲之行一路上有他们同行，或是相遇相聚，我从他们那里得益匪浅，在学养修为上，都得到了很大的提高，即使在晚年，对他们也深怀感佩。

第二天清晨八时左右，我们又依原来的路线回到了巴黎，在巴黎休息两天，便又动身到日内瓦去。

日内瓦

我们在伦敦的访问，差不多是欧洲访问的最后一站，到离开英国，由巴黎转途日内瓦，已是观光性质，并已踏上归国的路途。

欧洲大陆各国交通方便，由巴黎乘火车，清晨启程，当晚就抵达日内瓦。有当年中国国际图书馆馆长胡天石先生和夫人来迎接，并送我们到预定的旅馆，一夜酣睡，第二天起来，便乘车游览日内瓦各地。日内瓦的风景真不愧为世界最美的所在，青山绿水随处可见，好像上天特别偏爱这个国际首都似的。

我们的汽车一路行驶，无数涟漪的绿水、无数秀丽的青山都呈现在我们的眼前，景色的清幽脱俗，可谓世无其匹了。

午饭后，我们去游泊莱坞，这里是一座高山，要坐电缆车上山，约十分钟到达山顶，山顶上有喝咖啡和饮料的地方，由山顶远眺，美丽的河山一一在目，晶莹皎洁的雪山更为清晰，有时藏在白云中，天山相接，简直分不出界限，待到雪消雾散时，则又清秀耀目，像人间琼楼玉宇，天然佳景，一一呈现，目不暇接，难怪四方游客络绎不绝。我们在山顶欣赏美景一个多小时，才仍乘电缆车下山。

在日内瓦，我们还参观了两处有意义的地方。

一是中国国际图书馆，馆址在湖边，环境优美。该馆建筑宏伟壮丽，藏书甚丰，中国历代的书画作品也不少。我们参观时，见有研究汉学的学者在图书馆翻阅图书，他们看到我们甚感惊讶，有些学者上来和我们打招呼，用汉语和我们寒暄，并要求访问我们。可惜我们在日内瓦停留的日子只有两天，未能应约。

另一处是国际学校，这学校只创办了几年，学生有四五百人，多半是从其他国家来的，四五百个学生中，便有四十几个不同的国籍。这是一间小学校，所以学生全是小孩子。中国自 1933 年就有小学生在这里学习，因学费昂贵，来此学习的多半是驻外使节的子弟或是国内家境富裕的子弟。第二次世界大战中，纳粹德国侵略欧洲的一些国家，有些孩子逃亡出来，也曾为这所学校收容。瑞士一直是个中立国家，没有战争，所以城市建设得很好，人民生活也很不错，街道很整洁，人民也很敦厚。

因为在日内瓦只逗留两天，所以在离开柏林前就将《姊妹花》和《空谷兰》等片先寄来，但到我们离开时，两片尚未寄到，所以两片的公映，已是在我们踏上归途之时。据后来接到日内瓦来信说，公映时反应热烈，盛况空前，临近瑞士的北欧各国的华侨，都驱车前来，有的更是全家出动来观看。海外游子对祖国的这份赤子之心，当时深为感动，当我自己也移居海外时，就更能深刻地体会这份心情了。

访欧的最后一站——意大利

我们离开日内瓦是中午，在火车上过了一夜，第二天清晨就到达罗马，沿途风景秀丽，经过很多山洞。将到罗马时，就渐渐看到许多断垣残壁，罗马古代遗迹便映入眼帘了。到车站时，已有使馆人员前来接车，先到使馆，拜会了刘文岛大使，然后去旅馆。

当天下午即有在上海潘公展先生府上曾会面的薛先生前来，陪我们去游览了罗马最著名的斗兽场。这斗兽场约有三百英尺长，八十英尺宽，可容五万观众，其建筑之庞大，在当年实属罕见。

罗马是天主教中心，所以在早期，基督教徒曾受到迫害。许多殉道者，有男有女，甚至老人和孩子，被抛到这个斗兽场来喂那些从旁边地窖里放出来的饥饿狮子。斗兽场除了虐杀基督徒之外，还供当时皇室贵族及诸色人等，观看力士和力士搏斗，或是力士和野兽搏斗，而那些力士们也是皇室专雇来备搏斗取乐之用的。当时皇室残暴荒淫的生活，也可想而知了。

这个斗兽场已有千多年的历史，虽然经历了年代的变迁，但大致形象还保留着，只是残垣断壁，留供后人凭吊而已。

我们还参观了无名英雄墓，这墓雄伟壮观至极，墓碑矗立在庞大的广场中，各处还有许多精美的雕像，使人难以却步。这墓园的参观时间到下午六时止。到时就有大铁栅从石级前地下上升，隔断出入路线。无名英雄墓对面就是民众广场，当年意大利首相墨索里尼的办公室也就在这里，他只要走出他的办公室阳台，就可以对着广场的民众演讲。

世界最雄伟庄严的圣彼得教堂，我们也去参观了。教堂前是一片大理石广场，有六百英尺长、四五百英尺宽的面积。教堂四周的大圆柱，和那高耸在空中的塔尖，令人叹为观止。据说那四根支持着屋顶的圆柱，每根周围就有一百三十多英尺。

教堂中有耶稣的神像，背为玻璃画，阳光从后面透入，透过黄色的玻璃画，如万道金光，映入心底，这个设计，真是别具匠心。我们到的时候，刚好有几个婴儿在这里受洗礼，还有些老妇人在这里默祈。到这座教堂，男的一定要脱帽，女的却一定要戴帽子，以示尊敬。有些从乡间来朝拜的妇女没有戴帽的，也都用头巾裹头而入，这也是一种特别的习俗。

十年前我移居到温哥华，曾到加拿大东部去旅行，我的堂妹胡珊住在加拿大首府渥太华，那里离蒙特利尔很近，蒙特利尔所在的魁北克省是最多法裔居民居住的地方，以法语为主，那里的意大利居民也不少。在市中心有一个教堂，完全仿照圣彼得教堂建造，当然规模要小得多。魁北克省天主教的势力也很大，连学校都以天主教或新教即基督教来划分，隶属不同的教育局。蒙特利尔市是北美洲最富于欧洲色彩的城市。由此我又想到，一个民族不论迁徙到何处，不论离故土有多么遥远，但根总是在曾经哺育过这个民族的故土，故土的文化民族传统总是不会磨灭的。

就像中国人一样，凡有中国人居住的地方，自然就会形成一个小小的社会。而且越是远离故乡，越是思乡情切，也更加互相关怀。华人侨居的每个地方都有唐人街，有各地的同乡会，据说在十九世纪第一拨移民来到北美洲，组成了唐人街的雏形，中国人只要到了唐人街，就自然会有乡亲照顾，不用担心流落异乡的苦楚。我这次能将回忆录写出，固有许多观众的关怀，也可说是这个小小的华人社会在各方面的爱护与协助促成的。

意大利曾是文艺复兴的发源地，意大利的文艺事业，和法国一样也曾是举世闻名，不过在电影方面，当年的意大利电影不但比不上好莱坞，即较之欧洲其他国家也略感逊色。

罗马的一所制片场，我们也参观过，环境布置得很优雅，内有三四个玻璃摄影场。我们参观的时候，正在拍一部古装贵族家中宴会的戏，布景很是华丽逼真。据说该公司自己每年不过摄制一两部片子。其余时间多半是出租给别的公司拍片。我们还参观了化装室，这里的演员都很舒服，无需自己化装，只要躺在一张像理发店一般的椅子上，就有专门的化装师为他们料理一切，无论理发、画眉、涂脂抹粉，一切都无需自己动手。

由于到意大利是在我们旅程的归途，事前并未打算在此作正式访问，所以也就未作这方面的安排。但当我们访问制片场时，制片场的经理、导演、演员都极为热情，临时举行茶会欢迎我们，对我更多加赞美。他们知道我们曾带了影片出国访问，希望能在罗马公映，但因片子早作安排，未能应命，使他们深表遗憾。1982年2月在意大利都灵市举行了"中国电影回顾展"，放映了我主演的《姊妹花》，也是当年曾携往欧洲访问的那部影片，可说间接偿还了我四十多年前欠下的一笔旧债。

意大利的电影，我们也去观看过，大约我们看的只是一般的片子，故未觉有什么特别之处。

意大利的歌剧院是最有名的，可惜我们到这里的时候，天气已热，大剧团都已歇夏停演，只有一家小歌剧院还有演出，但因剧院和剧团的规模都很小，未能代表意大利歌剧的演出水准。

我们所到过比较奇特的地方，大概要算是一家酒店了。这家酒店饮酒的地方是在一个地窖里，地窖周围摆满了一列列的架子，像图书馆似的，可是架子上面却珍藏着多年的各式陈酒，你要哪年的酒，都可以按你的指定从里面倒给你。窖内的装潢也很奇特，各处陈设着四百年前古旧的酒具，作为装饰。我因不能饮酒，就要了一盘面，面的味道和中国的差不多，颇觉不错。据意大利人自己说面的制作方法是中国元朝时意大利旅行家马可·波罗到中国后，从中国带回来的。不知是那个意大利人对我们表示友好呢，还是确有其事。

我们到罗马的时候，天气已经渐渐热起来了。赴海滨海浴的人也已不少。我们也曾凑热闹，驱车到海滨浴场游玩。小艇荡漾于海水中，顿时使人忘却旅途的疲劳。罗马的街道不同于欧洲其他国家，随处有古迹，随处有喷水池，随处有雕塑，充分显示出这是个有悠久文化历史的国家。在罗马逗留了几天，因为早已购定了"康特罗素号"的船票，便于罗马启程乘火车，到停泊轮船的白林迪斯，从那里上船，几个月来的欧洲之行到此结束，转向祖国的归途中了。

回国了！

"康特罗素号"船上非常舒服，设备齐全，服务周到。船上有种种娱乐，如投圈、骑木马、跳舞、游泳等。比较来时，从海参崴到莫斯科火车上的生活，不可同日而语。

起先我以为自己一定会晕船的，便多吃点东西，不料，一路风平浪静，每日四餐，胃口甚好，真是意想不到的事情。同船的中国人颇多，都是由欧洲回国的侨胞，所以一路上都不感到寂寞。

我们的轮船一路上经过不少地方，虽未一一上岸，却也领略了各地不同的风光。船抵苏伊士运河，河面狭窄，可以望见两岸的绿草红花和黄黄的沙漠，与热带地方所常见的棕榈树。出苏伊士河就到红海，以前曾听人说红海很热，事实上也未见热得十分厉害，也许是未到最热的时候。出红海就到了印度洋，船曾到印度西部的大港孟买停了几个小时，但因入城的路很远，我们也就未上岸，只在船头上眺望。

我们在船抵哥伦布时，曾上岸游览，街道颇宽，此处多宝石店，有各种各样的珍珠宝石象牙饰物，周剑云夫人和我都选购了一些，也算是留点纪念品吧！

我们的船到达新加坡时是中午，未上岸时就见码头上挤满人，未知是来接客的还是来看船的。明星公司的另一器材机构华威公司有分公司在这里，所以我们以为华威分公司会有人来接我们的，但未见到一个熟人，颇觉有些失望。却不料上岸后，那许多我们以为是要接别人和准备搭船的人，却原来都是来欢迎我们的。其中有片商、新闻记者以及许多来欢迎我们的侨胞。华威分公司也有人来，不过素未谋面，所以不认识，这一来真使我们喜出望外了。

新加坡百分之七十是华人，多数是福建移民来此的，所以华语在此也是官方语言之一。我六十年代也曾到过新加坡，不过身份和这次不一样。三十年代是以电影演员的身份，访欧回国途经此处。六十年代则以商界的身份来此。由于此地华人居多，所以中国电影在此有很大的市场，"明星""天一"等影片公司出品的影片，都在这里上映，所以观众通过银幕认识了我。

我们在码头上汽车后，围观的人非常之多，汽车都无法开动。好容易人们渐渐让开了，我们便乘车环游全境。

新加坡风景不错，街道整洁。汽车穿过一个公园，里面有大大小小数不清的猴子，三五成群，到处跳跃，毫不怕人，有时还从小孩子手上抢东西吃。中午我们在南天酒楼午膳，又有许多记者来访，了解我们访问欧洲的情况，还有许多报馆要我题字。饭后我们又由各片商向导环游各处名胜。下午六时左右回到船上。

我们还未踏入国门，但在这众多炎黄子孙居住的地方，已开始受到热烈的欢迎、关切的垂询，我们可以感到祖国脉搏的跳动了。

海上二十一天的航程终于结束了，我们于1935年7月4日午夜二时左右抵达香港，但因碍于规章制度，要到早上才能上岸。记得当晚还下大雨，有许多报馆记者因为听说我到港便来采访。当夜因不许上岸，倒要这些记者在码头等了一夜，他们的采访精神着实令人钦佩，就是至今想来也仍然使我感到歉疚不安。香港的明星公司当时的经理是冯其良先生，他老早就租定了一艘民兴小轮船，4日晨六时即由皇后码头出发，轮船的船首和船尾均有横额写着"欢迎周剑云先生、胡蝶女士归国"。随冯其良先生来的尚有由上海赶来接船的上海华威公司卜毓英与郑超凡先生，此外还有香港电影节代表谭先生。当时冯其良先生就对我说，香港的电影界很希望我们能在香港逗留一两天。我们因他们的盛情难却，便决定留港两日。

4日下午在香港举行了记者招待会，向记者报告此次赴欧经过并回答了记者的问题。记得当时除了向记者略谈了沿途见闻，也谈了我对此次出国访问的感想。

当时欧洲各国并不知道中国已有了自己的电影，且是有声片。自从我们的影片在国外上映以后，这种看法，以及轻视中国电影的心理都有了改变，而且对中国的电影艺术，由了解而发生了兴趣。还有记者提出中国电影能否取得国际市场的问题，我当时回答外国人喜欢有东方色彩的影片，但要使影片能流传到国外去，一定要在题材、内容、艺术手法上有较高的水平。这个问题不仅在三十年代，即使在今日看来也是非常重要的。有些问题在三十年代时，自己尚未有深入的探讨，但经过近五十年，尤其是我移居到北美近十年，更有一些深刻的体会。电影也是文化艺术的一个范畴，要能欣赏一个国家的具有较高艺术水准的文化艺术，就必须对该国的文化传统有一个比较深入的了解。这点却非一般人所能做到的。例如中国的京剧舞台艺术，虽然在世界各国受到欢迎，但要了解则殊不可能，所以在外国见到的京剧，多以武打戏为主。这次去欧洲，除了向欧洲各国介绍在成长中的中国电影艺术，也给了我们一个机会，去认识在发展中的欧洲各国的电影艺术，在这方面，周剑云先生做了不少工作。对于发展中国的电影事业，交流文化，建立友谊，无疑是这次访欧的收获。

周剑云先生和我访问欧洲归来，不仅香港各界人士热烈欢迎，世界各地驻港记者也均有详细报道，表示热烈欢迎。记者招待会结束后，还承已故何东爵士之邀，到他家里茶叙后才兴辞出来。

178

到港之日，各影院都先后放映我主演的《空谷兰》和《姊妹花》，并都想请我登台和观众见面，但因我留港的时间很短，无法一一应命。只在当晚于中央戏院登台一次，与观众见面并致谢。

登台与观众见面后，且在该场中看一时事片，片中记录了我们出国时的情景。时光如梭，曾几何时，我们如今也已回国，看当日情景，历历在目，恍如昨日事，不胜感慨。

我们在港的两天，无论在商店购物或是在路上，屡为群众所包围，甚至不能举步，香港人士对我的热情厚爱，是我永不能忘记的。第二天，香港电影界又假香港大酒店举行欢迎会，到会的人很多。由周剑云先生和我相继报告访问欧洲各国的经过。会上见到了戏剧界名人，如薛觉先及马师曾等诸先生。那时"天一"的邵醉翁先生伉俪也在香港，惜因时间紧迫，未能前往拜候。

我们在香港停留了两日一夜，第二天晚上，即乘麦坚尼总统号返沪，几个月的欧洲访问，便算告一结束。

麦坚尼总统号于7月6日晚离开香港，7月8日清晨就到达上海，轮船尚未泊进码头，就已看到黑压压的人群，虽然离开上海只四个半月，但那种倦游归来，回到母亲怀抱的亲情油然而生。

船是在上海外滩江海关码头靠岸的，一靠岸就看到了由明星公司张石川、郑正秋所率领的明星公司的全体男女演员，其中有"标准美人"徐来、叶秋心、顾梅君、顾兰君、朱秋痕、高倩苹、龚稼农、郑小秋、萧英、王献斋、王吉亭。更难得的是还有"新时代""快活林""友联""玉成""梅花""暨南"等二十余家独立制片公司的主持人，或以公司名义，或以私人身份前来，表现了电影界团结一致的精神，把周剑云夫妇以及我这次访问欧洲的成功，看作是中国电影界的一件大事。

前来欢迎的还有我的父母亲、弟弟、妹妹等，我的未婚夫潘有声，也乘着私人轿车到达码头。现在还记得他那天穿了套米色西装，戴着

▶ 1935年7月4日胡蝶访欧归来下船时摄

同色草帽，挽着我穿过一层又一层的人群，和亲友们握手，和影迷们招手并致谢。明星公司的巨幅旗帜上书"欢迎本公司经理周剑云先生伉俪暨胡蝶女士欧游返国"，鞭炮声、欢呼声汇合成一片欢乐的海洋。

欢迎车队离开码头。经过绵延数里的爱多亚路，直驶枫林桥畔的明星影片公司场地，并举行盛大的欢迎会。

参加欢迎会的除明星公司全体同仁外，还有各界代表及中外新闻记者。

在欢迎会上，由周剑云先生作了访欧经过的讲话，讲话不断为听众的掌声所打断，可见民众的心里很关心这次的欧洲访问，对于电影代表团的访问成功感到由衷的高兴，我也在欢迎会上作了讲话，感谢大家对于我们的爱护之情。

欧洲的访问是结束了，但这次欧洲之行，留在我脑海里的印象，却久久不能淡忘。记得郑正秋先生还曾对我说过这样的话，大意是经过这次出国访问，观众对你的期望更高了，必须要在艺术上有所创新，才能不负众望。我自己也怀着兢兢业业的心情，准备迎接新的挑战，连婚期也推迟了。

人生的拐点

悲喜交集的 1935 年

1935 年是我生命中难忘的一年，悲喜交集的一年，作为中国电影演员代表，出访欧洲六国，是我演艺生涯的一个里程碑。和潘有声携手共建家庭，是我人生旅途上新篇章的开始。但这一年，也是我心灵上经受伤痛，失去良师益友的一年，3 月阮玲玉谢世，7 月、10 月郑正秋、戈公振先后病逝。

周剑云和我，1935 年 7 月 8 日访欧后，刚回到上海，旅程的兴奋情绪尚未冷却，还未来得及和郑正秋先生详细报告我访欧的感观和对"明星"未来发展的一些想法，郑正秋竟因痼疾不治，于 7 月 16 日撒手人寰。我前面说过，郑正秋的逝世震动了上海的电影界。于我，我痛失良师，于明星公司也是一个无法弥补的损失。屋漏偏逢连夜雨，明星公司失去郑正秋不说，此时"明星"在经济上一时周转不灵，周剑云刚回国，尚未理出头绪，急得张石川登门拜访，商请我先将《夜来香》一片续拍完成，以在经济上帮助公司暂解燃眉之急。我和有声原来决定，访欧回来即举行婚礼，处在当时这样的境地，于公于私，我都不能在此时举行婚礼。

《夜来香》一片，在去欧洲之前即已开拍，但那时因为行期在即，

▶ 赵丹、胡蝶、孙敏合影

又不想草率而就，所以出国前并未完成。回国后，明星公司方面，希望能把握住观众对我的热爱，增加影片的号召力，希望我能早日完成《夜来香》的拍摄工作。处在这样的情况之下，所以回国后，我仅仅休息了一个星期就投入了拍摄工作。

《夜来香》一片系由程步高导演，王士珍摄影。程步高原是大陆影片公司的导演，1928 年加入明星公司之前，已与他人合作，或自己导演过二十多部影片，但引起人们注意的则是《狂流》一片。

《夜来香》描述农村少女阿香进入都市，沿街叫卖鲜花，被阔少（孙敏饰）诱骗失身，金屋藏娇，过着虚荣的物质生活，忘记了乡下痴情于她的诚实青年梅生（赵丹饰）。但当阿香遭到阔少遗弃后，梅生为其不平，终为阿香牺牲。剧情的另一条支线写村姑阿金（舒绣文饰）对梅生的单恋，使剧情更为曲折。

在欧洲的参观访问，增加了不少知识，也扩大了眼界，但要将访问参观心得，付诸实践尚需假以时日。但观众对我的要求却不能等待，所以在拍后半部时，我颇有战战兢兢的心情，比诸往日更为认真，唯恐有负众望。公司方面也追加了预算，在拍阿香为阔少金屋藏娇的场景，尽量显示豪华，使与农村的场景形成鲜明的对比，激起观众的感情。影片由王乾白作词，严工上作曲，谱写《夜来香》主题曲："卖夜来香……人怕老，珠怕黄，花儿也怕不久长。"这部影片完成后，在中央戏院上映，狂满二十余天，终算不负众望。

《夜来香》的成功，不但有导演的功劳，摄影师王士珍取景、选角也别具匠心。至于与我合作的舒绣文、赵丹、孙敏，他们的演技也发挥得淋漓尽致，获得电影界和观众一致好评。

舒绣文是安徽黟县人，但自幼生长在北京，说得一口流利的北京话。13岁失学，16岁那年债主要拉她抵债，愤而离家出走，一个人跑到上海，先在天一影片公司教国语，后来一直从事舞台表演工作，成了著名的话剧演员。可惜于"文革"浩劫中被迫害致死。

赵丹原籍江苏南通，出身于著名画家刘海粟创办的上海美术专科学校，他在中学时代即爱好话剧，在美专时更与同学顾而已、姚展、徐韬等人创组剧团，演出颇为轰动，为"明星"聘为基本小生演员。他善于刻画角色的内心活动，也擅演各种不同角色，戏路很宽，可惜在"文革"中饱受迫害，"文革"后未能展其所长，抱恨而终。在写到《夜来香》时，不禁怀念起这两位幽明殊途的同行，也借此篇幅，略表我的哀悼之情。

影片《劫后桃花》

拍完《夜来香》，几乎未曾获得喘息的机会，就又投入《劫后桃花》的拍摄工作。这部影片的放映成功当年还颇费了一番周折，现在回忆当年的情景犹历历在目，这对现在的电影从业员恐怕是难以理解的。

"明星"的编导洪深最初以其青岛崂山祖产遭日军侵占的经过写了一篇散文《我的"失地"》，发表在1934年11月5日的《太白》半月刊，接着又以这篇散文编写成《劫后桃花》电影剧本刊载于《文学》杂志。这部电影剧本是洪深电影剧本创作的优秀之作，受到当时文学界、电影界的关注。

洪深是美国留学生，中外文学造诣都很深。他丰富的生活阅历，熟练的创作技巧，使他对这部电影里的人物刻画入木三分。也有人说，这部电影剧本的格局，颇受当年一部好莱坞影片《浮生若梦》的影响。在这部电影中反映了帝国主义侵略中国的历史，和当年民众反对日本帝国主义的心理相吻合，所以明星公司当年不惜耗费巨资，拍摄这部影片。

剧本共分六十五场，通过寓居青岛的一个封建官僚家庭的没落，暴露帝国主义对中国的长期侵略。影片重要人物，有统治青岛的德国总督，依赖帝国主义荫庇，苟延残喘的逊清遗老祝有为（徐莘园饰），洞达世故、精明能干，却无法挽救自身命运的祝太太（舒绣文饰）。有头脑比较清醒，但又怯懦的贵小姐祝瑞芬，有卖身投靠、摇尾乞怜的德国帝国主义的走狗汪翻译（孙敏饰）和日本帝国主义的走狗余家骧（王献斋饰），家庭教师李先生（龚稼农饰），贫苦正直的刘花匠（高占非饰）。

　　故事从 1897 年德国帝国主义侵占青岛后开始，祝有为的豪华别墅靠近青岛的炮台区域，他为了保住自己的花园别墅，便通过汪翻译巴结上了德国总督。在祝家种花的刘花匠不齿汪翻译的所为，当面斥责了汪的汉奸行为，被迫远走他乡。第一次世界大战后，青岛由德国帝国主义手中转入日本帝国主义手里以后，祝有为的表侄余家骧当了日本特务，因为祝有为一向看不起他，为报私仇，也为了讨好日本主子，便将祝有为逮捕害死。祝太太和女儿避祸乡间。显耀一时的祝家花园别墅，摘下了德国旗换上"日本军人俱乐部"的招牌。祝太太托余家骧，设法收回房屋，余家骧以将祝瑞芬嫁给他作为交换条件，祝太太不肯。几年以后，青岛由中国收回了，"日本军人俱乐部"变成了"督办公署职员第三宿舍"。祝太太晚景凄凉，与女儿瑞芬相依为命，虽经多方奔走，房子依然无法收回，最后只好将女儿瑞芬嫁给家庭教师李先生。后来刘花匠也回到青岛来了。祝太太、瑞芬、李先生、刘花匠一起来到旧居花园别墅门口，只见庭院里桃花依旧笑春风，但人事却已全非了。

　　张石川亲自导演这部影片，由董克毅摄影，董克毅三十年代在摄影艺术方面有所创新，已是名重一时的摄影师。明星公司以超出《船家女》《翡翠马》约一倍的摄影预算，将之列为"明星"1935 年的特级巨片。演员阵容很强，角色的分配也适合各人的戏路，所以演来颇觉得心应手。我自己的生活阅历较着其他同仁简单得多，演瑞芬一角也很适合我的戏路，访欧对各国影业考察的所见所闻以及体会也开始融入我的表演中，所以自觉在深入角色、体会人物感情方面，《劫后桃花》较《夜来香》为佳。

　　一部电影的成功与否，导演和演员固然重要，但摄影工作也是一个不可忽略的因素。《劫后桃花》的摄影，从片头开始就别具一格。

　　渐显，乡野风景——青岛的海滨，帆樯林立，近山处百花争艳。

"沙子口"渔舟撒网。"李村集"人来熙往的农村集市。先给观众以赏心悦目的繁忙的渔村景象。然后淡出。

渐显，青岛景象，炮台环山而立。港口内，巨轮停泊，火车直驶至轮船旁，装卸货物。市区，街道整洁，高楼大厦，建筑华丽，显出青岛市区的欧式建筑。淡出。

渐显，一幢豪华富丽的花园洋房坐落在一条林荫大道，铁铸镂花的大门旁悬挂着一块牌子，上书"六合祝公馆"。铁门内绿草如茵，桃树成行。西式洋房掩映在树丛中。洋房后出现一块整齐的菜畦，厨子正在拔取蔬菜。淡出。

厨房里有七八个仆人正在准备宴席，洗菜、烤鸭、煨鸡肉海参。

仆人甲："今天我们老爷请德国总督大人吃饭，不知德国大人肯不肯赏光？"……《劫后桃花》的片名在"祝公馆"兴盛繁忙的背景中显出。

这部电影共分24景，外景9处，内景15堂。外景由张石川率领摄影师董克毅、张进德，剧务高步青及演员，由1935年5月中旬，乘太古轮船公司的"皇后号"至青岛拍摄。除了场景，还拍摄了很多风景及街市风光，这样剪接就容易得多。只是时序中秋，桃树早已叶落枝秃，董克毅建议在临海傍山处，置假桃树数十株，假桃花盛开其上，经过董克毅的特技处理，从银幕上看来几可乱真。全部外景工作十一天完成。

内景搭建在"明星"枫林桥的摄影场。祝家花园、刘家花圃等均利用"明星"摄影场外的宽广花园改装。至于花厅、卧室、书房则搭建在摄影场内，雕栏玉砌、富丽堂皇，是"明星"耗资最多的一部电影。

我自己对这部电影的拍摄工作是很满意的，尤其是摄影师董克毅的摄影不落俗套。在三十年代那样的工作条件下，能拍出这样的电影，董克毅在摄影技术上是做了一番努力的。

明星公司初期的班底是大同交易所的班底。张石川、郑正秋等人创办明星公司，大同交易所的大部分人转入"明星"。当时董克毅在大同交易所当练习生，专写黑板报。转入明星公司后，他就跟"明星"初期的摄影师古德阿学摄影，后来留法归来的汪煦昌，接替了古德阿的工作，他就当了助理摄影。到汪煦昌自组神州影片公司的时候，杨耐梅主演《诱婚》，由汪煦昌向明星公司推荐董克毅，接替继续拍下去，董克毅也自此正式独当一面，担任正式摄影师的工作。

董克毅肯动脑筋，肯下功夫研究。在摄影技术方面，能因陋就简，发明创造，补救当时中国电影摄影技巧的空白。他所发明的方法，后来很长一段时间，都为中国电影摄影师所采用。

第一是一个人拍两个人，同时在银幕上演戏。我拍《姊妹花》，一人饰两角的方法就是他想出来的。这个方法在外国早已有，但在我国，当时还是新鲜玩意儿。先是杨耐梅主演的《好哥哥》里有孪生子的镜头，明星公司将这个难题，交给刚升任为正摄影师的董克毅，居然给他捉摸出个中奥妙，先分拍，再剪辑，特技处理，到拍《姊妹花》时就更为熟练了，否则不是孙悟空，是无论如何也无法分身的呀！

第二是"接顶"的方法。前些日子，孙子到美国洛杉矶时，参观了好莱坞的片场，回来后给我讲见闻，说是片场专门辟出一个游览区供观众参观，甚至从观众中选即兴演员，上台拍电影。只见观众坐在台上的游艇上装出划船的样子，旁边有工作人员将一桶水泼在他们身上。等摄影完成后，再从银幕上放映，只见两人竟是在汹涌的波涛中划船，以致满身湿沥沥的。孙子当然觉得很奇怪，我这个老祖母也就趁此卖弄一下知识。

我说："这有什么稀奇，这是'接顶'的方法。"

孙子惊讶地问："奶奶，你怎么会知道？"

我眨了眨眼睛，故作正经说："别忘了你奶奶吃过好几十年的电影饭呢！"

当年董克毅研究这门技术，曾请负责布景的张聿光画一座山，他想如果拍出来可以乱真的话，以后拍戏就容易多了。起先画了张小的，拍出来不太理想，可是有那么一点意思，后来又经过多次试验，画放大，镜头远拍，在山与房子衔接处加上迷彩，拍出来就异常逼真了。我拍《火烧红莲寺》，所经过的名山大川，其实都是董克毅在摄影棚里的杰作。今天道来，似乎没有什么新鲜，但在五十年前，在无人可师的情况下，董克毅的创新，实在是一项不小的贡献。

第三是空中飞人的摄影。现在想起当年拍《火烧红莲寺》用钢丝吊起来，我还心有余悸。现在拍武侠片，可以找替身，也可以特技处理。当年吊在钢丝上的我，被悬空抛过去，由摄影师拍下连续镜头，洗出底片，把一格格的人像，用墨涂成黑影，最后配合天空的底片，一起冲晒，这就是空中飞人了。

董克毅是自学成才的摄影家，也算是中国第一位有成就的电影技术人才。

《劫后桃花》的最后一场，是象征日本势力败亡的戏。祝太太、瑞芬、李先生、刘花匠等几个人劫后重逢，祝家花园是要不回来了，但还是想看看故居。这时"日本军人俱乐部"的牌已被拿下来，换上了"督办公署职员第三宿舍"。院子里正在收拾，他们想推门进去，却为一个仆人模样的人所阻。

仆人："干吗？"

刘花匠："我们想进去看看。"

祝太太的儿子世杰："我们只在花园里看看。"

仆人："不行，不行，别找麻烦。"

刘花匠想上前训斥，李先生劝他："算了，算了。"

祝太太惊讶："啊！我看见啦！"

祝瑞芬也惊呼："我也看见啦！刘先生，你看见没有？我从前浇灌的那棵树，还有你的那一棵，现在又开了满树的花了。你看呀！"

这时，一个健壮的青年从桃树上将一盏日本灯笼拿下来，在地上将它踩得粉碎。淡出，影片结束。

当时反对日本帝国主义的情绪，随着日帝在东北的侵略野心毕露，日益高涨。运用电影这个工具，去鼓舞民众的斗志，原是电影工作人员的神圣职责；同时，民众也渴望有这方面的电影，来满足他们精神上的要求，电影能与时代脉搏的跳动相一致，这是极为可喜的现象，而且这类影片都有很高的票房价值。但令人气愤的是，日本帝国主义利用日人在租界的特权，设置障碍。反对日本帝国主义的影片，不能公开放映，连含蓄的"暗示"都不行。不但在上海租界无法放映，在外地也随时有被禁映的可能。所以在《劫后桃花》送租界审查时，不得不先将最后一场剪掉，待通过上映时再接上。但放映时，日方接获密报，提出抗议，企图迫使《劫后桃花》停映。后来引起群情激愤，日帝虽然早已对我虎视眈眈，但以时机未到，恐事态扩大，方始作罢。

回想当年，拍片固然不易，放映一部有意义、鼓舞民众斗志、唤醒民族觉醒的影片，也是困难重重。

《翡翠马》和《兄弟行》

在拍摄《劫后桃花》的同时，明星公司还拍摄了其他两部影片，即由徐欣夫导演的《翡翠马》和程步高导演的《兄弟行》。

《翡翠马》是中国第一部有声侦探片，编导徐欣夫，摄影董克毅。

徐欣夫曾在上海公共租界巡捕房工作过，对于侦探的生涯比较了解，掌握了第一手资料，其时政府正在推行禁烟运动，所以《翡翠马》的拍摄也可以说比较结合现实，在剧本选材上另辟蹊径。

故事内容是这样的：富翁李仲义的外甥董良，协助李经管家庭经济，董良与其女慧珊相爱。董良是一位正直的青年，在禁烟运动中表现积极，并提出惩治制毒贩毒的严厉办法。慧珊深受董良影响，愿助一臂之力。董良行动也获得李翁赞许。讵料拒毒运动刚刚推行之际，董良竟遭人暗杀。巡捕房派出侦探长王铁民进行侦查，发现凶手弃物与售毒有关，根据线索，破获贩毒一处，继而侦查出董良曾与交际花唐芸相识。后又发现唐母密友汤明住处有制毒品商标锌板，从而断定汤明与谋杀案有关。汤明回家，知行状败露，急逃遁向贩毒总部报告，并主张先发制人。王铁民会同警察也相继赶到，于是警察与贩毒团伙展开激烈的枪战。原来贩毒机关的毒枭竟是赞许拒毒运动的李仲义，是他指使汤明将外甥董良杀害的。

这部电影的演员有赵丹（饰董良）、严月娴（饰交际花）、徐莘园（饰李仲义）、龚稼农（饰汤明）、孙敏（饰李小仲）。

《翡翠马》上映很受观众欢迎，因为该片取材于现实生活，情节虽然曲折，但合乎情理，又能抓住观众心理，不同于以往那种几近荒诞的侦探片，给人以面目一新的感觉。

《兄弟行》是由郑正秋根据徐卓呆的电影剧本《行不得也弟弟》重新修改的，但尚未完成，郑即病重逝世，由程步高接着修改完成，并由郑小秋担任副导演。

少女白慧玉（胡蝶饰）获老父允许到上海上大学，巧遇小学老师林馥贞（舒绣文饰），并经林介绍，认识医学院应届毕业生钟企之，两人一见钟情，过从甚密。不久，慧玉怀孕，只得告知馥贞，馥贞乃劝两人先行结婚，然后敬告双方父母。不料，企之一再推托，使慧玉痛苦万分。

原来企之已由父母做主与表妹志芳（朱秋痕饰）订有婚约，其时志芳已抵沪，并催企之早日完婚。企之进退维谷，又为馥贞催逼，乃于教堂与慧玉草草完成婚礼。婚后，企之常常借故不归。在表妹志芳面前则又精神恍惚，终为志芳侦破内情，原来志芳也与企之、慧玉就读于同一大学。志芳依仗自己是父母之命所定婚约，对慧玉百般侮辱，并迫企之回乡完婚。企之回乡后，来函告慧玉自谋出路，断绝关系。慧玉读信后，痛不欲生，独往荒野，投水自尽，幸为一杨姓老妇人救起，后住杨家，产下一子。慧玉老父获讯，赶来探视，见此情景，心中凄然，乃留慧玉子（取名祥麟）在杨家抚养，携慧玉返乡与富绅严立人结婚，又生一子取名德麟。

数年后，立人因脑病迁至黄山休养，未几，德麟也染重病，请新从上海来黄山的德国医学博士诊治。不料，这位医学博士竟是钟企之，慧玉此时已不愿旧事重提，只是为了德麟的病不得不求助于企之，企之以结婚不久，志芳即去世，要求重修旧好，慧玉严词拒绝。

德麟病愈，与邻童祥麟嬉戏海滨，不幸被海浪淹没，祥麟为救德麟惨遭没顶，慧玉抚尸痛哭，并向立人坦诉祥麟即己与企之所生之子，要求异父兄弟共葬，不料立人竟绝情而去。慧玉于兄弟新坟前，痛哭失声，肝肠寸断。却于此时，仆人送来电报，其父突然逝世，慧玉阅后刺激太大，当场晕厥，只闻祥麟、德麟兄弟歌声缥缈，夹着慧玉呼唤爱子的声音渐渐远去……

饰演兄弟的两个童星是沈骏和梁开元，都是张石川发掘的新演员。沈骏先在《劫后桃花》饰演祝瑞芬的弟弟祝世杰，很获好评。所以在《兄弟行》中就让他饰演主线人物祥麟。梁开元是沈骏的同学，沈骏在拍《劫后桃花》时常来摄影棚观看，张石川见其俊秀活泼，就邀他在《兄弟行》一片中饰演德麟一角，演得相当不错，不知当年银幕的两兄弟今在何方，颇为挂念。

我自己很喜爱这部电影，虽然过去几十年了，对这部电影还记忆犹新。这种手足情深的天性，表现在德麟、祥麟身上，感人至深。

《女儿经》和《女权》

《女儿经》的拍摄是在我去欧洲之前，《女权》则是我结婚之前在明星公司拍的最后一部影片。

《女儿经》的拍摄很有意思。1934年，在"明星"的一次编剧会议上，郑正秋提议拍一部由"明星"全体编导、主要演员参加的电影，这个提议得到大家的一致赞同。于是就由郑正秋、洪深、阿英、郑伯奇、沈西苓等各写出一段故事，由夏衍汇总，完成这部别出心裁的集锦片。每个故事有自己的人物，可以独立，但又和其他故事相联，从各个不同方面反映当时形形色色的妇女生活。而每段故事的主角，仍采用演员本人的姓作为主角的姓，并适合每个人的戏路，所以演出相当成功，而且因为多数镜头是实地拍摄，所以耗资低。这部电影不囿于其他影片的手法，所以一上映，即获得观众好评，卖座极佳。

我饰演第一个故事的女主角胡瑛与丈夫高国杰（高占非饰）举行宴会，请了她以前的女同学欢聚一堂。大家分别叙述了自己十年来的生活。由年龄最大的宣淑（宣景琳饰）开始，她谈到自己年老色衰，为丈夫（王献斋饰）遗弃，回娘家又为嫂嫂欺凌，大家听后怒形于色。年轻的阔太太严素（严月娴饰）认为宣淑太懦弱了，就讲自己如何控制丈夫（龚稼农饰）。严素刚谈完，妇女运动家高华（高倩苹饰）

匆匆赶到，寒暄几句后却又匆匆离去，大家不明所以。这时有人揭露高华的虚伪面目，一面在推动妇女运动，一面又过着花天酒地的糜烂生活。这时做过女店员的朱雯（朱秋痕饰）谈到自己由于拒绝股东少爷（王吉亭饰）的侮辱而被解雇的悲剧。朱雯的故事刚结束，交际花徐莉（徐来饰）翩然而至，与此同时，仆人送上一封信，是同学徐玲（徐琴芳饰）的丈夫写来的，报告徐玲去世的消息。由在座的，当年这些女学生的校长口述了徐玲夫妇沉迷赌博，以致家破人亡的经过。这段悲惨的故事勾起了在一旁沉默了半天的夏云（夏佩珍饰）的伤心事，夏云是广播电台的播音员，全家都靠她一人工作生活，丈夫（赵丹饰）身患肺病，又兼失业，悲观绝望。一天大雨滂沱，她丈夫疯狂地跑出去，倒在泥泞的路边，待夏云赶到，他只说了一句："好好照顾孩子……"就咽气了。夏云回到家里，爱子突然失踪，双重刺激，使她精神失常……徐莉不耐烦地听完夏云的故事就告辞了，由女主人胡瑛叙述了徐莉奢侈豪华的生活与争风吃醋的故事。影片最后一个故事是女主人胡瑛叙述她自己在北伐战争中的一段经历。

这部影片分组同时拍摄，所以进展很快，我最大的感受是，演员要是能演适合自己戏路的戏，就能充分发挥自己的才能，演来挥洒自如。

《女权》由洪深编剧，张石川导演，董克毅摄影。《女权》是根据洪深自己的剧本《爱情的逃亡者》改编的。由我饰演女主人公宋嘉玉，宋嘉玉受过相当教育，不甘心埋没于茶叶巨商的富裕家庭生活中，幻想要做出一番事业，于是离家出走，但她又没有一定的奋斗目标，先后做过银行职员、中学教师和女工。经历了五年的浮沉生活，颇感前途渺茫，于是嫁给一位律师，做了一位律师太太，重新回到她以前要逃离的富裕的家庭生活。影片最后，宋嘉玉第二次出走。洪深此剧颇受挪威作家易卜生《玩偶之家》主角娜拉出走的影响。不过妇女解放运动，是至今即使在西方也仍然未完全解决的问题，编剧者用心良苦，也在一定程度上反映了妇女的无权地位，以及她们的苦闷与挣扎。说来也有些讽刺意味，拍完这部影片，我也结束了与"明星"的合约，准备结婚。外子潘有声虽未反对我再继续拍电影，但那时我还真是打算回到家庭，做一个老老实实的家庭主妇呢！

与潘有声的婚事

我和有声认识了六年方始结婚，前四年我和他从未单独出去过，作为一个演员，也许读者觉得我未免太古板了。

我和林雪怀由认识到订婚以致解除婚约，闹得满城风雨，一些小报更是无中生有，添油加醋，一时间令人真假难辨。我不得不聘请律师承办此案，最后由法庭宣判，正式澄清，才算大白于天下，解除婚约，还我清白，了结此案。这件事曾在一段时间内在我心理上留下不愉快的阴影，也痛感作为一个电影演员一定要洁身自爱，否则这个社会舆论，有的出于爱护，有的出于中伤，有的无中生有，胡编乱造，混淆视听。轻的使人颓丧，重则使人沉沦轻生。玲玉临终前留下"人言可畏"四字，就是她对社会有些舆论不公的控诉。我自己曾被误为"九一八"前夕与张学良共舞，以致张学良蒙受"不爱江山爱美人"之冤，而我则成了"红颜祸水"，好在我长期受母亲的教诲和熏陶，对任何事都能处变不惊，比较冷静处置，相信清者自清，浊者自浊，一切自会水落石出，雨过天晴。

我和有声的相识也是很偶然的。是和阮玲玉、胡珊等在一次朋友的私人茶会上见过一面。那时有声在礼和洋行工作，他是个干事业的人，做事情认真实在，待人诚恳，讲信用。他肯动脑筋，肯钻研，做一行爱一行，比如他做茶叶生意，就研究茶叶的属性、产地、土壤、气候等和茶叶有关的一切。对茶叶，他只要稍一品茗，就可以说出茶叶的产地、品级，等等。和他在茶会上认识后，胡珊也不知是有意还是无意，家里有聚会就会带他一起来，胡珊的男友梁君和有声是洋行的同事，一来二去就熟悉了，互相都有好感。我父母对他印象很好，说他为人忠厚老实。他话不多，有时还有些腼腆，对我父母和姥姥都很尊敬，没有时下年轻人的浮躁之气。对我也是客客气气的，不是那种有意的讨好，而是令你感到有礼貌的亲切。可我从林雪怀事件以后，总是心有余悸，不敢轻易相信人，有那么几年，总是保持着一定的距离。直到相交四年后，他也真有耐心，连我的父母和姥姥都着急了。又过了差不多两年，我才敢敞开心怀接纳他。在我去欧洲之前方论及婚事。当然这期间也有些客观原因，在我，拍电影的银色生涯正处在知识、经验都才刚有一些长进，还需要更进一步去追求。而在有声，用他的话说，需要有更雄厚的事业基础，才能建立我们的新家庭。这些是我们婚姻一再推迟的原因。

有声先在礼和洋行任职，后来到德兴洋行任总经理，德兴洋行以大宗经营纸张为主，也经营其他货物。有声善于经营，长于交际，如和前《良友》杂志总经理伍联德、《中华日报》总经理林柏生等都有生意上的往来，还成了好朋友。几十年来，即使有声过世，我也依旧保持着和他们后辈的友谊往来。那时，明星公司如有用纸的地方，也和有声交易。郑正秋很赏识他，郑正秋曾说过："潘有声虽会做生意，而神情气质却完全像个大学生。"

有声原籍福建莆田，父母早逝，兄弟四人均极友爱。他父亲在世时，是海上邮轮的领班，家境并不富裕。有声中学尚未毕业就随兄长

▶ 1935 年 11 月 23 日胡蝶与潘有声举行结婚典礼

全家迁来上海，大哥有年做禽蛋生意，二哥在海关工作，他自己因为在福建进的是教会中学，英文流利，就去了洋行工作，还有一个弟弟和一个妹妹都还在上学。长兄有年当家，弟弟妹妹都尊敬兄长。有声的婚事由长兄主持，其他一切大小事务准备工作，二哥和弟妹们都出力。

原来是打算欧洲回来就办婚事的，可是回来不久，郑正秋去世，"明星"又因为《啼笑因缘》诉讼案造成的损失，财政上的困难一直缓不过来。希望借我欧游回国，观众对我期望和热情高涨之机，完成几部影片，以解公司之难。张石川还亲自登门。"明星"几位当家的对我有提携之恩，我自然不好推辞，就又将婚期拖了下来。

只是父亲患上癌症，人日渐消瘦，我母亲素来既有涵养，又能顾全大局，但她这次是真急了。她说："趁你父亲在世，由他带你入教堂，将你交给有声，他才能安心。"

吉期定在 1935 年 11 月 23 日，除了潘家胡家，"明星"也组织人员协办婚礼诸项事宜。女傧相有袁美云、顾兰君，男傧相有周余愚、李祖冰，花童有黎铿和陈娟娟。当日上午先在九江路圣三一教堂由牧师证婚，晚七时在大东酒楼喜宴，亲友和电影界同行到的人不少，热闹的场面至今记忆犹新，却已是晃眼五十多年的旧事了。

婚后我们回福建去补度蜜月，也是去探望乡亲父老，但因路途不靖，未能到达莆田，只在福州会见了诸亲好友。

我原籍广东，在上海出生，童年在北方度过，会说好几种方言，可就是未学会说福州话。这次来福州就像到了外国，一句话都听不懂，时时得由有声做传译，而且人的心理也很奇怪，越是听不懂，就越好奇。总以为别人在评论自己。我就跟有声学说福州话，现在我这口福州话几可乱真，碰到福州人，一交谈，他们就会认我做乡亲呢！

福州市的风光，鼓山的浪涛，在我心灵深处留下了不可磨灭的印象，而那里的名胜古迹、游览之地，沿海的沙滩，不仅留下我们昔年的足迹，也留下我们年轻时绮丽的梦。往事的记忆随着岁月的消逝反倒更加清晰。对于故国的山山水水，故国的亲人好友，思念之情，无时或已。

《永远的微笑》和明星公司的结束

和有声由认识到结婚，经过六年漫长的岁月，彼此已相当了解，婚后更由于互相尊重、相知相爱相守，生活是愉快的，令人满意的。原打算从此息影，打算"急流勇退"给新人让路，但张石川、周剑云一再挽留，我碍于情面，就订立了每年一戏的合同，《永远的微笑》就是执行新合同的一部影片，而这也成了我在"明星"的最后一部片子。拍完这部片子，我移居香港，不久"七七卢沟桥事变"，抗日烽火弥漫全国，"八一三"上海战役中，"明星"制片基地又遭到炮火的严重破坏。这样，明星公司也被迫结束业务，也结束了我与明星公司的合约。

《永远的微笑》由刘呐鸥编剧，吴村导演，董克毅、张进德摄影，龚稼农与我领衔主演，龚秋霞、王献斋、舒绣文、王若希、徐莘园、王吉亭联合主演。

故事内容：南京城的春天，歌女卢玉华（胡蝶饰）和同伴坐马车郊游，在黄昏时分的归途中，车轮忽然脱辐，马车夫何启荣（龚稼农饰）急智放弃车子，骑马送玉华到家，以免误了玉华的清唱时间，匆促间，启荣将函授法律课程讲义遗落在玉华家里。

玉华寄居在表叔罗匡（王献斋饰）家里，每月所得包银，大部为罗匡所得。罗匡续弦新珠婚前也是歌女。前妻之子少梅（王若希饰）聪颖好学，与玉华友爱，视玉华若同胞姊姊。罗匡另有一养女雪芳（龚秋霞饰）将来也是要做歌女的，所以督教很严，雪芳与少梅两情相悦，玉华是知道的，玉华同情他们，常常鼓励他们要努力向上，做正直的人。

一天，玉华在街上偶然遇到启荣驾马车经过，玉华向启荣致谢并送还启荣遗落之讲义。对启荣的刻苦求学极为赞佩，并表示启荣将来如有需要，愿意资助。启荣很为感激，和玉华成为知己。

当铺经理程照（徐莘园饰）是常常为玉华捧场的客人，并且对她有野心。罗匡利欲熏心，极力拉拢。故此，玉华极为厌恶，与罗匡时有冲突。

罗匡续弦新珠，婚后依然和当歌女时给她捧场的客人王泊生（王吉亭饰）来往。王泊生诱她私奔。新珠乃向玉华借钱，谎称老母病重，需钱治疗及往探望。玉华信以为真，把准备资助启荣的钱给了她。

罗匪因新珠私奔，于沉醉中想侮辱雪芳，为少梅撞破，玉华从外面回来也知道了。少梅乃决定和雪芳离开家庭，别寻出路，虽经玉华劝阻，不果。少梅将玉华所余私蓄全部窃取，与雪芳不辞而别。

启荣刻苦学习，终于通过司法官考试，并被委派为见习检察官。启荣为了要还一笔债，向玉华告急。玉华私蓄先后为新珠骗去及少梅窃取，已囊空如洗，但又不忍见启荣为债所逼，不得已只好向程照借贷，愿付高利息，好不容易借到钱，谁知出门时，为罗匪恃强抢去。玉华再向程照要求通融，程照趁机侮辱玉华，玉华在自卫中，失手以剪刀刺死程照。处此情景，玉华已感走投无路，乃索性硬起心肠，在银柜里抓了钱走出当铺，并连夜去苏州寻找启荣，谁知启荣已奉调南京地方法院任检察官。玉华折回南京，旋即被捕。

启荣到南京后去找玉华，未找到，却从报章看到玉华杀人被捕消息，就到拘留所去会见阔别三年的情人和恩人。他想回避出庭，但玉华镇定自如地对他说："我帮助你，原是希望你做一个勇敢的、尽责任的人，不要为我而徇私枉法！"

开庭那天，启荣以检察官身份，列举罪状，提出证据，依法判处玉华死刑。在感情上，则是给自己判处了死刑，内心痛苦到了极点。

玉华聆听起诉，到宣判死刑判决时，她预服的毒药发作，倒在庄严的法庭上，以自己的生命向社会控诉她不平的遭遇。启荣再也无法控制自己，抱住垂死的玉华，痛哭失声。玉华在微弱中喃喃劝住启荣不要哭，要勇敢面对人生，无论处在任何情况下，都要永远微笑。她先做最后的微笑，启荣只得报以微笑，玉华在微笑中合上双眼。

为了加强影片的真实性，开拍之前，还曾和导演等人到南京去了一趟，在秦淮河畔，实地考察了一些歌女的生活，虽只有一个星期，也感受颇深，差不多每个艺人都有一段辛酸的血泪史，在歌声的背后是流不尽的辛酸泪。实地的考察加深了我的艺术实践。

影片拍了四个多月。1937年春，在当时上海一流的新中央、中央、新光三家大戏院上映，颇受观众欢迎。结束这部影片的拍摄，我随有声移居香港，原以为可以有一段宁静的日子，有声也打算在香港拓展事业。未几，"七七卢沟桥事变"，战火纷飞，全面抗战爆发。我们的生活又有了新的变化。

父亲辞世子流产

父亲于我婚后的第二年，1936年终因鼻癌不治去世。父亲是最疼爱我的人，他的离世使我极为伤感。母亲深知我和父亲父女情深，怕我过度伤心影响身体，就搬来和我同住。我婚后不久就怀孕了，人也慵懒，但既然答应了张石川他们要拍《永远的微笑》，是一定要"说话算数"的。却没有想到一次黄昏，和有声想开车出去兜兜风，上车后忽然腹中剧痛，我竟昏了过去，有声赶忙将我送到医院。这家医院是我有孕后定期来的医院。经过一番紧急处理，宫外孕流产了。我知道有声和母亲背着我和医生谈了很久，虽然有声极力安慰我，但我在他的安慰中感觉到了他有一丝不安，是什么？我不敢继续去想，其实后来的事实告诉我，我再也不会怀孕了。

有声代我向明星公司请了两个月的假，没有告诉他们我的实际情况，只说我嗓子疼痛，医生建议我休息一段时间，并借口我父亲去世心情极坏，谢绝同仁探访。张石川等人都知道我和父亲的感情，倒也不疑有他。

　　祸福相倚，本是人生常态。两个月来，母亲寸步不离，照顾、安慰我，我也渐渐从悲痛中走出来。后来有声从潘家兄弟中先后领养了女儿家丽、儿子家荣。一家人也是过得开开心心的。有声去世后，两个孩子陪伴我度过了那段悲痛无所依的日子。后来他们各有所成，女儿是护士，女婿是医生，他们在纽约安了家。儿子家荣和演员陈贝莉结婚，在加拿大安家，儿女对我都很孝顺，有时他们回香港来探亲，有时我去北美看望他们，在那里住些日子。虽然他们　再劝说我移民北美，那时我还年轻些，我有我的生活圈子，毕竟是故土难离。直到我堂妹胡珊移民加拿大，我这才打定主意移民加拿大。亲家陈风子是著名书法家。他们夫妇和我同年（1975 年）移民加拿大，同住一个城市，时有往还。所以有失有得，上天待我不薄，我也该知足了。

▶ 1984年，胡蝶（左3）和女儿家丽（左2）、女婿（左1）、儿媳陈贝莉（右4）、儿子家荣（右5）及孙子（右1.2）合影

逃亡的日子

避居香港

　　1937 年 11 月 12 日上海沦陷。因上海市中心为公共租界中区、西区（时因公共租界北区、东区工部局已无力管辖，但不算作沦陷区）和法租界，日军尚未能进入，因而形成四周都为沦陷区所包围的局势，故形似"孤岛"。这种局面一直维持到 1941 年 12 月 8 日日军发动太平洋战争以前。虽然我们住在租界，但日子仍是过得提心吊胆。影剧界有些人离开上海去大后方参加抗日救亡运动，如我的好友徐琴芳、陈铿然等。有的人避难去了香港。有声和我商量，他从他的生意考虑，还是想去香港发展。我当然是听他的，就由他去安排，我们夫妻、我母亲及家丽（家荣是我们到了香港以后才来我们家的），乘坐外国货船于 1937 年 11 月 12 日，在上海华界沦陷前到达香港。

　　初到香港也还算过了一段平静的日子。有声继续在洋行工作，有声业余喜好跑马，也喜欢买马，爱马近癖，记得有一次开保险箱，发现存放的美元不见了，原来他都拿去买马了。我还记得马的名字，一匹叫"同花顺"，一匹叫"美景"。马有专人照料，不时还要喝点白兰地、鸡蛋，还得请人给马按摩，有专门的马师。我曾对有声说笑，说他对马比对妻子还好，我说我最大的开销不过是洗头发而已。当然有声爱马，却未曾因此荒废正业以致玩物丧志，他一直很努力工作，发展事业，给我一个温暖舒适的家庭。只是我们虽然苟安于此，内心却也一直牵挂着内地的抗战，而且依照战事发展的情况看来，我们也曾预料，不可能在此长久住下去。

电影那时是不拍了，但社交活动也不少。一些是和有声商业活动有关的，一些是当时香港社会名流的太太们的往来应酬，这些活动，多数是我自己去参加的。作为一个从事过电影表演工作的人，这也算是生活体验的一个部分吧！

有声和我都喜爱网球，在上海时，住宅后有自己的网球场，到香港后参加了网球俱乐部。对网球虽然喜爱，只是我的技术很不高明，所以很少能接得住球。我常推脱说不是我技术不好，是球太小了。

我虽是广东人，但广东话说得实在不好，这是因为我大部分时间都生活在北方，从影后又一直在上海，来到香港后，也由于咬音不准，闹了不少笑话，广东人都把我当成"外江佬"。这次来港居住，使我纯正了我的粤语，才不至于在后来的粤语片中说出南腔北调的广东话。我拍电影总是要求自己尽量做到十全十美，就这样也往往只能做到八九成。我始终没有忘记母亲要我认真做人的教诲。有声和我结婚时，原是有约在先，少拍电影，但不是不拍电影，故有与"明星"一年一部之约。由于战事，"明星"结束。不久张善琨来香港重组新华影业公司，邀我重下银海，我也就欣然答应了。

张善琨和新华影业公司

张善琨原籍浙江吴兴，晚年曾有"制片大王"之称。他原是协助当时上海闻人黄楚九做香烟宣传工作起家，黄楚九的女婿曾焕堂就是我曾经就读的中华电影学校的创办人。可以说张善琨从一开始就和电影有些间接的因缘。后来张善琨经营大世界游戏场和演出京剧连台本戏的共舞台，并于1934年上半年在上海斜土路建起一个小摄影场，办起了新华影业公司。最初是试办性质，资金不大，拍片子时找一批人，拍完另找一批人拍另外一部片子，没有和导演、演员订立长期合同。1935年年初，"新华"就是用这样的办法完成它的第一部影片《红羊豪侠传》。

《红羊豪侠传》是描写太平天国金田起义的，原来是共舞台演出的一出连台机关布景戏，演出时曾轰动一时，所以张善琨将之改编为电影。《红羊豪侠传》由汪仲贤编剧，杨小仲导演，王虎辰、童月娟、徐琴芳分饰男女主角。摄制完成后，先在上海"大光明"戏院试映，然后在"卡尔登"大戏院正式放映，卖座历久不衰。

《新桃花扇》是"新华"拍摄的第二部影片，由刚从海外归来的欧阳予倩编导，由金焰、胡萍分任男女主角。影片描写一个反对军阀统治的革命志士方兴民，一直忠心于革命事业，而他的朋友孙道成却为反动军阀所收买，利用年轻美貌的女伶谢素芳来软化方兴民。不料，谢素芳为方兴民忠于革命事业的精神所感动，提高了认识，与方结合，成为伴侣和同志。他俩历经危难，忠贞不渝，后来得悉日本出兵济南，方在谢素芳鼓励下，策马奔赴抗日前线。这出戏上映时，抗日烽火已在东北燃烧，全国民众密切注视着民族兴亡的战事进展，所以影片与时事密切配合，受到广大观众欢迎。

《红羊豪侠传》和《新桃花扇》两炮打响，使张善琨增加了对拍摄电影的兴趣，进而扩大新华影业公司，增加影片的生产数量，并开始聘请固定的电影工作人员参加制片工作。

新华影业公司拍过不少影片，有一部影片不能不提一下。这部影片不仅当年轰动一时。今日年在五十岁以上的观众，也必定记忆犹新。人们可能不记得出品影片的公司，却不会不记得这部影片，这就是《夜半歌声》。《夜半歌声》不仅奠定了"新华"制片的基业，也使担任该片的导演马徐维邦和饰演男主角的金山脱颖而出，一举成名。

《夜半歌声》是以反封建、争自由为主题。影片主角宋丹萍是一位革命者，革命失败后从事戏剧工作，后与富绅之女李晓霞相爱，但遭到李家反对，而看上晓霞的恶绅汤俊，指使流氓向宋丹萍脸上浇镪水毁容。宋丹萍毁容后，悲愤交加，他不愿以可怕丑陋的面容去见晓霞，乃伪传已死的假讯，一面则在戏院看门老头的帮助下，匿居戏院顶楼。电影开始时，宋丹萍已匿居顶楼十载，《夜半歌声》主题曲"空庭飞着流萤……"揭开了影片的序幕，宋丹萍是向新来的剧团演员孙小鸥叙述十年前的往事，吐露他的身世，并希望孙小鸥坚持与黑暗势力斗争到底，影片最后是宋丹萍为保护女演员免受汤俊侮辱，和汤俊搏斗，报了十载深仇，他自己也随之死去。

张善琨是做宣传工作出身的，很懂得观众心理和宣传效果。当影片在金城大戏院上映时，门口张贴毁容人像作为张贴广告，更以绿灯泡照明，以增加恐怖气氛。第二天报载，有幼童被吓死。报纸这一渲染，无异给《夜半歌声》做了义务宣传。《夜半歌声》一开映，观众蜂拥而至，创造了1936年中国电影界的最高票房纪录。

张善琨创办的新华影业公司拍了几百部片子，他自己从事电影工作二十余年，经"新华"磨炼，也造就了不少有名的演员，如陈云裳、刘琼、梅熹、白光、顾也鲁、严俊、王丹凤等。他于1957年赴日本拍摄《银海笙歌》外景时，不幸因突发心脏病不治，在东京逝世，令人震悼，惋惜不已。可慰的是他的夫人童月娟，也是我的闺中密友，继续乃夫事业，也为中国电影事业的发展做出贡献。

童月娟和我私交甚深，几十年来，往来不断。在香港时，常在一起参加社交活动。1985年台湾颁发金马奖，她还千里迢迢打来越洋电话，要我去台湾参加。只是我已老迈，身体又差，小病不断，只能心领她以及其他老朋友的盛意。留得残躯，能在有生之年，把往事留下一鳞半爪，也不枉朋友们、观众们对我的爱护之情。

1938—1942年的《胭脂泪》《绝代佳人》和《孔雀东南飞》

　　到香港后虽已离开电影界，做起真正的家庭主妇，但这颗心仍念念不忘电影界的事，也特别留心一些上映的电影，哪些受观众欢迎，哪一些演技可取，这些职业的敏感一直保留至今。现在我已经是快八十岁的人了，按说可以像这里大多数华人老人一样，把看电视当作消遣。可是一看电视，我就不自觉地注意起导演的手法，演员的演技，剧情的发展，如此等等。一些老朋友常笑我，改不了的老脾气，说我对别的事常常是糊里糊涂，可谈起电影来却头脑蛮清楚。我住在温哥华滨海的一座大楼，公寓在25层，有一次因为刚送走来探访的电影界旧友到大门外，回转身来进了电梯，脑子里尽是刚才和旧友谈的早年拍电影的事，因此也忘了按电钮。过了十多分钟，我自己还纳闷，今天的电梯怎的上得这么慢。后来电梯门开了，进来一位年轻人，我这才发觉，因为我没按电钮，所以电梯一直在一楼没动。要不是那位年轻人进电梯，我可能还会在铁笼子里沉思默想呢！可见我对电影的爱好与留恋，并未因离开电影界而淡出。

　　1938年，张善琨的新华影业公司在香港复业，并开始续拍在大陆时未完成的，由顾兰君主演的《貂蝉》，这是香港电影界第一部国语片。

张善琨的夫人童月娟是我的闺中密友，所以张善琨邀我拍片，我也就答应了。

第一部拍的是《胭脂泪》，这部片子原是 1934 年由吴永刚编导，阮玲玉主演的《神女》的默片。这部电影当时在国际上评价很高，认为这是中国电影默片时代最优秀的一部电影。影片讲述一个贫穷的母亲迫于生活和要抚养儿子，不得不瞒着儿子在夜幕降临、儿子熟睡后，在街头做卖淫的神女。本来命运就够悲惨，却又在一次警察追捕中，落入流氓手中，从此受他操控。这个流氓使他儿子在学校受到歧视、欺凌而失学。她决心和命运抗争，要带儿子跳出火坑，却发现所有私蓄均为流氓窃取，在悲愤中杀死流氓，自己也锒铛入狱。儿子为学校校长收养，几年后，她刑满出狱，在夜幕笼罩下，她来到校长家窗外，看到校长全家正庆祝以优秀成绩毕业的她的儿子。为不影响儿子前程，悲喜交加的母亲悄然离去。吴永刚的编导细致深刻，淋漓尽致地揭露了当时社会的黑暗，对生活在底层的妇女满怀同情。主演《神女》的阮玲玉演出时，联想自己身世和母亲对她的慈爱付出，她原本就擅长演悲剧，她把自己的全部感情融入到近似主角的戏中，将温婉无私奉献的母爱表演得真切感人。可惜当吴永刚将这部影片以有声片的形式再拍时，玲玉已不在人世。为了纪念故去的挚友，我接受了这次片约。这部片子除了主角换了我，其余演员都是原班人马如黎铿（饰儿子）、章志直（饰流氓）、李君磐（饰校长）等。而且这部电影有两个版本。粤语片由香港南粤影片公司发行，国语片由新华影业公司发行。一部片子有两种地方语言版本在当时尚属首创。

这部片子于 1938 年 12 月 16 日在香港上映，获得观众和业界好评。但我自觉在表演慈母为儿子不惜牺牲自己的情深似海的感情方面，虽

▶ 1940 年胡蝶在《绝代佳人》中饰陈圆圆。编剧张善琨，导演王次龙，王引饰吴三桂

然我做了很大努力，比诸玲玉仍略有逊色。她的身世遭遇使她将自己代入角色，融为一体，是角色，也可以说是她自己通过角色，控诉社会的黑暗、命运的不公。拍完这部电影，我又找到了自己的不足，艺海无涯，只有不断的努力才能攀上更高一层的台阶。

第二部影片《绝代佳人》于 1939 年摄制，1940 年 2 月 21 日在香港上映。影片监制张善琨，导演王次龙，演员除我以外，尚有王引、顾文宗、蒋君超。这是一部古装片，写吴三桂和陈圆圆的历史故事。

第三部影片是由海星影片公司出品，我和王元龙分饰男女主角的现代爱情片《孔雀东南飞》。张善琨、朱光监制，王次龙编剧兼导演，片名以至内容及角色的姓名多多少少都可以看出，借鉴了汉乐府叙事长诗《孔雀东南飞》。失业青年焦仲卿携妻子刘兰芝回到家乡，但与性

▶ 1941年《孔雀东南飞》剧照。香港海星影片公司出品。胡蝶、王元龙主演，王次龙导演

情顽固的焦母相处得很不好。兰芝生下女儿后，重男轻女的焦母对兰芝百般刁难，兰芝不堪忍受，留书离家。后焦宅遭遇轰炸，焦母被炸死，仲卿带着女儿去寻找兰芝。而此时兰芝已带着母亲和小妹来到香港，见到报纸上登载的消息，以为丈夫已死于轰炸，便应允了富商黄振南的求婚。订婚当夜，兰芝看到找到香港的仲卿，两人言归于好，但黄振南以婚讯已发为由，要求二人办理离婚，兰芝承受不了这个压力，起了自杀的念头。这部电影于1941年5月23日在香港上映。

婚后第一次去香港就拍了这三部影片，因为战争形势的发展日益严峻，我也没有心思再继续拍电影了。

第一次来香港不觉间就住了将近五年。有声忙于洋行的工作，一直想往南洋方面发展，但看战争形势的发展，未来如何，很难预测，所以举棋不定。母亲一直和我们在一起,父亲去世后,我是她唯一的亲生女儿,她和我们在一起理所当然。也幸好有她照料一切,我和有声才能后顾无忧,做我们想做的事情,两个孩子都和她很亲。但我们也知道,这种在英国租借地偏安一隅的日子不会长久。

香港沦陷

战火越逼越近,炮声隆隆,1941 年 12 月 7 日,日本海军对美国夏威夷珍珠港海军基地突袭作战,爆发太平洋战争。美英苏相继对日宣战。日本飞机开始轰炸香港,每天都有同胞死在日机轰炸下,我们因为一下子未能离开,就日日躲避空袭,我们的心情也变得沉闷、愤恨。在这民族生死存亡的关头,更加感到国与家的密切关系。

我们全家生活在惶恐中,一时又未能下决心立即离开这座危岛。为逃空袭,邓肇坚爵士曾邀我们全家到他家避难,但因我们住在九龙,交通断绝,无法过海,于是到雷瑞德先生家。空袭过后,闻邓肇坚家为轰炸波及,房屋倒塌,以致在邓家避难的人反遭飞来横祸。我们庆幸之余,又感悲哀。悲哀于战争年代,人的生命完全失去保障,悲哀于苦难的中华民族,自清末朝政腐败,引起各帝国侵华。建立民国以后,又是军阀混战,现在日本帝国的铁蹄,践踏我大好河山,这种心情由悲哀转为愤怒。有声也和我说,香港终非久居之地,作为中国人不能远离故土,特别是在这民族危亡的时刻。

那时梅兰芳先生也住在香港,后来他比我们早离开回到内地,并为了抗日留了八字胡须,一时传为佳话。我去苏联时,曾和梅先生同船，在欧洲时也曾数度相遇，一同出席活动。我结婚时，也承他莅临祝贺。此时虽同处一地，可是心情却很不稳定。虽然彼此都知道，我们都在此避居，却也并无往来。

1941 年 12 月 25 日香港沦陷，日本侵略军占领香港。

香港沦陷后，我尽可能不出去。因为在一切交通要道或是街角都堆起沙袋，由日本宪兵放哨，中国人通过哨岗都必须做九十度鞠躬，如果哨兵觉得你不顺眼，还要搜身检查，甚至可能遭到日本宪兵恶毒殴打。这种屈辱，不是一个有良心的中国人所能忍受的。

即使不出门，也躲避不了日本兵的骚扰。连军阶最低的日本兵，也成了太上皇，他们可以随便进入民居，征用一切他们认为可以征用的东西。日本侵略军一面侵略其他国家的领土，残暴杀戮，一面又在所谓"大东亚圣战""大东亚共荣圈"的幌子下，派出一些中国通对知名人士采取怀柔政策。当时在侵略军报道部艺能班任班长的和久田幸助就是熟谙中文、会说广东话的中国通。

报道部的工作之一是管制电影、戏剧及其他艺术活动，甚至包括影剧人员的粮食和配给。我是属于怀柔政策所要笼络的对象，和久田幸助自然也曾和我打过交道。

和久田幸助当时曾对很多有名望的人士，提示过以下三个条件：

一、妥切保护该人的生命和财产。

二、尊重该人的自由，如果感到不能接受日方的做法，想去重庆的话，即时无条件放行。

三、不损害中国人的自尊心，中国人和日本人，站在平等立场互相合作。

我虽然并不认为和久田幸助是个坏人，但我也知道，所谓的无条件只是相对的，实质上是有条件的，这就是要出卖自己的良知，背叛自己的民族。侵略者与被侵略者之间哪有什么平等可言，至于所谓的保护生命、财产、尊重个人自由也不过是一个交换条件而已。我和有声从来就不把希望寄托在祈求侵略者的慈悲上。我和有声开始暗中设法联系有可能协助我们的朋友，设法避过日军的耳目，逃离香港，奔向大后方。

逃离香港

从 1941 年 12 月 25 日，日本侵略军占领香港开始，在这种屈辱的情况下，我和我的家人生活了将近一年。这一年之间，家中较值钱的东西，不论大小，都让不请自来的日本人拿走。接着又提出了要求我与日本电影公司合作，到日本拍摄《胡蝶游东京》，说只是拍拍风景片而已，毫无政治内容。

我虽很谦让，但这是大事，绝不能让，绝不能让侵略军拿我做幌子，这是原则问题。我们全家都为这事焦急，有声说已到了该走的日子了。

那时，小儿子家荣也有一岁多了，即使要逃亡也好带一些。我们一面敷衍推宕，我推说又有了身孕，不便远行拍片，只能等分娩以后再说。一面在暗中做逃亡的积极准备。同时，为怕引起日军耳目的注意，向来很少上街的我，开始上街购物，全家一起出去上饭馆饮茶吃饭，探访朋友，也请朋友到家里来聚，这样分散监视我们的日军耳目的注意力。有声也设法通过秘密渠道和游击队联络，安排逃亡的路线和方法。

促使我们及时采取行动的却是一件意外事情的发生。一天，和久田幸助打电话给我说，有一位日军参谋长想在晚宴上见我一面，会派车来接我。但车在油麻地的过海码头，经过日军岗哨时，被日军宪兵拦截，因我没有下车向日军鞠躬，遭到日军训斥羞辱，被在码头上罚站一个多小时，而来接车的日军司机，一直袖手旁观，不做任何解释。我当时心中万分愤怒，亡国之民，任人鱼肉，古有明训"士可杀不可辱"，但想到要逃亡的计划，只有竭力忍耐。被放行后，我冷静下来，依然去到宴会的酒楼，借口因身体不适故而迟到，向参谋长和在座的人一一敬酒后就离开了。

回到家后，我给和久田幸助打电话，告知他当晚发生的事情，请他兑现诺言"帮助我到重庆去"，他一再向我表示歉意，并说至少给他一天的时间，让他查清是哪个宪兵，并会给予处分。如果我还是执意要去重庆，他会给我安排等，云云。

我母亲则说，打铁趁热，既然我们早已准备要离开，不如在日本人尚未知觉前，赶紧动身。有声连夜联系游击队的人，做好安排，说第二天清晨出发。

1942年深秋的一天清晨，我们走出了家门。由游击队化装好的人带路，避开人烟稠密的地方。当然那时的香港远没有今天的繁荣，香港的发展和繁荣不过是近二十年的事。那时出入过境，并不需要什么通行证。两个孩子由游击队安排的人用箩筐挑着，一头一个，我们则步行。整整走了一天，这可说是我出生以来所走的最多的路程，以致脚底全走起了泡。因为走的是荒野和崎岖的山路，中途曾在路边的小饭馆吃了一顿饭，盘底都很粗糙，饭菜看起来也不怎么样，但我们吃来仍觉十分可口，可见人的味觉也会因环境的改变而改换的。

走了一天，总算到达广东省的惠阳，然后由这里坐柴油车到曲江，曲江也叫韶关，把我们护送到惠阳，游击队的任务就算完成。有声交给游击队三千元港币，作为护送的费用。虽然游击队一再推辞，说很高兴能协助我这样有点名气的演员逃离虎口，我们还是请他们收下，作为我们对抗日事业的一点心意。

避难曲江

我们一离开香港，消息很快就传开了。战后在日本，我又见到和久田幸助，据他后来回忆说，就在我离开香港的当天中午，他曾打电话给我，可是只听到叮铃铃的电话铃声，很久很久没有人接。当天下午他又试了几次，仍然如此。他感到事情有些不妙，就立即向日军本部报告，但查了所有的线索，都没有我们的消息，和久田幸助说，他还因此受到责难。同时又有谣传说，我可能在逃离香港时遇难，其说不一。

曲江又名韶关，是广东的一个交通重镇，也是广东省政府战时所在地。我们到达韶关后，也就是离开香港的五天后，消息就传遍了。当时还开了个记者招待会，外文报纸也都刊登了我逃离香港的消息。我向全世界表示，也特别是向日本侵略军表明，我虽然只是一个演员，但在这民族大难的时刻，我很清楚我应选择的道路。今天在回顾往事时，我感到安慰的是，自己一步一个脚印，遵循着要做一个正直的人这一道理，度过了这将近八十年的岁月。

我虽非出身富有家庭，但家道也算小康，从影后，又由于有了点虚名，待遇优厚，一直过着丰衣足食的生活，对于民间疾苦所知甚少。这次逃离香港，因为要避开日军耳目，游击队带领我们走偏僻小道，吃了一点什么也算不上的苦，但沿途见到一些穷苦的村民，衣衫褴褛，面黄肌瘦。说起来，他们也怕日本侵略军会打过来，然而他们说："我们又能逃到哪儿去呢？我们的家在这里，虽然穷苦，总是自己的土地，大不了拿起枪上山打游击，和日本鬼子拼了。"我听到这类的话语，内心常感惭愧。我们的民族，我们的国家，在八年抗战中，正因为有这些热血民众在全国各地各个战场牵制着日本侵略军，才能最终赢得胜利，将侵略军从我们的国土上赶出去，他们才是真正的民族英雄。

到达曲江后，先是住在船上，后来由电信局长李大超帮助盖了一所简易房子，取名为"蝶声小筑"。李大超的夫人黄孝英女士是立法委员，是个女社会活动家，很是活跃，在曲江的那段日子很承她照应。

还有件事值得一提的是，那时李汉魂将军及夫人吴菊芳女士也在曲江，他们代表国民政府送了两万元法币的救济金给我，我婉言谢绝，但请他们将这笔钱给需要救济的穷苦难民。李汉魂将军和吴菊芳女士后来也移居美国纽约。今年（1986年）元旦，吴菊芳女士给我打来长途电话，祝贺新年，算来我们的友情也有几十年了。而更想不到的是，这几十年世事经历了如许变迁，我们由国内到国外，由当华侨到华人，成了他国子民，也许我们都将终老异国。

父亲去世后，母亲就一直跟着我料理家务，照顾孩子。我们自己的家庭虽则只有五口人，但还有多年跟随我们的厨子、用人及投奔我们的亲戚，算来也有十来口人。故此，一切行动都要深思熟虑，有声的担子也是够重的。

这种忧心忡忡的日子终也没有维持多久，战火越逼越近，省政府的人已在做向大后方撤退的准备，我们也将再次踏上逃亡的路程。

奔向大后方

1942 年 8 月来到曲江，住了一年多，眼看又到 1943 年年底，过了年就是 1944 年，这是一段惶惶不安的日子。有声的担子是够重的，全家人的生活、安危都压在他身上，这一年多当然谈不上做生意，也没有任何收入，完全靠原来的积蓄，好在有母亲在身边，家庭日常开支由母亲安排，她老人家是节俭惯了的，所以还不至于有经济上的恐慌。

家里人口多，老的老，小的小，也不能说走就走，其实来曲江这一年多，战火围绕着曲江从未停止过，但等到设立在这里的广东临时省政府已在做撤退的准备时，我们才真正感到战火终于逼近。过了年，有声就开始托人，打听路线，做向当时的陪都重庆进发的准备。那时去重庆的交通是很不便利的，向有"蜀道之难难于上青天"之说，但在战火纷飞的年代也顾不了那么多。有声说我们就走一程算一程吧！

当时去重庆，唯有通过贵州到广西桂林，再由桂林到重庆。

我们离开曲江当是在 1944 年三四月，天气也已转暖，我们先由陆路经贵州去桂林，这一路上吃尽千辛万苦自不待言，那种战火蔓延、国破家亡、颠沛流离、满目疮痍的情景，至今想来犹感心悸。

我们的行李是托人转运的，随身只带很少衣物，还在沿途不断丢失。我们坐的是柴油车，车上坐满了人，车顶上也坐了人，车也走不快。我记得有个大腹便便的孕妇，在途中想攀上汽车，结果摔倒在地上，就此倒下了，再也没有起来。在那兵荒马乱的年头，生与死的界限似乎是很接近了。

平素生活虽不奢侈，但也是比较讲究的。这一路逃亡使我看到了人生的另一面。一开始怕脏、怕生病，不敢随便吃东西，鸡蛋是有壳的，比较干净，这也是初逃难时还能找到的，后来也就是有什么吃什么，能有东西填饱肚子就是很幸运的了。

车到贵州独山，但去桂林原来约定的车却没有来。无奈，我只好厚着脸皮和有声一起去找独山车站的站长，好像是一位姓高的先生，请他帮忙找一辆车，总算替我们找到一辆和他人共乘的车。我们也将行李再做了精简，我们一家五口先走，其余人等第二天的车。我们就这样一路颠簸到达桂林。

到了桂林，当时市面上好像还算平静，我们那时以为可以在桂林住些日子。有声因为家里人多，两个孩子还小，租房子总也租不到合适的，就因陋就简请人盖了几间房。临时的家安顿好，有声就和朋友组织公司经营药品、日用品维持家庭生计。可是战火不断蔓延，日寇南侵，我们又只得放弃刚盖起不久的居所，转赴重庆。

我们在1944年五六月间到达重庆。到达重庆，熟人就多了，那时很多影剧界人士通过不同的路线来到重庆，并组织了各种演剧队参加救亡运动。我们住在南岸玄坛庙山坡上杨虎家里。当年在上海有声利用在洋行工作之便，帮助杨虎乘外轮离沪，所以一到重庆，杨虎也热情帮助。到重庆后，各种应酬活动也多起来，政府方面还派人送来救济金，我婉言谢绝了。这次逃亡，看到人生最悲惨的一面，真正需要救济的不是我，我请政府将此类款项转给赈济部门，救济由于战火而流离失所、家破人亡的千千万万难胞。

电影《建国之路》的拍摄

到了重庆，虽然仍在战时，经常有空袭警报，但生活总算有了暂时的稳定。国家与民族的危亡也到了最后的时刻，河山大部沦陷，也到了无可再退的地步，全国军民在中央政府领导下奋起抗日，整个战事开始有了转机。

有声仍然和朋友组织公司经营木材、药品、日用品，家里仍由母亲操持家务。我也感到应该为抗战做一些事情，于是应中国电影制片厂之邀，参加电影《建国之路》的拍摄。

《建国之路》由吴永刚导演，由魏鹤龄和我分别担任男女主角，接到通知不久，约是1944年8月，我们就和外景队出发到广西一带拍摄外景，原意是将外景拍摄完再回来拍内景，因为处在战时，战况的发展很难预料，只能抓住战争的间隙进行工作。不料我们抵达桂林不久，正在公路上拍摄外景，就遇上日军最猛烈的湘桂公路总攻击，器材在撤退中尽失，外景队人员挤入盈千累万的难民群中，后面是炮火连天，四周是儿啼女号，寻爹叫娘。这种凄惨景象，至今想起，犹历历在目，犹感心悸。我们沿着公路步行、坐车，脚底起满水泡，身上长满虱子，就这样仓皇回到重庆，已是1944年的年底，《建国之路》的拍摄也自然中断。这是我唯一未拍完的电影，也是一生经历中所看到的最凄惨的一幕。

这一次遭遇，使我生命有了极大的转变，我发觉养尊处优的生活，不过是建筑在虚无里的一堵墙，一旦灾祸临头，一夜之间就会变得一无所有。因而我从此深深体会到一个人应有节俭朴实的生活习惯，而且对名利也看得比以往淡泊。

在重庆的日子

1937年，"七七卢沟桥事变"开始了全面的抗日战争，中央政府自南京迁至重庆，先是影剧界人士，也包括京剧界如梅兰芳先生等著名表演艺术家，纷纷离开上海、北平，有的去了重庆，有的去了香港。珍珠港事变后，太平洋战争爆发，香港沦陷，然后又从香港转赴内地或其他地方。不少影剧界人士参加演剧队，进行救亡的宣传工作。

这一时期，中国电影制片厂拍摄了一些宣传抗日的影片，如故事片《塞上风云》《日本间谍》，还有中央电影制片厂拍摄的《孤城喋血》《中华儿女》等。给我印象深刻的是由阳翰笙根据同名舞台剧改编、应云卫导演、王士珍摄影的《塞上风云》，这是一部强调各民族团结抗日的影片。把个人情感同民族团结的主题融合在一起，呈现出一种宏大的史诗格调，这在当时的抗战影片中是极其少见的。

影片《日本间谍》是阳翰笙根据意大利人范斯伯所著《神明的子孙在中国》中的材料创作的。影片以第一人称视角出现，表现出强烈的纪实色彩。范斯伯是一个职业间谍，曾在中国住过三十六年，并入了中国籍。他原是张作霖的幕僚，"九一八"日军侵占东北时，他住在哈尔滨，日本特务头子土肥原大佐强迫他替日本特务机关工作。他亲眼目睹日军在东北烧杀抢掠的暴行，便暗中帮助东北义勇军，为日本特务机关察觉，要秘密处死他。范斯伯逃出东北，写了这本书。这本书在抗战时期曾翻译出版，译为《日本间谍》。

这部影片由袁丛美导演，吴蔚云摄影，阳翰笙改编，重点放在东北被日军侵占以后，日军在东北贩毒，强迫押送穷苦农民当劳工，逞凶烧杀的罪行。我从香港到广东经贵州去广西再逃亡到重庆，亲自尝到了那种河山沦落，家破人亡的滋味，所以对这部影片印象很深。

在重庆时期，话剧团还有一些民营的，但拍摄电影需要一定的资金和场地，电影厂就主要是政府出资开办的中国电影制片厂了。中国电影制片厂除拍摄故事片外，还拍摄了不少纪录片，报道前线和后方抗战动态，如郑君里编导、韩仲良摄影的《民族万岁》，报道了各民族支援抗战的动人事迹，还有关于重庆大轰炸情景的纪录片，这些都是珍贵的史料，对于子孙后代是极好的教育资料，不知有没有保存下来。

随着《建国之路》一片的外景队仓皇回到重庆后，直到抗战胜利，我们再次迁居香港，有声去世，我就再也没有上过银幕。有声反对，母亲也反对，大约他们也是被日军对湘桂公路的大攻击让外景队赶上这一情景所吓住了。总以儿女小，万一有个三长两短如何是好为由。我拗不过他们，只好赋闲在家，真正成了银幕下的观众。

有声继续和朋友经营他的生意，往来于昆明、重庆间，除了日用品、医药用品，也兼做木材生意。他原来在洋行是专做茶叶生意的，不过他头脑灵活，做一行通一行，一大家子人就靠着他赚钱养家。我们也有很多应酬，所以我生活虽不忙碌，也并不是无所事事。

关于这一段生活，也有很多传言，[①] 而且以讹传讹，成了有确凿之据的事实。现在我已年近八十，心如止水，以我的年龄也算得上高寿了，但仍感到人的一生其实是很短暂的，对于个人生活琐事，虽有讹传，也不必过于计较，紧要的是在民族大义的问题上不要含糊就可以了。

这一段"赋闲"的日子，倒也使我有机会有时间多了解抗战敌后重庆人民的生活。

重庆是个山城，靠近嘉陵江边，重庆的雾是出名的，向有"雾都"之称。在我印象里，好像晴朗的日子不是太多，但逢到雾散，登高一望，尤其是在夜晚，灯火就如繁星一点点。后来到香港，现在住在温哥华，每到夜晚从我25层楼的住处向下一望，就会想起远在祖国西南的山城。

重庆的雾是出名的，重庆的热更是出奇，重庆是中国三大火炉之一，但比诸南京、武汉，重庆的热给人一种难以忍受的闷的感觉，整个人就像处在蒸笼里一样。重庆有不少茶馆沿嘉陵江开设，但即使靠

---

① 此处系指当时在大陆有人杜撰胡蝶与戴笠的所谓情事。胡蝶是个公众人物，她对于各种流言蜚语一向不予理睬，她相信"谣言止于智者"，胡蝶的态度是没有必要浪费篇幅，去辩说无中生有的事。——刘慧琴注。

江，似乎也凉快不了多少。

四川向有"天府"之称，这个省据说现在已有一亿人口，是大陆上人口最多的省。本来这里物产丰富，农产品也比较便宜，但战时的重庆挤满了从各地撤退避难来的人，山城一下子成了全国政治中心，物价也是飞涨。当地人把从外省来的人统称"下江人"，或是"脚底下的人"，因为四川在长江的上游，就像广东人称外省人为"外江佬"一样，颇有一点贬义。

那时四川出门下乡，即使在山城重庆，也有以坐"滑竿"作为交通工具的，这是别的省所没有的。"滑竿"其实是两根粗壮结实的竹竿中间绑上一个竹椅，由两个人抬着，上山下山走得飞快，但我始终未坐过，因为看到走动时一颤一颤的颇感心惊胆战。不知道现在是否还有人以此谋生否？

江西、湖南人喜欢吃辣，但我觉得比不上四川人吃辣。四川人不但爱吃辣，还爱吃花椒，真是又麻又辣，起先很不理解，住长了知道是由于气候、地理的原因，影响了人们的饮食习惯。四川气候比较潮湿，吃点辣椒，对祛除湿气很有好处，所以在四川，辣椒尽管吃得多，也不会上火。

还有一件有趣的事情，四川话的"鞋"字发音像国语"孩"字，而四川话的"孩"字却又和国语的"鞋"字音相近。我和四川人打交道，为了这个"鞋子""孩子"闹了不少笑话。我曾在南方北方都住过，各地方言都能说上几句，少说几句，都可以冒充该地人。中国的方言实在太复杂了，所以以北平话为基础的国语，作为全国的统一语言是完全必要的。记得我初来加拿大时，有一位老华侨拿了一个菜谱来问我："做这个菜的配料我都备了，唯独'开水'这一味配不到。"我听了不禁哈哈大笑，原来菜谱是上海人写的，上海人把烧开锅的水叫"开水"，而广东人叫"滚水"，难怪这位老华侨怎么也配不齐"开水"这一味了。

重庆——上海——香港

抗战胜利，回到上海

八年抗战终于等到了最后胜利的日子，1945 年 8 月 15 日，日本接受波茨坦公告，正式宣布无条件投降，这是亿万中国老百姓用血泪牺牲换来的日子。日本投降消息一公布，人们欣喜欲狂。八月的山城还是很炎热的，但人们都从家里走上街道，到处是欣喜欲狂的人群，认识的、不认识的都互相道贺，说："日本投降了，我们胜利了！"

我突然想起了唐代大诗人杜甫的那首诗，完全表达了我们那时的心情：

> 剑外忽传收蓟北，初闻涕泪满衣裳，
> 却看妻子愁何在？漫卷诗书喜欲狂！
> 白日放歌须纵酒，青春作伴好还乡，
> 即从巴峡穿巫峡，便下襄阳向洛阳。

胜利了，河山光复，百废待兴，政府有很多工作要做，而我们这些"下江人"也纷纷做回乡的打算。一时间，山城又热闹了起来，但这种拥挤和热闹是喜气洋洋的。两路口、化龙桥摆满了地摊，"下江人"把带不走的东西都在这里摆地摊卖，我也让家里人在这里卖东西。

　　说声要回乡，顿时飞机票、船票、汽车票都紧张起来。那时重庆没有火车，对外交通全靠上述几种途径，于是乎又出高价，找熟人。好在职业上的便利，我沾了是公众人物的光，大家都肯帮忙，甚至提出资助搬家费，孔祥熙提出可资助两万美元。大家的好意，我都婉谢了。我们家的经济情况，有母亲和有声操持完全可以自己解决，也就不劳大家费心，请大家帮助需要帮助的人。我们全家是分批走的，母亲带孩子先回上海，我和有声等安排好其他人，我们最后走。

　　当飞机徐徐飞起，山城变得越来越小，嘉陵江成了一条线时，心中不免起了眷恋之情，人有时是很奇怪的，当你离开一个地方时，会将曾经在这里经历过的苦难淡出，而在那一瞬间留下的只是美好的记忆。

　　战后的上海，颇让人有劫后沧桑的感觉，见到亲戚朋友，恍若隔世，有说不完的话，流不尽的泪。从他们口中了解到沦陷区老百姓的苦难，他们更多了一重民族压迫，在敌人的铁蹄下过着近乎亡国奴的生活。他们谈到日军的蛮横，随便进入民居搜掠财物。稍有不慎，就会被戴上"危险分子"的帽子逮捕，从此失踪。人们过桥要向桥头站岗的日军鞠躬致敬，这一点在日军占领香港后我是深有体会的，也为此，我深居简出，不愿意过桥。家家户户只能有萤萤灯光，还得拉上窗帘。一到天黑，整个大上海也是幢幢黑影。粮食管制，每人只有定量很少、糠砂掺杂的糙米，人们称之为"户口米"，就是"户口米"也不是经常有的，还得半夜去米行排队，放粮的人在你衣服肩上写上号码，面黄肌瘦的人群凭着那仅有的一点力气去等待、去挤、去买这少得可怜的赖以为生的口粮。什么东西都管制，什么东西都买不到，而日本侵略军却大肆掠夺，将中国的资源，乃至劳动力源源不断运回日本，中国老百姓对于日本帝国主义的深仇大恨是可想而知的。

　　亲友们还告诉这样一个悲惨的故事：

当有人从无线电收音机收到日本天皇宣布投降的诏书，消息很快就传遍了，人们沸腾了，疯狂了，压抑多少年的情绪爆发了。人们走上街头，向着站岗的日军狂喊"我们胜利了，你们投降了"。八月中，西瓜尚未下市，有人将西瓜扔到日军头上。其时，驻守上海的日本侵略军尚未接到宣布投降的命令，他们几曾料到这些被他们欺压惯了的"顺民"会像醒狮一般怒吼，日军开枪了，有人倒在血泊中，人群更加愤怒，一齐涌上，要不是日军司令部派人来救援，开枪的日本兵完全有可能被愤怒的人群撕成碎片，这是民族的恨，国家的恨呀！

战败国的日本，在二次大战后不长的时间内，成了经济强国，日制的音响设备、照相机充斥市场。每当我看见这些日货，就会想起当年在上海市的土布运动，我和夏佩珍、陈玉梅、高倩苹穿土布旗袍参加剪彩，以提倡国货。前不久从报上看到北京大学生游行，反对日本经济侵略的消息。听说由于大陆实行开放政策，日本又是技术先进邻邦，大批日商涌进内地，不能不令人有点担心。尤其是对于我们经历过抗日战争、尝受过战祸带来苦难的这一代人来说，是很难忘却那一段屈辱的岁月的。

抗战胜利后的电影制片情况

虽然自《建国之路》后到抗战胜利不到一年的时间，我没有再拍电影，但长期养成的职业敏感，使我一直关注着电影事业的发展，由台上到台下，由演员转身为观众，仍然关注银幕上的演员，特别是涌现的有才华的新人，就像自己仍然是他们中间的一员。

抗战胜利后，有几部电影给我留下了较深的印象，都是中央电影制片厂拍摄的。

《还乡日记》是"中电一厂"1947年的出品，由袁俊编导，吴蔚云、王玉如摄影，白杨、耿震、阳华、吕恩主演。《还乡日记》是一部喜剧，描写一对在大后方从事话剧工作的青年夫妇老赵（耿震饰）和小于（白杨饰），抗战胜利后，怀着种种美丽的设想回到上海，以为从此可以过上平静安宁的生活。谁知回到上海的第一天，就碰上找不到住处的问题，只好在友人八楼公寓的屋顶熬住一夜。第二天一早去找房子，不是要用金条顶，就是要用美金租，他们哪里付得出。正在焦头烂额之际，却无意碰到以前相识的小桃（吕恩饰），她本是汉奸老裴之妻，抗战胜利后，老裴因为涉及敌伪问题被关进监狱，房子连同老婆被自称为接受大员的老洪（阳华饰）所强占。这天，老洪和小桃吵架，出于赌气，小桃将多余的空房租给了老赵和小于，他们满心喜欢，以为从此可以安居。岂料进了监狱的老裴忽然带了大批打手回来，将老洪痛殴，并夺回房子和老婆。但过不了多久，老洪又带了一批打手回来报复。最后，老赵和小于只好再回到朋友的公寓顶借宿，房子问题还是不能解决。

影片反映的多数问题是真实的，上海的房荒问题也是老问题，据说袁俊自己就亲身体验到找房子困难的苦楚。那种复员后，接收大员满天飞，以致歹徒乘机冒充接收大员，大肆行骗的混乱情况也是不少的。

袁俊编导的另一部电影，也是喜剧片《乘龙快婿》，由李恩杰任导演助理，石凤岐摄影，白杨、金焰、路珊、张雁、周峰、林榛联合主演。

故事描写抗战胜利后，陆家大小姐文兰（路珊饰）的未婚夫司徒炎（金焰饰）将要从重庆回到上海。当时上海一般人的心理，认为从重庆来的人，个个都是"接收大员"，或是发了胜利财的。于是陆家上下以为这一下可以风光一番了，只有二小姐文惠（白杨饰）对于"重庆人"很为反感。司徒炎回来了，可是他只是个穷新闻记者，并没有给陆家带来汽车洋房，文兰大感失望，乃和司徒炎解除婚约。相反地，文惠却和司徒炎谈得很投机，改变了她对"重庆人"的看法。司徒炎是个正直的新闻记者，对社会上的不良风气、贪污案件，不顾个人安危，予以严正的揭露，因而被流氓打伤，但他的正义行为得到了社会的支持，贪污者受到了法律制裁，而司徒炎和文惠也结成了美满姻缘。

袁俊原名张骏祥，江苏镇江人，毕业于北平清华大学西洋文学系，毕业后留校做了四年助教，考取公费赴美国留学，在美国耶鲁大学戏剧研究院学习导演和舞台艺术。1940年回国，在重庆从事戏剧工作。《还乡日记》是他编导的第一部影片。

主演这两部影片的金焰和白杨也都是当时的著名演员，金焰原是朝鲜人，幼年时随父亲逃亡到东北，并入了中国籍。金焰1930年就进入电影界，曾在孙瑜导演的《野草闲花》中和阮玲玉分任男女主角，给我印象比较深，所以至今仍记得。

中国真正有电影是从二十年代开始，到抗战前夕，也不过只有短短二十年的历史。抗战前的电影全部是民营的，以上海为中国电影发源地，在我进入电影界时，仅上海一地就有大大小小四十几家电影制片公司，有的只是有个招牌，有的也许只拍过一两部极为简陋的电影就倒闭了。

电影起初也是被当作一门生意来经营的，新奇、冒险，可以赚大钱，所以大小影片公司纷纷出现，通过竞争、淘汰，逐渐只有几家大的影片公司能立足下来，生存下去。而且人们也在创办电影事业的过程中认识到电影的价值，它不但给人们以观感上的享受，而且通过电影也可以达到教育民众、宣传民众、动员民众的作用。

在抗日战争的烽火中，有的电影厂毁于炮火，如"明星"在上海枫林桥的厂址被毁。有的虽然厂址无恙，但很多影剧界知名人士，已转赴香港或内地，或息影，或组织救亡演剧队，奔赴抗日前线或到大后方宣传抗日，唤起民众抗日救国。即使留下的影剧界人士，也以各种方式表达他们的爱国热忱。

到抗战时期的重庆，主要是由政府支持"中国电影制片厂"和"中央电影制片厂"两家。抗战时以拍摄纪录片及反映民众抗日为主题的影片，如《塞上风云》《日本间谍》等。

抗战胜利后，中央电影制片厂迁回上海，并成立了三个分厂。1945 年到 1949 年拍摄了近 40 部电影，除了我前面提到的《还乡日记》和《乘龙快婿》外，印象较深的尚有描写小市民的《幸福狂想曲》，描写知识分子失业问题的《街头巷尾》，描写农村的《青山翠谷》。

除了"中国电影制片厂"和"中央电影制片厂"，抗战后的上海又新成立了一个由国民党上海市党部经营的电影机构"上海实验电影工场"。不过"实验工场"一共只拍摄了三部电影，就是《铁骨冰心》《浮生六记》和《大地回春》，后者还是和益华公司合作拍摄的。

在民营的电影公司中，大大小小的公司也如雨后春笋般涌现，但规模较大、设备较齐全的则推"昆仑""国泰""大同""文华"等公司。昆仑影业公司的《一江春水向东流》、文华影业公司的《假凤虚凰》都是有影响的电影，尤其后者，今天五十岁左右的人都还记得这部影片，可见这部影片的轰动，也可想电影这一表现形式之深入人心。

这一时期也涌现了一批优秀的导演，如佐临，他原在英国学习戏剧，获剑桥大学文学硕士学位，回国后先在剧专任教。1940 年参加戏剧活动，在上海组织剧团演话剧，《假凤虚凰》（李丽华饰女主角范如华，石挥饰男主角理发师）是佐临执导的第一部喜剧片。整个故事有浓厚的喜剧色彩，破产的寡妇冒充华侨富翁小姐征婚，投机失败的商人委托长得一表人才的理发师顶着总经理的身份去应征，双方都希望利用对方的"财富"来解决自己的窘境，结果在结婚的那天早上，彼此暴露了真实身份。在互相谩骂后，几经曲折，终于觉悟到这种互相欺骗的生活之痛苦，结成美满夫妻。范如华也撕下冒充淑女的假面具，参加理发店工作。整个剧本富于喜剧色彩，情节结构巧妙，人物形象生动，对话风趣，而佐临的导演又处理得干净利落，生动流畅，颇具特色。

至于演员方面，如李丽华、白杨、陶金、舒绣文、王丹凤、周璇、魏鹤龄、石挥、刘琼、蓝马等，都是当时的著名演员。

如果说以我从影的时期，张织云、阮玲玉、夏佩珍、徐来等算第一代的话，我感到抗战前后涌现出的这一代演员，和我们默片时期广东籍演员比较多这点比较，就是演员的籍贯方面比较广阔了，有更多上海籍或北方籍贯的演员，这是因为到有声片时代，会说国语已成为电影演员的基本条件。同时，这一代演员很多受过比较专业的训练，在素质上提高了不少。所以我常常羡慕后来的演员，也常常感叹自己生不逢"时"了。

初期的电影，尤其是默片时代，没有电影剧本，剧本就只是导演的腹稿，他给你讲个大概，就靠演员依稀记得的演技去发挥表达了。发展到三十年代，就有了完整的分场剧本，当然也只是简单的叙述，但至少演员对所扮演的角色可以有一个大概的轮廓，可以知道如何去揣摩人物的性格，当导演的也更可发挥专长，把电影拍摄得更好。时代的车轮也就这样沿着时间的轨迹前进。

再次迁居香港

抗战胜利后，全家回到上海，但也并没有住得太久。我们拜访了亲朋好友，他们有一些在沦陷时由于种种原因未能离开，好不容易盼来河山光复的日子，但又出现了复员接收中等新的问题，就是我在前面讲抗战胜利后的电影时谈到的。这些电影反映了当时民众等待、盼望到失望的心情。

有声是生意人，他不参与政治，但对局势很敏感。他对我说，人心的动荡和不安，正隐伏着新的危机。他对局势很感忧虑，于是决定仍回香港去谋发展，福建人有很多侨居在南洋一带，可以由香港做起，然后向南洋方面拓展。另一方面，香港大中华公司也邀我拍摄了《某夫人》，就此机会，我们在上海住了一年多就去了香港。母亲年迈，她见两个孩子也大了，这次她没有和我们同行，后来病逝于上海。

翻开旧的剪报，1947 年 10 月 2 日，由孙夫人宋庆龄女士主持的中国福利基金会之园游会假座上海"中央银行俱乐部"举行，出席的女演员有我、白杨、舒绣文、上官云珠、王人美、秦怡等，这是我在上海参加的最后一次活动。那晚的热闹好像还是不久前的事，却已过去快四十年了。

到香港后，除了《某夫人》，还拍了《春之梦》。1949 年上映的《锦绣天堂》是我和王丹凤合拍的，这部片拍完，为了协助有声的生意，到港后，有声立即筹办兴华洋行，其中一项业务是经营"蝴蝶牌"热水瓶。有声将热水瓶这种最普通的家庭用品用了"蝴蝶"做品牌的名字，不能不说有点噱头。

因为商务的关系，我曾随同有声往来于马来西亚、泰国、新加坡等地，参加各种商业应酬，参加展销会。货摊上参观、洽谈的人络绎

◀ 兴华实业制造厂总经理胡蝶

不绝，与其说我经营得法，不如说是热情的观众对我的爱护。

　　本来电影是我的最爱，离开摄影场的头一两年却有些不惯，母亲不在身边，家丽也像香港这里家境稍微优裕的人家，子女大些就去了英国留学，家荣有管家照料生活，男孩子大了，和有声反倒比我更亲近些。有声经营得法，家庭经济也比较富裕。息影后，我和他相处的时间多了，有那么五六年的光景，我和有声虽然辛苦，他给我挂了个总经理的头衔，他本意是挂名，我却认了真，还真的常去厂里看看。不过夫唱妇随，同出同进，出席各种应酬场合，倒也怡然自得。现在回忆起那段日子，也仍然是心酸中含着甜蜜的。

　　有声是个爱护家庭的人，对我、对子女，克尽为夫、为父的职责，他对人宽厚和蔼，即使对司机、用人也是平等的。要说他还有什么嗜好，那就是喜欢赛马，喜欢养马，再就是打网球。

▶ 胡蝶赴新加坡出席展销等商务活动

　　我后来移居加拿大，当年的司机也在后来由他的儿子申请来加拿大，他打听到我的地址，就常来探望我，我们在一起聊天，就像老朋友一样，在我住的滨海大楼 25 层楼的日子，他经常和他老伴儿来探望我，也经常帮我做点家务事。

　　我和有声感情融洽，从未曾因为任何小事起过口角。他只比我大三岁，身体一向健壮，正是有为之年，我绝未想到癌细胞早已潜伏在他体内。他得的是肝癌，开始发病时，他只以为是胃病，也没有太在意。这种情况前后拖了两年，直到后来日益消瘦才觉不妙，我坚持陪他去见医生。等化验结果出来，医生和我单独谈话，告知确诊时已是晚期，我不敢相信，几乎昏厥。不过他的真正病情我是一直瞒着他的，只告诉他是肝炎，需要住院治疗。这是我一生中精神上最痛苦的日子，但每去医院探望他或陪住，还得装出轻松的样子劝导他，和他计划他病愈后，去欧洲游玩疗养，这实在是用意安慰他也是麻木我自己的神话。而只有当我从医院回到家里，抱着一双儿女痛哭的时候，才能表露出我内心抑郁到了极点的苦痛。

有声沉疴不起，他已无力顾及公司业务，我本来就不精于做生意，此时生意已全盘交与合伙人料理。合伙人告知生意亏损，在那种情况下，我无力也无心去查问。有声病情越来越重，到他病危时，公司已形同倒闭，我含着泪让病危中的有声签了字，将产权转让，甚至连汽车也卖掉了。

1958年2月2日清晨五时许，有声在弥留之际，已不能言语，只见他的眼角有泪水渗出。他是乔木，我似丝萝，他有多么不舍？！我心如刀割，有声终于走了，离开我永远永远地走了，当我握着他的手，当手温渐渐凉下来，女儿轻轻地松开我的手，扶着我送走他们的父亲，扶着我离开病房，我像失去了知觉似的，我没有放声痛哭，只是任由泪水不停地从眼眶里涌出，我的心也在流血，就像心已被割成碎片，追随着他，亦步亦趋……

他静悄悄地进入我的生活，可又这样匆匆地离去，我不能接受他已远离尘世这样一个事实，我只让我自己相信他只是出了远门，去了南洋拓展业务，很快就会回来的。

我自认一向比较达观，视人生犹如演戏，我常安慰我自己，在抗战逃亡的日子，在湘桂公路的大撤退中，总说苦日子会演完的，会苦尽甘来的。但这一次，我却真正感到被命运之神逼到人生的边缘，看不到曙光，只感到有声的逝去带走了我生活中的一切欢乐，生活中的一切活力也随他消失。

有声去世已近三十年了，三十年铭心刻骨的记忆无时或已。1981年夏，我携同儿媳回香港将他的骨灰移葬于温哥华风景如画的科士兰公墓，也同时在此，在他的安息处旁购置了我未来的归宿处。我们必将重聚，也许将来的某一天我会在世界的另一面向他诉说这三十多年的离别之情。

重下银海

1949 年，和王丹凤合演《锦绣天堂》后，我就息影了，和有声一起创业经商。有声的去世给我精神上很大的打击。我是从不当家的，母亲在时，有母亲操劳，我只是将每月的薪水交给母亲，虽说供养了一大家人，但对于钱是如何用，我是从不过问的。和有声结婚后，在外面的商业经营，在家里的生活开支，乃至用人、厨子、司机等的雇佣和工资，以及子女上学等，他都安排得妥妥帖帖，现在一下子都压到了我的身上。

公司业务已经结束，经济上，维持家庭是可以的，虽不能说拮据，但也不能说宽裕，我这是年近半百才开始来学当家。最痛苦的是精神上排遣不开，家丽已回英国上学，家荣还在上中学。有声走了，经营十来年的兴华洋行已成历史，昔日的繁荣只留下记忆。商场上的朋友已淡出，倒是影剧界的朋友不弃我，见我如此愁眉不展，经常来看望我。她们怕我会郁出病来，劝我出远门散散心，或是再回影坛，拍拍电影也好过如此愁云惨淡地过日子。

半是为了经济的原因，半是为了将自己的精神寄托在电影事业上，我在 1949 年停止拍片十年之后的 1959 年，应邵氏公司之邀重下银海。我自己历经沧桑，又遭丧父丧夫之痛，对于名利已看得很淡泊。我只认定自己是一个演员，尤其是电影这个行业，更是后浪推前浪，谁要把我的名字在海报上排在最末最小，我也无所谓，我只是为有人能超出我们这一代人感到高兴。

在现实生活中是这样，在舞台上也是这样，不能永远是主角，年纪大了，就要演适合自己年龄身份的角色。我重新参加电影工作，就逐渐改演老年人的角色，老年人的戏很少是当主角的。当配角，戏不多，这是很自然的。大家对我很尊重，从未把我当成配角，我就更感到要当好这个配角，让青年演员的演技得到充分的发挥，每当我看到这些青年演员，以精湛的技艺获得观众的赞赏，我的心情比我自己当年获得观众的承认更为兴奋。

我在电影的拍摄中找回了自己，又重新接上了和观众中断了多年的联系。正是由于这几年的工作，延长了我的艺术生命，以至当我在人生的舞台上，从主角退为配角（不用讳言，现在的家庭主角当然是我的儿子了），隐居在这北美的滨海城市温哥华，虽然我用的是一个普普通通的名字潘宝娟，做一个普普通通的老人，但热情的观众依然把我认了出来。对于一个演员来说，在迟暮之年，还能留在观众的记忆里，这该是最高的奖赏了。

再度回到影坛，回到邵氏公司拍片，颇有一种回娘家的感觉。我在回忆录之初，曾谈到进入"天一"公司拍片，"天一"的创始人是邵醉翁，早在二十年代邵醉翁在国内拓展市场的同时，就让他的三弟仁枚和六弟逸夫到香港、南洋等地发展市场。今天邵氏影业公司已成了香港大影业公司，邵逸夫也获得爵士封号，邵氏的业务在新加坡一带扩展得很大，包括地产、银行、酒店、戏院等。

我1926年进入"天一"，1928年离开，到1959年重新应邀回"邵氏"拍片，整整过了三十年有余。

"邵氏"出品的《街童》由岳枫导演，我和贺宾分饰一对从事教育事业的中年夫妇，童星姜大卫和严慧珠饰演无家可归的兄妹。《街童》

所反映的现实，在当时的香港社会，乃至今日看来，仍具有普遍的现实意义。

《两代女性》是卜万苍为"邵氏"导演的一部电影，我和丁宁、洪波、赵明、洛奇、井淼联合主演。

我和卜万苍是早在"明星"时期就已认识的老同事、老朋友，经过二十多年又有机会一起合作，大家都感到欣喜。

卜万苍是位有名的导演。导演的名气有时不及演员大，如很多人知道阮玲玉，但也许很少有人知道发掘她的人就是卜万苍，卜万苍不但对剧本选择严肃，导演手法高明，而且是电影界的"伯乐"，他坚持阮玲玉在《挂名的夫妻》一剧中试镜两次成功，奠定了阮玲玉的电影生涯。著名的老一辈影星如王元龙、龚稼农也是他一力推荐的。到香港后，他仍然敢于起用新人，培养新人，使电影界的新生力量不断增加，不会因为老一辈影星的退出而造成青黄不接。他对于中国电影事业的贡献是不可磨灭的。

卜万苍最初是跟二十年代初在中国电影公司当摄影师的美国人格罗金学摄影。中国电影公司停办后，他就到当时在上海成立的大中华影片公司当摄影师，1926年到民新影片公司当导演，他导演的第一部影片就是欧阳予倩编剧的《玉洁冰清》。

《两代女性》是描写母女两代人的悲剧。

少女莉莉（丁宁饰）爱慕虚荣，与花花公子乔治·张（洛奇饰）交往，其母文芝（胡蝶饰）忧之，时加规劝，但莉莉充耳不闻。

其父曾光普（洪波饰）不务正业，得知乔治·张的父亲是新加坡富商，乃怂恿莉莉与乔治来往，企图通过乔治向他父亲借款开商行。

原来莉莉并非曾光普亲生女儿，她的亲生父亲刘亚夫（赵明饰），在抗战中参加地下工作，不幸为敌人发觉，亚夫和另一地下工作情报员子恢被迫乘船逃亡，复为敌军追击，文芝目睹亚夫船只遭敌军扫射，以为亚夫等人必难幸免,痛不欲生。

文芝为抚育爱女,又迫于生活,改嫁曾光普,转眼二十载。莉莉已长成美丽的少女。光普为讨好张父,特在家里设宴为自新加坡来港的张父洗尘,并让莉莉出来招待客人。正当宴会进行时,忽报有两位不速之客求见文芝。文芝出视,竟是亚夫和子恢。原来当年两人侥幸逃生。流亡到南洋,最近始返港,并在郊外创办贫童学校,以教育贫苦儿童。

此后,文芝时时往访亚夫,述及莉莉行径,颇感忧虑。谁知文芝行踪为莉莉及乔治发现,当文芝责备莉莉时,莉莉反唇相讥,责母背夫偷情,文芝怒掴之,气极之下奔赴贫童学校诉苦。莉莉再次跟踪,并告知光普一同前往。至此,文芝迫不得已,尽白真相。光普与亚夫谈判结果,同意亚夫与文芝破镜重圆,但莉莉嫌亲生父亲生活太苦,且迷恋乔治,反愿跟随光普,不久与乔治同居。

一年后,莉莉产下女儿小莉。乔治父亲由新加坡来港,乔治瞒着莉莉,但为莉莉获悉。原来乔治已有妻室,张父携媳来港,迫乔治要回女儿,抛弃莉莉。莉莉携女躲到女用人家中。

莉莉离家时,大雨滂沱。雷电交加,小莉受寒生病,女用人奔告文芝,文芝和亚夫寻回小莉母女。当时贫童学校正在举行游艺大会,筹款建校。莉莉悔恨交加,感于亲生父母的呵护亲情,自愿上台献唱协助筹款。正当她在台上唱《慈母颂》时,小莉已病危不治,在后台夭亡。莉莉奔回后台抱着夭亡的女儿哀伤恸哭,前台观众不明所以鼓噪。莉莉抱着夭亡的女儿出台,声泪俱下唱完了这曲《慈母颂》,旋即晕倒在台上。银幕徐徐落下,留给戏里与戏外的观众去思考,这在香港社会里,带有典型性的悲剧的根源是什么?

我已经离开影坛十年了,过去演惯了年轻人的主角,现在要演适合自己年龄、身份的中年人角色,一开始不免觉得有点生疏,《街童》和《两代女性》的拍摄,给了我一个很好的锻炼机会,所以后来在拍摄《后门》中，才能取得比较好的成绩。套句老话，艺海无涯，唯勤是岸。六十年代电影的发展、观众的水准，乃至四五十年代涌现的导演、演员，他们的知识水平都远远超过二三十年代的那一代演员。要想观众对自己不失望，并能获得观众的承认，我仍需兢兢业业地努力发掘自己的潜力，向新的演员学习。

话说李翰祥和他导演的《后门》

李翰祥是近二十年来在港台乃至大陆具有相当声誉与造诣的一位导演。在我提到由他导演，由我主演的《后门》之前，要先谈一谈李翰祥。

一部影片的好坏、水准的高低、剧本的优劣和演员的演技是否精湛，固然重要，而真正决定一部片子的成败得失则是导演。在摄制时，对剧情的处理与把握，对剧中演员的指导，和导演手法的运用与创新，全靠导演的才智。一部电影的成功是集体智慧的结晶，但无可否认，导演在"演"方面起着"主导"作用，是电影的灵魂。现在人们常常提到某某人主演的某部片子，这某某很多时候是指女的，男主角淡出了，至于导演是谁，更没有人能记得，这是很不公平的。

在温哥华看到由李翰祥导演的《火烧圆明园》和《垂帘听政》。他的导演手法比诸二十多年前更为流畅，但他的严谨作风却是一贯的。

李翰祥是辽宁人，早年曾在北平艺专学习美术，他的美术修养常常透过银幕表露出来，在他拍摄的古装片中往往含有中国画的画意，创造出那个时代的意境。所以看他拍的电影，有时使人感到是一种艺术上的享受。他每拍一部不同年代的戏，便要多方搜集一切有关的风物习俗。多年下来，举凡历代的典章制度、建筑服饰和庭院设计，差不多都涉猎到了。他导演的《西施》（由国联影业公司、台湾联合制片厂联合出品）曾在欧美上映，得到西德及日本报刊的好评。著名学者林语堂曾赞扬《西施》是"最够水准的中国影片"。

李翰祥学的是美术，但对于文学、戏剧以至音乐都有很好的修养。他不但有广博的学识，和对艺术的灵性，他自己本身也是位优秀的演员，他是由演员转为导演的。他当导演不但向演员详细讲解剧情，一起分析人物性格，还常常是边说边比画，连细小的表情、细小的动作都不放过，直到他自己和演员都认为满意为止。

他说过："这年头，电影已不再是局限在少数人宫墙之内的绝技，在风气的感染下。谁能拍，谁想拍，谁就可以拍，谁就可以表现自己灵慧的才华。所以现在只要有机会，我尽量给年轻人方便。一项事业要有发展，新陈代谢是必要的。"

培养新演员也是李翰祥对港台电影的一大贡献，他离开香港"邵氏"到台湾"国联"，把陷于窘境的"国联"办得有声有色，招收新演员，办起演员训练班。他对演员的训练力求全面，不但在文艺修养方面进行训练，还在体能方面给予严格的训练，更重要的是在道德上的要求，他在给演员训练班的一封信里写道：

"中国电影如果要有明星，应该是有文化意味的好演员。在气质、仪态上富有发自内在的魅力，他可以经历时间和各式角色的考验，而能继续保持他的光彩。所以，你们必须多读好书，慎择交游，深思明辨。你必须是个好知识分子，才可能是个好演员。……我个人能容忍你们在学习上的困难，如果你们中间有谁，在人格上有缺点，我不姑息。"

港台著名演员林黛、江青、凌波、汪玲等能脱颖而出，李翰祥培养心血的功劳是不能忘记的。

李翰祥还进行过两件六七十年代影响颇深的事，他也说过：

"第一件事，就是废止了明星制度。十多年前香港的明星气焰高于一切，观众买票是看明星，老板拍戏也是为了捧明星，明星弄不好，片子就垮台。一部片子的成本，女主角的片酬就占三分之一。于是明星成了平剧的名角，导演成了帮腔的琴师，角儿要唱二簧，导演不敢拉西皮。发了拍戏通告，大明星迟到，算你倒霉，还只好打躬作揖。大老板想笼络感情，下帖子请客，明星不来，反而说'你把酒席叫到我家里来'，于是老板、制片、导演只好移樽就教，到大明星家里去'请客'，那时连邵逸夫也觉得很不是滋味。后来我们想：这样下去不行，电影总不能因为明星而牵动全局。于是，邵氏才设立实验剧团招考新人。我么，也就在片子里尽量起用新人，这样才把那些大牌的气焰压下去一些。事实证明，新人演得一样好。"

"第二件事，就是防止中国影坛出现'托拉斯'。有一阵，邵氏预备垄断台港制片业和市场，成立一个一元的制片机构，而后对内设立机动系统，每年计划生产。我个人非常不同意，因为导演是艺术工作者，不说有拍的自由嘛，至少该有不拍的自由。如果'托拉斯'组织真是成立了，哪还有容导演讨价还价的余地？上面要什么，你拍什么，毫无选择。这样下来，拍电影和工厂生产一样，还有什么指望？为了这点，所以我最后离开了邵氏。我想：如果我这一走，能够对防止'托拉斯'的成立有任何帮助的话，我的决定和行动对于我个人和整个中国影业来讲，就不曾白费。"

李翰祥导演或由他策划导演了不少片子，就我知道的有《后门》、《西施》、《王昭君》（林黛主演）、《移花接木》、《一毛钱》（李丽华主演）、《丹凤街》、《七仙女》（凌波主演）、《明月几时圆》、《几度夕阳红》、《塔里的女人》以及其他。

《后门》是一部伦理教育片，是根据小说家徐訏的一个短篇小说改编的。小说情节并不曲折，写的也是最普通、最普遍的题目：夫妻不和睦，给孩子的心灵造成了很大的创伤。坐在后门的孩子，有家就如无家可归。跟着养父母，好则已，不好，对孩子的一生，乃至人格、个性都有很大的影响。

影片由李翰祥导演，由王引和我担任男女主角。应该说导演和编剧颇费了一番心思，特别是在终场时。让女主角徐太太擦干了失望的眼泪，因为养女回到了亲生父母的怀抱。徐太太听从了她丈夫徐天鹤的话。

"离婚对男女双方也许没有什么，但对孩子，则实在是太苦了！"

"爱是无法勉强的，尤其是母女之间的爱！"

最后徐太太带着微笑领着一群天真活泼的小学生唱《天伦歌》，银幕徐徐落下。

《后门》开拍的消息传出后，部分电影界人士，包括我自己在内，都怀疑由一个简朴的故事改编的电影，而由两个中年的演员担任主角，是否会受到观众欢迎。也许正是由于有这种担心，导演格外严格，演员也分外用心，我应该说，李翰祥不但善用新人，也善于发掘像我这样的演员，当时站在老年边缘的演员的潜力，再加上其他演员的合作，才能在融洽的气氛中拍出一部成功的片子。

《后门》是1959年年底摄制完毕的，在试片时，有人告诉我曾目睹几位男士流下感动的眼泪。首次在香港和观众见面，是邵氏制片厂为了响应新加坡《虎报》的济贫活动，于1960年年初在香港北角的皇都戏院义映。也许那天的气氛、盛况也使《后门》的首映达到了应有的效果。

虽说在我的一生中，曾经历过很多激动人心的场面，但那是在我表演的高峰时期，而《后门》首映的盛况，是在我离开银坛十年后，又是我不敢奢望的，所以更难忘记。

义映时间是晚上九时半，但皇都戏院门口早就摆满了致送各演员的花篮。八时一过，皇都戏院就出现了人潮，到我们乘车到达时，人

▶ 在第七届亚洲电影节上，李翰祥（右，最佳导演奖）、胡蝶（最佳女演员奖）、王引（左，最佳男演员奖）在《后门》（最佳影片奖）获奖后合影

群形成了大弧形，挤得水泄不通。据报道，那天在场的约有两千人。那天"邵氏"出动了28位大家熟知的男女演员，除了我和李翰祥，还有林黛、乐蒂、张仲文、丁宁、林凤、欧嘉慧、杜娟、游娟、江茵、李香君、李敏、莫愁、林艳、夏慧、童星王爱明、陈厚、赵雷、金铨、张冲、赵明、洛奇、龙刚、麦其、张英才、高亮、吕奇。导演李翰祥亲自指导演员登台，可见他的认真。由男女演员登台演唱《天伦歌》揭开义映的序幕，紧接着抽奖，最后放映《后门》。从观众屏息观看，从耳语中，从有些观众在轻轻拭干润湿的眼皮动作中，从广大的一片严肃的表情中，我心上的一块石头终于放下了。

1960年在日本东京举行的第七届亚洲电影节上，作为参展的中国电影《后门》获得了最佳影片金禾奖，我获得了最佳女主角奖。同年，该片再获日本文部大臣颁赠的特别最佳电影奖。

拍完《后门》，1963年，又曾应朱旭华之邀，拍摄了《苦儿流浪记》。

告别影坛

《明月几时圆》和《塔里的女人》，告别影坛

1966 年，我参加了《明月几时圆》《塔里的女人》两片拍摄之后，正式退出了影坛。

《明月几时圆》是根据琼瑶女士名著《梦影残痕》改编，由台湾国联公司摄制出品，是一部爱情文艺片。

李宗尧和宋绍泉是大学同学。两人友谊深厚，无话不谈。李宗尧（刘维斌饰）粗豪而富幽默感，是个风头人物，而宋绍泉（吴风饰）则温雅纯朴，在女孩子面前显得呆板腼腆。

王洁漪（甄珍饰）是宗尧的表妹，清丽温柔，是一个内向属于"命运"型的女孩。傅小棠（钮方雨饰）是电影明星，艳丽热情，性格外向。宗尧很诚意地想把王洁漪介绍给宋绍泉，但洁漪芳心早已暗许宗尧。绍泉追求小棠，始终不获青睐，而小棠和宗尧却一见钟情。一面是绍泉情场失意，一面是宗尧两头彷徨，最后小棠远走，宗尧和洁漪结为伉俪，把一个缺了的月亮补圆。

我在影片中就饰演洁漪的母亲。

《塔里的女人》是根据无名氏的小说改编的，如果说《明月几时圆》是以喜剧结尾，《塔里的女人》则以悲剧告终。

黎薇（汪玲饰）是 C 大的校花，罗圣提（杨群饰）是青年医生，

又是著名小提琴家，潇洒英俊，且有艺术家的孤傲气质。他们相遇、相爱，但罗圣提早已在家乡由父母包办了婚姻，相爱的人不能结合，黎薇却嫁了自己所不爱的人。

在《塔里的女人》饰演父亲的龚稼农，是我五十多年前的老搭档，和我一起饰演黎薇的父母。我和他不知合作演出过多少片子，现在我们受年龄限制，能演的角色也就不多了。

这次拍片，由于两部片子同时开拍，虽然戏不多，倒也忙得不亦乐乎。也因为这次拍片，才到了台北、台中、高雄，流连于白雪皑皑的合欢山，并且和演员汪玲、甄珍、钮方雨、杨群，作家林海音、琦君等建立了深厚的友谊。

拍完这两部片子，我感到自己真正是该退出电影的舞台，虽然自己对拍片的兴趣还很浓厚，但到该退的时候还是要勇敢地退下来。

▶ 最后一部影片《塔里的女人》，胡蝶（饰黎薇的母亲）与汪玲（饰黎薇）剧照

▶ 1965 年龚稼农（左）、胡蝶、李翰祥（右）在台北合影

▶ 1966 年胡蝶与甄珍在台北

也是因为拍这两部片子，跑了台湾好多地方，对台湾这块地方产生了感情，在台湾住了下来。尽管仍在香港、日本、北美来回走动。但还是在台湾住得比较长些。

在电影界几十年，拍过默片、有声片，但拍粤语片却是在1959年重返影坛的事情。我虽是广东人，在未来香港以前，说的广东话总不那么地道，在香港住了十来年，我这个广东人才算把广东话捡回来。

前面提到的片子都是国语片，那时香港的电影事业已经相当发达。"邵氏"既拍国语片，也拍粤语片。除"邵氏"以外，还有一些电影制片公司也是拍粤语片的，一来是为满足本地观众，二来输往南洋及北美华人地区的中国影片，也是需要以粤语片为主。

我拍过几部粤语片《孝道》《慈母千秋》《新姊妹花》《亲情》《母爱》。我自己虽在不同的影片出现，但拍摄的角色，以至内容都差不多。《母爱》一片，我还留了一个拷贝，来北美时一起带了来。有时放映一下。一来满足当地对我厚爱的观众的要求，虽然他们已见到了我本人，也还想看看电影里的我是什么样子的。至于我自己，有时也会从影片里去找回我那已经逝去的岁月。

与姚克教授相逢于台北

七十年代初，在台湾台北市天母一路闲居的日子，常常会有一些意想不到的"稀客"来临。这些"稀客"虽然有些是很熟的朋友，但一旦见面，却又往往有"笑问客从何处来"之想，因为彼此分别时尚在风华正茂的年龄，而再重逢时已是迟暮之年，颇有恍若隔世之感。我就是在这种心情之下见到姚莘农教授的。

记得是一月初的某一天，住在美国的林慰君女士打电话给我，问我可记得"明星"时期的姚克教授。

我说："不知道有个姚克教授，但知道有个姓姚的，是编剧委员会副主任，叫姚莘农。"

林慰君不由哈哈大笑："姚莘农就是姚克，就像潘宝娟就是胡蝶一样。"

这次见面，我们谈了很多陈年往事，有些是我知道的，有些是我不太清楚的。我还问了他当年写的第一个剧本《清明时节》的情节，承他一一告知，我也就借此篇幅向读者介绍这位影剧界著名的前辈。

姚克，原名志伊，字莘农，祖籍安徽歙县。他在上海东吴大学学了两年法律，但却毕业于中国文学系，并对编演戏剧感兴趣。姚克除了编稿，也给《天下》月刊写稿，还经常为沪上颇具影响的英文报刊《密勒氏评论报》和《字林西报》、天津《北华周报》三报刊写稿，向欧美人士介绍中国传统文化，他还经常通过黎烈文主编的《申报·自由谈》和黄源主编的《译文》把西方的文学名著《茶花女》《卡门》《天才》《巴黎圣母院》《双城记》等西方文化传播给中国广大读者。他是二十世纪三十年代第一位把中国京剧《打渔杀家》译成英文介绍到海外的人，他的成就在当年就已受到宋庆龄、鲁迅、茅盾等有识之士的肯定。

1936年，姚克入"明星"任编剧委员会副主任，他说有一天欧阳予倩去参加周剑云的约会，路上和欧阳予倩谈起一个老爷玩丫头，太太吃醋的故事。后来在开会时，欧阳予倩又将这个故事转述给周剑云、应云卫听，认为故事虽然老套，但如果处理得好，却也可以通过丫头的遭遇反映旧社会的封建势力与黑社会的卑劣可憎，于是决定由姚克编写，由欧阳予倩导演，女主角由黎明晖担任，男主角则由两年前在北京去世的，当年当红小生赵丹担任。

　　1941 年，姚克在上海"天风剧社"任演出主任时，写了一部近代戏剧界最有名的历史剧《清宫怨》。这个剧后来又改写为电影剧本《清宫秘史》，由朱石麟导演、香港永华电影公司出品，那是 1948 年的事。这部电影在香港、南京、上海上映，曾轰动一时。

　　姚克教授 1948 年赴港改写《清宫秘史》后在香港住了二十一年，直到 1969 年应美国夏威夷大学之聘请，去那里教中国文学。我见到他那年，他又转到加州的大学教书。算来我们从上次分手到现在，又有十多年了，他也已是八十开外的老人了，不知姚老尚健在否？

几句行话，一点希望

　　从默片到有声片，从上海到香港到台北，几十年的影坛生活都是二十年前的事了。一生都是演员，所以也只能说几句演员的行话，算是我的一点体会。

　　我也演过舞台剧，那是从影的初期，还曾在上海中央大戏院舞台演出，要不是翻出陈年旧账，我连这一段都忘了。后来再也没有演过。一来是没有机会，二来拍电影忙也就顾不上了。

　　演舞台剧比较难，词不能忘，因为不能重来。电影是分段拍，不必记长段长段的对白，演不好，可以重来。但由于拍完这一场，很可能过了很久才拍下场戏，如感情捉不住，很不容易连贯起来，要是能把当时的情绪捉住，就会演得好。

　　站在另一个角度来看，舞台剧比较容易演，因为情感连贯，演出比较过瘾，一排再排，可以到达成熟之境，自然演出力强。

舞台剧的台词、动作通常比较夸张,电影则不然,如果夸张就不是生活,电影必须生活化。

每一个演员都希望得到观众的"赞赏",在剧场里,观众会有反应,而电影不是没有,只是演员无法在影院里看到观众的反应。

要想演好一个角色,必须:(一)在摄影场要服从导演的指导,配合好;导演也有情绪和灵感的问题,一破坏,可能再也捕捉不回来了。(二)了解剧中人。想好人物性格,我曾到乡下,跟乡下姑娘住在一起,观察她们的生活习惯,把这种生活体验融入到我的演出中,演出后大家说挺像的,这就是生活的体验和实践。

我从无声演到有声,有声片,观众比较容易领会。而且镜头运用比较灵活,以前默片时代就没有这样的灵活。默片时代,表演的演技很重要。如果不能通过表演表达人物的性格和内心活动,观众就不容易领会。

经过几十年的发展,中国的电影有了飞跃的进步,近年来无论在表演技巧和导演艺术上都有所创新,但我觉得还不够。故事是一个,要再像我们那个年头,从头讲起,已落老套。怎么个讲法,怎么样才能抓住观众,怎么样才能使中国的电影进入国际市场,具有影响力、号召力,每当我看电影时就会想到这些问题。我常想,外国电影能打入中国市场,为什么中国电影就不能打入国际市场。

电影首先应该是艺术,不是商品,但要做到这点很不容易。我们多的是制片"商",而不是制片"家"。从"商"的角度很难提高电影的水准。重回影坛后,比较愿意和李翰祥合作,哪怕演小角色也无所谓,就是因为我欣赏他作为制片"家"的态度。

有人认为,电影会由于电视的发展而趋于没落,甚至于被淘汰。我却并没有这种担心。北美算得上是电视最发达的国家了,每个家庭最少有一部电视机,但遇到好片子上演,电影院门口仍然排起了长龙。

近年来电视公司还专门增加了不加广告的电影频道，但仍然未能将观众全部夺走。

我自己认为：电视剧内景多，镜头拉不开，电视有电视的特性，电影有电影的独特之处，相同但又不同，所以只要能将电影拍好，提高艺术质量，电影还是会有市场的。

电视剧的推出，时间太匆促，排演的时间不够，制片人的考虑也不如电影的周全。

我们在电影事业上是后进，后进有后进的好处，可以借鉴于先进，未始不能后来居上。美国片的《飘》《魂断蓝桥》《黛丝姑娘》，还有其他国家一些优秀的文艺片不但在他们本国至今仍有市场，即使在中国也仍拥有一定的观众。语言的障碍，文化传统的不同，不能阻碍艺术的交流。我希望有一天优秀的中国影片不但在东南亚有观众，还能飞越国界，在北美，在欧洲上映，这不应该说是一个奢望吧！

移居加拿大温哥华

新大陆的新居民

三十年代，当我还是一个电影演员的时候，我很渴望能来北美，特别是到好莱坞，看看各国电影工作人员所仰慕的电影王国，但命运之神又偏偏将我送到了欧洲。七十年代中，我却以一个移民的身份，飞到这块新大陆，当了这里的新居民。去过好莱坞，但却是以一个游客的身份，挤在人群里漫游在好莱坞的影城。

女婿女儿是医生护士，他们从香港去了英国读书，后来又定居在美国纽约，儿子媳妇接着来了加拿大。那时，虽然也老了，但还充满活力，用时兴的话说，还不甘心退出历史舞台。还参加各种社会活动，影剧界协会呀，国剧演出呀，义卖会呀！除了参加社会活动，在台北还有很多朋友，生活不寂寞，环境又安静，闲来种种花，再加总听加拿大回来的朋友说，北美每家与每家之间相距甚远，人们虽很有礼貌，但不易交朋友。所以尽管儿子媳妇一再催促我搬来，说是相互好有个照顾，我也总是推之又推，一直推到1975年才移居来温哥华。

算来到加拿大也有十一个年头了。初来时住在儿子家里，那时儿子家住的地方还算远郊区，静是够静，地方也够大，可是对我这个不开汽车的人，交通实在不方便。白天儿子媳妇上班，孙子上学，剩下我一个人，想找个人说话都困难。我也就像这里的很多老年人一样，搬出了儿子的家，在温哥华靠近英吉利海峡的一座 30 层高的公寓大楼的 25 层购置了一套住房。

从我卧室的阳台望出去是通向太平洋的内海，天气晴朗的日子，可以看到山，可以看到白帆点点。从客厅的窗户望出去，可以见到高楼林立，向下望，街道纵横交错，车辆川流不息，来往奔驰。可是在我的寓所却听不到这些嘈杂的声音。这是个既繁忙又安静有序的城市。

怕寂寞吗？电梯下楼直通中国城的公共汽车站就在路边。老华侨称这里的中国城为"唐人街"。温哥华是华人聚居人口仅次于美国旧金山的大城市。中国城占了好几条大街，中国人熙熙攘攘，中国人开的店，中国字写的招牌，华洋杂货一应俱全。中国饭店、中药铺，走进这个地区，听到的是乡音，就增加了几分亲切感，感到了乡情的温暖。

当了几十年的演员，我也就习惯了自己是个演员，电影来自生活，不过是浓缩了的生活，是典型化了的生活。现在退出了影坛，但还没有退出生活，在人生的舞台上，我还是个演员，不过演的是我自己。我仍然记得我母亲的教诲："勤勤恳恳地做好自己的本分工作。"

这几年关于我的报道多了起来，来访问我的人也多了起来，我深为朋友们、观众们的这份情所感动。王丹凤 1985 年曾和外子柳和清先生赴美探亲，特地专程绕道加拿大来探望我，那时她也已 60 岁了，还依然在电影这块园地辛勤耕耘。我们谈起几十年的往事，不胜感慨。更不用说港台影剧界的朋友，只要来北美都会来探望我。

为要写回忆录，就得把多少年积攒下来的信以及剪报之类的资料翻出来。有些报道也着实把我这个当事人搞糊涂了。年纪大了，颠三倒四，我常常对自己的记忆力感到怀疑。但有时我也真被有些作者和记者创造性报道弄得啼笑皆非，所以才会出现"与张学良共舞"传闻失实的报道。甚至关于我的出身、祖籍乃至婚姻，都可以有种种完全不同，胡编臆造，有的甚至出现在我的"回忆录"已在报上连载之后，难怪近年来在大陆走红的影星刘晓庆会说"做女人难，做名女人更难"。

我沉思，我默想，搜遍枯肠，索尽记忆，很想把这几十年来见过的人，经过的事一一记下来，但年代太久远了，可说挂一漏万。我只能尽我所能，留下一鳞半爪。我也看过别人写的回忆录，写得那么好，那么详尽，我自愧不如。作为中国早期电影事业的开拓者的一员，对很多我提到或是没有提到的那些人，他们对中国电影事业的贡献是会长久地留在人们的记忆里，载入史册的。

八十年代的中国电影事业已不同于我们拓荒的年代。大陆、香港、台湾的电影事业都在向前发展，希望有一天能有一部全面而又不带偏见的中国电影史出现在神州大地，我的回忆录就算是引"玉"之砖吧！

1986 年 8 月 30 日于温哥华

（2020 年 9 月刘慧琴重新整理，正误，增补）

附录一

*

曲阑觅芳踪　舞蝶自不群①

——写在"蝶梦百年"胡蝶私人照片展前面　/　李镇

一

人有百年，美却可以永恒。

2016 年 11 月，来自加拿大温哥华的 200 多幅照片首次在中国大陆展出，这些照片来自早期电影明星胡蝶的私人珍藏。它们记录的都是尘封已久的美丽往事，也是这位远行的女人不凡的一生。

胡蝶（1908—1989）在中国电影历史中，算是久负盛名和最具传奇色彩的人物之一。她成名之早、声誉之高、享誉时间之长，可以说在同期电影明星中，鲜有人可与之比肩，堪称明星中的明星。胡蝶从影 40 年，主演了 90 余部电影，几度被封为"电影皇后"；直至她的暮年，胡蝶仍然为影迷们崇拜。一个女明星可以如此受到观众的铭记和爱戴，绝不是简单和偶然的。对于老影迷来说，胡蝶不仅仅是一位明

---

① 本文特为 2016 年 11 月"中国电影史年会"中的特别单元"蝶梦百年——影后胡蝶私人珍藏照片展"所作，本文作者为本次照片展策展人之一。

星，这个名字还代表着一个时代，甚至是一种文化。

1926 年，18 岁胡蝶的照片登上了上海著名画报《良友》创刊号的封面。这一年，她主演的电影《秋扇怨》不但是她银幕生涯真正的起步，也是成名的开始。我们可以看到妙龄时代的胡蝶还带着青春期少女面庞特有的"婴儿肥"，妩媚娇羞，含苞待放。这个历史时期也是中国电影探索艺术、技术、市场道路的纯真年代。无声电影演员动作夸张、表情丰富的表演一度很流行，这种表演方式受戏曲以及文明戏的影响，或许也是弥补声音缺失的重要手段，影坛诞生了第一批擅长"表演"的电影女明星。胡蝶的风格在当时就已经显得与众不同了。她的表演写实，动作性不大，注重内心体验。《红玫瑰画报》曾这样评价少女胡蝶："胡女士素性沉静，有闺阁之风，无浮嚣之习。"[1]

当时的一些娱乐媒体曾把上海女明星按照《红楼梦》人物进行对位排列，胡蝶因有富贵气和庄重被视为"元春"；也有媒体以花名为女明星命名，胡蝶被比作牡丹。人们还惯以参照京剧"行当"分法，根据早期中国电影演员的气质和擅长，将他们分为生、旦、净、丑；老旦、正派、反派等，[2]胡蝶显然属于庄严的正旦，她的气质很适合扮演思想感情丰富细腻的正派女性；一般都是端庄、严肃、善良的人物。她早期银幕形象比较成功的主要是两大类，一类是古装片中的纯真少女；一类是鸳鸯蝴蝶电影中深陷于爱情纠葛中的女性。

在天一影片公司，胡蝶因为不善于"做表情"，得到了"石膏美人"的绰号。然而不久，人们就发现了其中的妙处，开始说她"滞钝呆板，但态度大方"；进入明星影片公司之后，有人用"幽娴贞静"[3]

---

① 不驼：《胡蝶补婚记》，载《红玫瑰画报》1928 年第 2 期。

② 欧阳予倩：《谈文明戏》，载《中国话剧运动五十年史料集》，中国戏剧出版社 1963 年版。

③ 《银幕上两星的比较》，载《妇女生活》1932 年第 1 卷第 7 期，第 156 页。

来形容胡蝶的表演；说胡蝶是"悲剧写实的能手"①。常有人把胡蝶和阮玲玉作比较："胡蝶无阮玲玉之俏丽，阮玲玉不如胡蝶庄严。"②再没多久，更多人高度赞赏她的表演，文坛巨擘张恨水认为胡蝶"落落大方，一洗儿女之态"。从现存胡蝶影片来看，我们几乎看不到胡蝶"表演的欲望"，她似乎压抑住了表演，更多地表现出人性的、一般表演技巧无法达到的境界。这是胡蝶在早期电影中对于电影表演艺术规律的早慧和自觉。一位以前很少看电影，自称"守旧礼教的女子"的观众，自从看了胡蝶主演的《桃花湖》后，就迷上了胡蝶，她认为胡蝶在电影中"越是做到华丽的地方，越是不脱庄严的气派"③。这一观感可以代表多数胡蝶迷的印象。1940年，京剧艺术大师梅兰芳在看过胡蝶主演的《绝代佳人》之后，这样公开评价她："胡蝶的表情自然是有她一派的；她以沉着自然见长，足见修养程度之深。"④

1928年，胡蝶出演的《火烧红莲寺》第二集，票房大卖，此后不到四年间，她连续主演该片的续集直到第十八集。一时间，影坛掀起了武侠神怪片火光剑影的风潮。观众陶醉于胡蝶在银幕上飞檐走壁、飘飘欲仙的"轻功"。但胡蝶因影片给社会带来了不良影响而陷入了新的苦闷。她此后的作品发生了明显转型，在《富人的生活》《桃花湖》《自由之花》《歌女红牡丹》《啼笑因缘》等电影中，胡蝶饰演了与现实生活更加贴近的人物，受到观众好评如潮。1931年至1932年，时局动荡，⑤有人认为胡蝶虽然"已经代表了中国历代美人的'美'"，但是

① 抱冰：《胡蝶与阮玲玉》，载《慢影》1930年第69期，第4版。
② 《胡蝶阮玲玉之不同》，载《影戏年鉴》1934年，第109页。
③ 楼音女士：《我观胡蝶主演影片的兴趣》，载《影戏生活》1931年第1卷第42期，第4页。
④ 《梅兰芳口中的胡蝶和陈云裳》，载《现世报》1940年第99期，第8页。
⑤ 1931年，中国东北遭到日本军国主义的侵占，日本趁机制造了"伪满洲国"；1932年年初，日本发动进攻上海的初步尝试，发动了"一·二八事变"。

"总觉得她缺乏'刚毅''沉着'"。[1]在国家主权受到侵犯，民族解放成
为主旋律的大背景下，观众希望从明星脸上看到更多代表国家和时代
的"表情"。1933 年 3 月 5 日，胡蝶主演的《狂流》在上海首映，引
发轰动，此片以 1931 年大水灾为背景，讲述了社会底层与富人阶层的
斗争，真实的洪灾场面是民族危亡的隐喻。左翼影评人认为"在国产
影片当中，能够抓取现实的题材，而以正确的描写，和前进的意识来
制作的，这还是一个新的纪录！"称赞这部影片是"中国电影新路线的
开始"。

虽然胡蝶"左颊上那颗迷人的酒窝，真有回眸一笑百媚生的力
量"[2]，但她备受人们喜爱和尊重的原因不是倾倒众生的笑靥，反而是
她的严肃。大战爆发之后，胡蝶曾避居香港，在太平洋战争爆发前，
度过了一段相对平静的日子。在电影制片环境低迷的时期，仍然有不
少电影公司请她主演电影。虽然她有"端庄、丰腴、荣华，杨玉环型
的古典美"[3]，但在众多的邀约中，她没有选择香艳的电影《杨玉环》，
而是谨慎选择了在爱国古装片《绝代佳人》中饰演陈圆圆，胡蝶在片
中的著名台词"黄帝的子孙是永远不会被人打败的"振奋人心，一时
间传遍大江南北。

二

"电影皇后"的美誉伴随着胡蝶一生。二十年代胡蝶在天一影片公
司时，就有人称她为"电影皇后"了；1928 年，胡蝶进入明星影片公

---

① 引照片图注，载《开麦拉》1932 年第 98 期。
② 吕苓：《蝴蝶女士成功史》，载《青青电影》1939 年第 4 卷第 13 期，第 4 页。
③ 吕苓：《蝴蝶女士成功史》，载《青青电影》1939 年第 4 卷第 13 期，第 4 页。

司再度被称为电影皇后。当时上海的普通工人平均月薪为 20 元，即可衣食无忧。胡蝶在明星公司除了可以得到片酬之外，还可以领到 2000 元的月薪，是上海平均工资的 100 倍，足见明星公司对胡蝶才华之器重。1933 年的一年中，胡蝶三度在观众公开投票选举中被推举为"电影皇后"。1960 年，在日本举行的第七届亚洲电影节上，52 岁的胡蝶因主演《后门》摘得影后桂冠。即使在胡蝶息影的日子，人们也习惯称她为"老牌电影皇后"。

胡蝶的气质沉静、内敛、和善、庄重，确实有母仪之风，但是这还不是她稳坐"皇后宝座"的主要原因。胡蝶具有一个优秀电影演员的诸多品质。在片场，她总是严格按照导演的要求认真工作。二十年代拍摄《火烧红莲寺》时，片场使用简陋的钢丝和原始的设备将她吊在空中拍摄飞檐走壁，有一次钢丝崩断，她及时抓住另一位男演员郑超凡才不致坠落，事后才知道是对方的钢丝断裂，她等于救了郑超凡一命，由此可知演员拍此片时要冒着多大的风险。即便如此，胡蝶还必须在空中装作轻松自如，每次拍完戏都汗透衣襟。拍摄《盐潮》时，要求这位"皇后"扑倒在浑浊的浅滩里，令在场围观的观众唏嘘不已。职业素养就是一种现代精神。有人在媒体这样介绍她："胡蝶之能享盛名，并不是幸致的，正如周剑云先生所说的：'她有一种最难的美德，便是守信，假如公司中定期拍戏，通告发出后，她总是按时而到的，从没有大明星的脾气，搭起十足的架子，而且，对于公司，非常能够服从，这莫说是在电影界女明星中为不可多得，求之普通社会中，恐怕也是少有的。'"①

"电影皇后"虽是娱乐圈的虚名，但是也是社会认同的明证。胡蝶本人却视其为无物，多次拒绝所谓的"加冕"仪式。国难当头，她几

---

① 《胡蝶小史》，载《青青电影》1939 年第 4 卷第 10 期，第 6 页。

度建议将"皇后加冕典礼"改为救国舞会。1933 年,福新烟草公司进行的电影皇后评选,将十大影星请到百乐门舞厅参加颁奖仪式,售票五六千张,但是明星无一人到场,差点造成观众暴动,最后胡蝶被迫出场,登台表示歉意,"少数观众,对着胡蝶,高声说了许多不入耳的话"①,胡蝶对此毫不计较。

胡蝶算是电影科班出身,毕业于中国最早的电影职业教育机构上海中华电影学校第一期,系统学习过影剧概论、电影行政、西洋近代戏剧史以及导演、化妆、舞蹈、唱歌等十多门课程,还有骑马、开车等现代技能。她对电影的专业知识是比较精通的。很多今天我们看到的胡蝶照片,除了应该感谢摄影师,还应该感谢胡蝶本人,因为她也是很多自己照片的摄影顾问。胡蝶对摄影有研究,常常会纠正记者的拍摄角度和用光的瑕疵。②

胡蝶的成功还在于她善于利用自己的特长,比如语言才能。她祖籍广东鹤山,曾在故乡生活过一段时间,能说流利的粤语。都说"天不怕地不怕,就怕广东人说官话",但胡蝶从小跟随家长南来北往,能说流利的北京话,还能说极动听的吴侬软语。胡蝶职业生涯的鼎盛时期正值中国有声电影的起步,她字正腔圆的北京话使胡蝶成为有声电影时代不容置疑的先锋。她主演的《歌女红牡丹》是中国最早的有声电影之一,胡蝶在银幕上第一次脱口而出清脆的官话,令所有观众赞叹不已,可谓一鸣惊人。

战后,在胡蝶前往香港发展期间,一口熟练的粤语也为她再登银幕创造了机会。黄柳霜是较早成名于好莱坞的华裔影星,三十年代曾

---

① 《百乐门香烟皇后授奖典礼胡蝶大触霉头授奖典礼未成,观众大暴动》,载《影戏年鉴》1934 年,第 91 页。

② 《女明星对摄影有研究者前有胡蝶·后有路明》,载《青青电影》1939 年第 4 卷第 2 期,第 11 页。

经回到中国省亲。在上海，黄柳霜拜访过电影界人士，因为黄只会听说英语和粤语，当时能与这位国际巨星交流无障碍、权当翻译的第一人选就是胡蝶。在一些媒体的报道中，胡蝶语言的优势俨然被视为一种国际风范。在动荡的年代，关于的胡蝶报道透露了当时国人的某些集体无意识，比如对于一个强大的完美母性的想象，或者中国人成为现代国家的想象，渴望她可以代表国人融入到世界。他们称胡蝶为中国的 Greta Garbo、[①] 中国的 Mary Pickford。[②] 早在 1930 年，《影戏杂志》举办世界明星选举，请中国影迷评出全世界影星的前十名，胡蝶名列第六。

　　胡蝶的风采和影响力受到了当时国民政府的重视。她身上兼具传统与现代女性的美德，比如谦卑、尊老、娴淑、和善、聪颖，等等。1935 年 2 月 21 日至 7 月 8 日，她作为完美的中国国民形象，作为特邀代表，代表中国参加苏联国际影展，接着游历了德国、法国、瑞士、意大利等国家，所到之处皆受到各国盛大的欢迎和不惜溢美之词的赞誉。这次游历是胡蝶生命中的一段华彩乐章。当她回国之时，前来迎接的中国影迷像迎接英雄凯旋一样挤满码头。在早期中国电影明星中，很难找到第二个人可以比胡蝶有更丰富的游历经验和开阔的眼界。

　　接受人们的崇拜和爱戴，对于任何一个人来说都是足以荣耀的资本和获取利益的机会，也是一个关于人格和品行的考验。胡蝶的过人之处，还在于她从未迷失在鲜花和掌声里，她始终保持着一贯的谨言慎行。教育家吴稚晖评价胡蝶能取得社会地位来自其"循规蹈矩"，不

---

① 葛丽泰·嘉宝（Greta Garbo, 1905—1990），生于瑞典斯德哥尔摩，美国电影演员。1999 年，美国电影学会将她选为百年来最伟大的女演员第五名。

② 玛丽·璧克馥（Mary Pickford, 1892—1979），原名叫格拉蒂斯·史密斯，1893 年 4 月 9 日生于加拿大多伦多，是美国早期的电影明星。联艺影业公司的创立成员之一，1929 年以《卖得风情》一片获奥斯卡最佳女主角奖。

"拆烂污"①。明星公司的演员王献斋评价胡蝶:"最是虚心求实的一个人。"②从欧洲回国之后,胡蝶在影坛的地位几乎到了至高无上的地步,但是她真正关心的是郑正秋③对她说过的话:"经过这次出国访问,观众对你的期望更高了,必须要在艺术上有所创新,才能不负众望。"④胡蝶欧游归来之后,社会各界的确对她充满期待,希望她能"了解民族的重要性,妇女运动的真谛以及适合社会的要求"⑤。胡蝶成名初期,因曾为力士香皂写字宣传,曾经受到过部分媒体的批评,此后胡蝶努力为国货做广告。细查早期报纸,我们不难发现胡蝶作为一个公众人物,特别注意自己银幕之外形象的影响力和价值。她生活简朴,平时不喜欢霓裳华服,有一次穿着不合身的旗袍,被同行笑话"像个老太婆"⑥。女演员高倩苹作为胡蝶的闺中密友,评价胡蝶有"一副和顺的心肠和爱国的热诚"⑦。胡蝶热衷于公益事业,尤其是在赈灾、支持国货、救助战争难民等活动。比如:1933 年,胡蝶为支持国货,身穿连夜赶制的土布旗袍参加土布大会。1934 年 9 月,她参加首都赈灾周表演。1934 年,胡蝶主演《姊妹花》成功后,参加上海南市的国货商场的开幕典礼。1935 年 10 月,胡蝶为救济水灾的灾民,参加南京的"首都赈灾会"登台表演。1937 年,胡蝶参加电影界救亡协会,为民请命,播音募捐。1939 年,远在香港的胡蝶参加了扶助战争难民的上海

---

① 《吴稚晖口中之阮玲玉梅兰芳与胡蝶》,载《影戏年鉴》1934 年,第 576 页。拆烂污,吴语方言,指做事苟且马虎、不负责任。

② 《王献斋谈胡蝶》,载《娱乐》1935 年第 1 卷第 19 期,第 476 页。

③ 郑正秋(1889—1935),中国电影最早的编剧和导演之一。郑正秋编剧或导演的多部电影由胡蝶主演,胡蝶欧洲游历回到上海后的第八天,郑正秋因病去世。

④ 胡蝶、刘慧琴:《胡蝶回忆录》,新华出版社,1987 年 8 月,内部发行版,第 205 页。

⑤ 郭筠倩:《胡蝶归来后》,载《妇女月报》1935 第 1 卷第 7 期,第 9 页。

⑥ 《胡蝶的灯笼旗袍,女明星的大转变》,载《开麦拉电影图画杂志》1932 年第 1 卷第 1 期,第 14 页。

⑦ 高倩苹:《关于胡蝶》,载《皇后》1934 年第 1 期,第 2 页。

电影明星照片义卖活动，等等。

三

作为公众人物，胡蝶处于社会话语的中心。在言论监管机制混乱的社会环境中，浮夸的溢美之词和恶毒的人格攻击常常同时出现。胡蝶与林雪怀的订婚和解约，一度成为小报热炒的话题。胡蝶在北平拍《啼笑因缘》时，有无良报纸凭空捏造出了胡蝶陪张学良跳舞，导致张将军对日军不抵抗的新闻，一度严重抹黑了胡蝶的形象。有媒体大谈胡蝶选择潘有声是为了钱财，"恋爱不过是搜刮金钱的手段"[1]。有人杜撰戴笠与胡蝶的故事。有人心怀叵测地捏造胡蝶听闻阮玲玉的死讯时发出笑声。还有人仅仅是因为对明星制度有意见，就撰文《打倒胡蝶》。更多的负面报道是在胡蝶转入中年之后，一些记者对她的形象冷嘲热讽。婚后的胡蝶总是遭遇媒体们"人老珠黄""倚老卖老"[2]的评论。1947 年，演完《春之梦》之后，有记者说胡蝶"老气横秋"，预言她"将要告别水银灯下的生活"[3]。同一年，有记者说胡蝶主演的《某夫人》"演技平平"[4]，"将她数十年积累的荣誉，一旦败毁"[5]。胡蝶对这些流言的态度，一向不予理睬。对于媒体们对其年龄和容貌的挖苦，她的回应显得释然："在现实生活是这样，在舞台也是这样，不能永远是主角。"[6]

---

[1] 《恋爱哲学》，载《国际影讯》1945 年第 2 期，第 7 页。

[2] 燕尾生：《娱乐圈》，载《现世报》1939 年第 51 期，第 8 页。

[3] 影迷：《胡蝶老气横秋》，载《沪光》1947 年革新号第 13 期。

[4] 《胡蝶老皇后某夫人演技平平》，载《戏世界》1947 年第 290 期，第 9 页。

[5] 《请胡蝶退隐》，载《戏世界》1947 年第 288 期，第 9 页。

[6] 胡蝶、刘慧琴：《胡蝶回忆录》，新华出版社，1987 年 8 月，内部发行版，第 267 页。

272

胡蝶的婚礼是当时重大的文化事件。除了亲友们的祝福，进步的电影人士希望胡蝶将来能突破家庭的束缚，继续做一个"对国家有贡献"的职业女性。在文化界颇有号召力的田汉就写过一首贺诗《别关在厨房里》赠给胡蝶，希望她不要丢掉电影事业。诗文如下："昨夜飞来红帖子，一时举国欢无比，煮酒都开玳瑁筵，罗丝看秀鸳鸯字。所惜今日事急矣，严霜将已大风起，也应三日下厨房，莫把生涯关在厨房里！"真正的明星，是永远在众人的瞩目中，她不受这些目光的控制。事业上如日中天的胡蝶，婚后的选择就是逐渐回归家庭，她的后半生集中精力相夫教子，辅助丈夫的事业。她不同于传统女性，更不同于当时所谓摩登的进步女性或现代女性。在强大的男权社会里，红粉战战兢兢，佳人庸碌一生，胡蝶选择家庭不是源自婚姻交易，而是对于所谓"进步"的另一种物化的第二次反抗，来自她对自己作为一个女人的坚守。

不难理解，一个人成为万众瞩目的明星很难，但从心态上由万众瞩目的明星回归到一个普通人则更难。胡蝶在不同时代关键期的人生选择，证明了她为何配得上"电影皇后"之名。看到胡蝶的照片，我最大的感受就是——看不到她的矫饰；她的面庞和姿态中有一种安于平凡的、笃定的、富有热度的气场，她有超越于虚名的高贵。她在不同时期的作品如《脂粉市场》《某夫人》《后门》等等，都从不同角度强调了女性作为一个自然人的天性和权利，她在生活中的选择亦如此。在我看来，她甚至一直都在有意识地抗拒"明星"这种身份对于自己作为一个自然人的扭曲，拒绝在商业和权利生态中被过度消费。她也不顾进步人士的提醒，"我行我素"，寻求人生更多元的可能。正是胡蝶的这些觉悟让她荣辱不惊，使她在天性受到禁锢前成功逃脱。这一点对于生逢乱世的女性太可贵。她很早就觉察到了现代性的异化和制约，静静地寻找着更深刻的解放。造就胡蝶成为明星的正是她强大的独立人格，她是自己人生的赢家，她是一位真正的皇后。一句"蝴蝶要飞走了"[①]是她临终参透生命要义，平静面对世界的有力注解。

胡蝶对于一些有争议的事件，敢于表露自己的不同态度。1940年1月27日，重庆发生了《木兰从军》被焚事件。有人爬上舞台怒斥影片，原因是导演卜万苍"是上海伪市党部执委"，认为《木兰从军》"是一部用爱国主义的名义去替日本人宣传的汉奸影片"。随后，愤怒的人群跟着他们冲进放映间抢夺胶片，在影院门口烧了起来，有人高喊："中华民国万岁！"引来大群人围观起哄，最后不得不召集军警才恢复正常秩序。对于这种敏感事件，胡蝶公开了自己的看法，提出这部电影完成于卜万苍成为所谓"汉奸"之前，电影不应受到株连。并称赞年轻的电影皇后"陈云裳的演技是那样成功。她北上第一部国语片便能有这样的成绩是很难得的"。"片中表演的，也是一片爱国思想，不知何以竟至被焚，若说因为里面有了恋爱的穿插，便至有损抗战主题，不得不烧，这一切的影片均将无从拍起——我以为电影不能完全以教育为目的的，大部分的目的还是娱乐，教育不过是由娱乐产生出来的一种效果而已。"[②]具有这种胆识对于一个女明星来说实在少见。

胡蝶生在一个人才辈出的时代，她的好友阮玲玉也是一位优秀的女演员。早期影评人朗琴的观察颇为深刻，且耐人寻味；他建构了"内动"与"外动"的评价标准，对阮玲玉与胡蝶进行了对比："胡蝶是代表静的，阮玲玉是代表动的个性典型"；"在这新旧社会交替尚未完成的后期过渡时代中，两个女性各综合了某一种社会的性格而同时出现，当然是可能的事。胡蝶无疑是代表了旧社会之观念情况下产生的女性，而阮玲玉却是代表新社会制度下产生之女性的性格"；"不过，要是纯以新女性的标准来论列。那么阮玲玉还是应当归入静型，而不

---

① "蝴蝶要飞走了"是胡蝶临终的一句话。

② 《胡蝶对此事件的谈话》，载《现世报》1940年第98期，第7页。

是动型。虽说她是具有新女性的个性，但她的一切教育和训练，都还是旧社会的影响，所以，无异如健美的身体，却配了一双小脚，总有些踟蹰不前的模样"；但是"只要看她（胡蝶）单身投入电影界的勇气，和现在于交际界上的地位：就可知她绝不是广东木美人，而却是在狭小范围内，几乎达到生动的顶点。要是给她的教育和环境小小的推转，她极有较阮玲玉更动的可能。《满江红》内的歌女，《自由之花》内的交际花，《姊妹花》中的军阀妾，那种旧社会内动的女性，都是她演的最生动的"。① 恕我将朗琴的观点略作小结，他认为胡蝶的"静"和看似的"传统"反而是一种更加活跃和富有革命性的力量。

胡蝶用智慧将自己的美定格于人间。岁月更替，胡蝶所代表的上海城市文化或记忆，今天越来越显出别样的光彩。胡蝶不但用她的"传统"反抗了保守主义，还超越了"现代"。真正的美不是幻景，而是实在、纯粹、不含矫饰的；它不屈从于权钱和虚荣，也坚定地抛弃所有的教条和偏见。

① 《胡蝶与阮玲玉》,《清华副刊》1934 年第 41 卷第 1112 期，第 308-309 页。

附录二

＊

永远的演员

——忆与胡蝶的一段忘年交 / 刘慧琴

> 天生的演员最不平凡的地方，就是在他生命里，一直认
> 定自己是一个演员。

——（意大利）路伊吉·皮蓝德娄

山依旧，水依旧，初夏的温哥华海滨，海风还带着未完全消退的春天余韵轻抚着游人的脸庞。鸽子自由地飞翔，不知是谁撒下了一地的爆米花，引得鸽子四面八方纷纷飘落，鸽子的小嘴一啄一抬头。围观的孩子比大人多，有蹲下的，有站着的，都不由自主地把小手里的爆米花也撒落在地上。老人慈祥的微笑和孩子的天真相映成趣。看着看着，我的思绪不由得回到了三十多年前的晚春，我抬头望了望离海滩不远的一座大厦，那些年，住在 25 楼的一位老人，只要天晴，就会兴冲冲地带着一包爆米花乘电梯下楼，在有树荫的长椅前撒下满地爆米花，然后满足地坐在长椅上看鸽子、看小孩、看带孩子的父母、看孩子的爷爷奶奶，看他们，也是透过他们回望她自己在人生路上的一

▶ 1987 年胡蝶 79 岁生日及《胡蝶回忆录》
出版与刘慧琴合影

段段、一程程……她就是胡蝶，我敬仰的电影界前辈，我的忘年交，在她生命的最后十年，我们相识、相知、相交。在她健在的时候，我有幸和她一起完成了《胡蝶回忆录》的撰写，忠实地记录了她一生走过的道路。任凭在她身后依然谣言不断，有编造的，有凭臆想杜撰的。马君武指责的诗，历史已作了回应，沈阳失守之夜与张学良共舞的谣言系日敌中伤也已大白于天下。屈身于戴笠之说一度甚嚣尘上，随着时间的推移，各种史实浮出水面。戴笠胡蝶的故事越编越离谱。私生女之说言之凿凿，有信的，认为是新发现，有不信的，盖查证胡蝶生平、年龄对不上。这一流言是在胡蝶逝世几年后流传的，胡蝶自然无从辩说，即或她生前听闻到，我想以她的个性，她也不屑辩说，因为她的亲友们都知道胡蝶婚后因宫外孕，手术后就不能生育，她的一对儿女都是从潘家近亲中过继的。谣言止于智者，大致如此。

相识于温哥华

认识胡蝶是 1978 年的事，那时我刚从国内来到这块新大陆，虽然这个城市已有一百多年的历史，但较诸世界其他大城市来说，她还是年轻的。温哥华有来自各国的移民，也有人说，这里是藏龙卧虎的地方，这句话不无几分道理，我就是在这里认识了心仪已久的三十年代影后胡蝶。

那时我在温哥华的中侨互助会工作，这是一个专为华侨、华人服务的机构，我工作的一部分是负责妇女组的英语学习。有一天，英语教师请假，我去代课，一个班十来二十个人，年龄从二十来岁到六七十岁，这些不同年龄不同背景的妇女有一个共同的心愿：学些基本的英语，以作为生活在这个英语社会所必需的基本手段，正因为这样，她们上课时都极认真。我注意到有一位年约五十的中年妇女，脸型很熟悉，但说不上在什么地方见过她。她的衣着、打扮颇有大家风范，衣服色彩、款式很适合她的身份和年龄，在朴素中又含有一股雍容华贵的气魄，举止优雅，谈吐温婉。班里的妇女对她很尊敬，而她却很谦虚，和蔼可亲。大家称她为"大家姊"，但依我看，她实在比称她为"大家姊"的妇女要年轻。点名时我知道她叫"潘宝娟"。当然我也很快知道她就是三十年代风靡了整个神州大地、东南亚影坛的电影明星胡蝶，早在上一世纪三十年代就和中国京剧大师梅兰芳同船访欧进行文化交流的使者。

来加拿大前，我曾在中国文艺界工作了二十多年，对胡蝶三十年代在影坛的活动是熟悉的，而且还知道很多关于她的传说，却想不到我们会在这样偶然的机缘下相识，而且成了忘年之交。

温哥华气候宜人，夏天不太热，冬天也不是那么冷，秋冬多雨，也许正是这样的气候，使温哥华的花草茂盛，即使在冬天，草地也是绿茵茵的。胡蝶就住在城市西端区，靠近英吉利海湾的一座滨海大厦的 25 层楼，这是个一居室的套间，面积不大，但精致舒适。卧室里还摆放着她年轻时和潘有声的合影，那时潘有声离开她已经二十多年了，但从未从她的心中隐退，她的心中永远有他的一角。客厅不大，一面墙上挂着她年轻时的大幅剧照，穿的是民国初期妇女的服装，相片上胡蝶有着大家闺秀的矜持，流露出她的出身和家庭教养。和客厅相连的小餐厅，一张四方餐桌在一角斜放着，是餐桌也是麻将桌。相邻的是小小的厨房，收拾得干净利落。小小的公寓却也不乏热闹，可贵之处在于胡蝶不以名人自居，她总是平等待人，她晚年交了一班过去对她可望不可即的老姐妹，享受平常人的真情友谊。每周总有两天，她会约上一些老姐妹。用她的话说："搓搓小麻将，输赢也只是几块钱，无伤大雅。"打完麻将，每人将带来的食物和大家分享，或是一起到唐人街 AA 制吃饭。从这些小事也可以看出胡蝶为人很有节制。她常说："老人金是政府照顾老人，让老人可以安享晚年，无经济之忧，我们也该知足惜福。"胡蝶一生辉煌，但她不善理财，她从影所得都用于供养家人，虽无积蓄，却也衣食无忧。她乐天知命，随遇而安，晚年在加拿大靠着政府发放的养老金，过着怡然自得的生活。

我好几次在她家见过一位叫"阿权"的六十多岁的男人，很精明能干的样子。帮她买食物杂物等，有时阿权的妻子也会跟着来，来了就帮着打扫清洁、收拾房间。

阿权夫妻对胡蝶甚是恭敬，总称胡蝶"少奶"。后来知道，阿权原是胡蝶在香港居住时的司机，他的妻子阿娥是女佣，和他们闲聊，他们总称道"潘先生和少奶待人和善"。十几年的主仆后来成了朋友，潘有声去世后，家道中落，胡蝶遣散了所有仆人，对潘有声从福建老家带出来的阿权夫妻总有些不忍，胡蝶就资助阿权在香港开了个汽车修理店。阿权凭着手艺、勤恳、诚信居然也事业有成。阿权儿子长大接过父亲的生意，七十年代初带着父母移民加拿大。

不管下面是多么喧闹，她家里却永远是那么宁静。从窗口望出去，远处的山，近处的海，使人心情为之一爽。她生活很有规律，早睡早起。天气晴朗的日子，她就会带一包爆米花和花生米下楼，在海边散步。随着她撒下的爆米花和花生米，一大群鸽子和不停跳跃的松鼠就会围在她的身边，她常说，这里的自然景色和这些可爱的小动物给她晚年的生活带来了不少满足和乐趣。

我喜欢听她的声音，听她银铃般的笑声，岁月虽然磨去了她的青春，但并没有磨去她年轻的声音和她开朗的性格。人们常说，听她的声音，很难想象出她已是年近八十的老人。也许是她的声音使我常常忘记了我们之间的年龄差距，于是天南地北，陈年往事，新鲜见闻，无所不谈。她很健谈，也很幽默、风趣，没有时下出名人物的架子，也许正因为这样，她能和任何阶层的人相处融洽。和她在一起，你永远不会感到拘束。

她常说："退出电影的舞台，但未退出生活，在人生的舞台上，我也得要演好我的角色。"她将"人生如戏，戏如人生"两者融合在一起，她实在是个天生的演员。

认识了她，也认识了和她来往密切的好朋友，于是我不但从自己与她的相处中，也从她的朋友那里更多地了解到她的为人、个性，使我对她更增加了敬佩之情。

洗净铅华，安于平凡

胡蝶移民来加拿大前，一直在香港、台北、东京三地居住。1966年，应著名导演李翰祥之邀去台湾，在《明月几时圆》和《塔里的女人》两片中客串母亲的角色。这是胡蝶息影前，在电影中最后的身影。尽管她盛名不衰，1975年，胡蝶移民加拿大后，却谢绝各种社交应酬，踏踏实实地过起一个平凡老人的生活。当年在温哥华除了老华侨，香港移民占了华人移民的大多数，这里不乏她的影迷。她曾多次在公共汽车上被影迷跟踪，有一次她乘车，一位老太太跟在她后面上了车，并在她身旁就坐，笑着和她打招呼。胡蝶也就和她寒暄起来，但心里纳闷，这是谁呢，总也想不起，又不好意思问，就这样坐了一路直到胡蝶下车，她也跟着下车。直到这时，这位老太太才解开胡蝶心中的疑惑说："很高兴和你同坐一辆车，你一点大明星的架子都没有。我从小就仰慕你。看你的电影，没想到会在温哥华见到你。我是从你的眼神里认出了你，跟你上了车。其实我回家是该坐相反的路线的。"这样的场合，不期而来的相遇对胡蝶来说时有发生。

胡蝶晚年的挚友——朱大哥

初识胡蝶时，曾应当年《华侨之夜》杂志之约，为她写过一篇访问记，刊登在杂志上。后来我因工作和儿女上学等原因，去了加拿大东部三年，这期间也一直和她保持联系。1982 年 8 月，我和小儿子又回到温哥华，和胡蝶的交往就更多了些。她那时住在靠英吉利湾的一座大厦的 25 楼，我周末带儿子去斯坦利公园就顺道去探望她，有时约她出来一起散散步。她总带上一包花生或是爆米花，在公园里和我十岁的儿子一起喂鸽子、喂松鼠。那是一段令人怀念的日子，她像老朋友一样和我谈她的前尘往事，也许是在交往中她把我当作可信赖的小朋友（她是我母亲一辈的人）。也在那时我起了要为她写传的念头，我曾在不经意中提到为她撰写回忆录，她不置可否。

有一天，她打电话给我，说朱大哥会来温哥华，想约我一见，我早在初识她时就知道朱大哥是她的挚友，他们的友谊可追溯到胡蝶最初成名的二十世纪三十年代，那时胡蝶是当红明星，朱坤芳是小场记。当朱坤芳挨导演张石川训斥时，是胡蝶替他解围打圆场。为同事解围这种小事，对胡蝶来说是家常便饭，是她的性格。可见她不摆架子是她的一贯为人，并非始于她在温哥华隐居后。朱坤芳对她的暗恋和感激却直到二十年后方有机会表白。斯时，两人都已不再年轻，方方面面的考虑，使他们只保持了一份可以依托及信赖的友情。

胡蝶口中的朱大哥其实比胡蝶小，当年胡蝶也只是拿他当小弟弟看的。但如今在生活及社会阅历上，对胡蝶无微不至的关怀，朱坤芳是可以当得"大哥"这个称呼的。

朱坤芳，宁波人，中等个子。一见面谈话，就能感到他是个精明能干的商人，但也能感到他的正直诚恳。见了面才知道，他是为胡蝶写回忆录一事和我见面的，想来他也从胡蝶那里先对我有了个大致的了解。他说他对胡蝶要写回忆录一事很慎重，胡蝶也征求他的意见。所以就写回忆录一事，胡蝶和我都在互相观察，不能说我们不受流言蜚语的影响，但最终的合作说明了我们相互之间的信任。对胡蝶而言，以我作为撰写者，她是得到朱大哥的首肯，就此也可看出他们之间那份不同寻常的友情。对我来说，他们两人的这份信任也使我有一种重任在身的责任，既要为中国电影史留下一份第一手的历史资料，也要不负他们二位所托。

我为胡蝶晚年有这样一位挚友高兴。谁又料到第二年春天，朱坤芳因商务来西雅图公干，竟因突发心脏病在西雅图辞世。

这里我要补述几句有关胡蝶和朱坤芳一段令人动容的往事。

前面说过，朱坤芳原是明星电影制片公司的一个小场记。他出身于宁波经商世家，之所以投身于明星公司，却是出于一个影迷对胡蝶的仰慕。一年的时间，让他认识到他和胡蝶之间存在着一道不可逾越的鸿沟，可望不可即。对如日中天的胡蝶来说，他不过是众多影迷中的一个，是工作中的场记小弟。甚至连"朱坤芳"这三个字都未曾在她心中留下过一丝痕迹。一年后，朱坤芳带着这份难为人察觉的暗恋回归商途，娶妻生子。要说他心中还有一丝牵挂，那就是但凡报上有关胡蝶的报道、传闻他都一一关注。胡蝶后来对我说起她的"朱大哥"对她的事情"比我自己还清爽（沪语意即清楚）"。1948年，朱坤芳去日本经商，却因战乱未能回国，滞留上海的妻儿碍于当时的政治环境也不能出国团聚，朱坤芳独身一人在外拼搏，经商之余，仍然关心着时在香港居住的胡蝶境况。

1946年，抗战胜利后的第二年，胡蝶一家迁居香港。到香港后，潘有声创立了兴华洋行，借助胡蝶的盛名，推出"蝴蝶牌"系列热水瓶。为赢得顾客，打开销路，宣传这一产品，胡蝶与潘有声一起频繁来往于南洋各地的展销会和洽谈会，参加各种商业应酬。业务很有起色，生意也蒸蒸日上。

"二战"期间，香港沦陷，香港影人坚决拒绝与日寇合作，电影业一度停滞萧条。战后，香港聚集了一批著名的导演、演员如李翰祥、胡蝶等，再度开拓了中华影业的辉煌。胡蝶抵港不久，新成立的大中华影业公司向胡蝶发出拍片邀请时，胡蝶不由心动，尽管她意识到自己已难现昔日辉煌，但拍片是她一生的追求，潘有声也支持胡蝶重上银幕，胡蝶于是愉快地接受了影业公司的邀请。

胡蝶与潘有声自1946年赴港后度过一段辛苦但相对悠闲而快乐的时光，就如胡蝶在回忆往昔岁月时说的："我和有声虽然辛苦，但也享受着夫唱妇随、同甘共苦、怡然自得的日子。"

只是造化弄人，这种怡然自得的日子似乎并不长久，1956年春天，潘有声时常感到身体不适，胃口慢慢变差，经常伴随着上腹部的隐隐疼痛。起初胡蝶未太在意，但眼看着丈夫日见清瘦，胡蝶预感到情况有些不妙，于是就陪着潘有声去了医院。医生对潘有声做了详细的检查和化验之后，单独约见了胡蝶，告诉她，潘有声患的是肝癌，而且确诊时已到了晚期。胡蝶几乎晕厥。

在潘有声住院的日子里，胡蝶的心灵备受折磨煎熬。这是胡蝶一生中精神上最痛苦的日子。潘有声的真正病情，她一直瞒着他，每去医院探望都装出轻松的样子，还和他计划病愈后去欧洲游玩疗养。她想用爱创造奇迹，留住潘有声的生命，然而死神依然那么残酷……

1958年2月2日那一天，胡蝶握着丈夫的手，突然感觉到了一阵冰凉……她像失去了知觉一般，木木地呆住了。孩子们扶着她走出病房，她没有放声痛哭，只是任泪水不断地从眼眶里涌出。恍惚中，她仿佛看见潘有声在向她招手，他似乎只是要出趟远门，很快就会回来……但是，潘有声永远不会回来了。

潘有声的去世，给胡蝶精神上带来很大打击，她再也无心继续经商，把与潘有声呕心沥血共同创建的兴华洋行和热水瓶厂盘给了他人，也结束了公司的业务。

胡蝶这一生的两个最爱，一个是潘有声，一个是电影。丈夫先她而去，使她始终无法摆脱孤独和悲哀，对电影的思念一日浓似一日。此时，恰好邵氏公司向胡蝶发出了重返银海的邀请，于是，"半是为了经济的原因，半也是为了将自己的精神寄托在电影事业上"，胡蝶欣然应约。胡蝶以一颗平常心重返影坛，在拍摄中找回了自己，又重新接上了和观众断了多年的联系，在她年过半百之后，重新铸就了一段辉煌。

胡蝶的复出在香江曾一度掀起不小的风浪，一时间，各大报纸也纷纷登载各种消息，有说胡蝶复出是因为潘有声的去世经济困难，生活拮据，等等。朱坤芳虽在日本，也从报章获悉，他决定赴港探望。报上报道胡蝶夫妻情深，新丧的胡蝶几乎每星期都去坟场拜祭，他决定去坟场碰碰运气。在一个细雨蒙蒙的黄昏，他果然在这里和胡蝶相遇。起初，胡蝶还以为他是潘有声的亲戚，即使朱坤芳提起当年的小场记，胡蝶也是一片茫然。

他们是旧相识，却是新知己。朱坤芳虽比胡蝶小四岁，但也年近半百，年轻时旖丽的梦想早已随着岁月的流逝化作为纯真的友情。滴水之恩当涌泉相报，朱坤芳一直记得自己少年时代在摄影场上，胡蝶为他解困，处处维护他。他的真诚感动了胡蝶。朱坤芳从经济到生活都给了胡蝶一家无微不至的关怀和照顾。在香港，胡蝶不乏亲朋好友，但胡蝶不是个轻易接受他人帮助的人。半百的人生经历，她如履薄冰地走过一个个险滩，她懂得"情"和"义"的分量，也懂得如何去守住这份情义。她知道朱坤芳已有家室，只是由于时局造成家庭的离散，而朱坤芳能守着对妻儿的承诺，独身一人在外打拼，胡蝶认为作为一个正直的男人，这是一份可令人尊敬的品格。胡蝶感谢朱坤芳的帮助，更尊敬他的品格，她自己也一直保持着自己一份独立的人格，以自己演艺工作的收入，保证自己和儿女的生活开支。她曾以她的名声和社会地位协助潘有声拓展业务，现在她也会在机缘合适的情况下，帮助朱坤芳开展地产事业，以此回报朱坤芳的关心和帮助，以致有一阵有传说胡蝶改行做地产生意了。

他们也曾一度考虑正式结婚，报纸上也借此炒作新闻。就在这时，长期未能得到出境许可的朱坤芳妻儿突然获得出境许可，很快办好了去港团聚的手续。历经生活沧桑的胡蝶对再婚一事本就犹豫，这一来，她倒也很果断，她诚恳地对朱坤芳说："你们一家分开十几年，好不容易现在能团聚了，我也替你们高兴。我不能破坏你的家庭，让我们保持挚友的友谊，做一辈子的好朋友。"她这样说，也是这样做的。

1984年年初我曾见过朱坤芳，并在一起午餐叙谈。朱坤芳那时和妻儿在日本居住，但也时有业务来美国洽谈。他就会趁业务之便来温哥华探望胡蝶。他们之间互敬互重、真诚相待的情景令我敬佩。胡蝶因为早年拍摄电影不能按时如厕，留下了尿道炎后遗症，严重时要住医院治疗，当时日本有一种特效药，朱坤芳都定时给胡蝶寄送。

午餐后，我们回到胡蝶寓所小坐，朱坤芳和我谈到胡蝶的过往，谈到胡蝶的为人、她的演出和对电影事业的热忱与贡献。谈到社会上杜撰的流言蜚语，对胡蝶的不公。他对写胡蝶回忆录很慎重，所以他愿个人出资出版，希望我能协助写出一本实事求是、公正的传记。我告辞后，朱坤芳一路送我到电梯口。他边走边说："我比胡蝶小四岁，我一定能照顾她到老的，写书一事就拜托你了，出版的事我负责。"

1984年秋，朱坤芳赴西雅图洽谈商务，不幸突发心脏病去世，胡蝶电话告知我，我从她的声音中感到彻骨的凉意，强压住的低泣传出的是弦断琴碎的悲与痛。我蓦然想起了她的挚友阮玲玉的身世和走的不归路，竟致令我感到一种深深的不安。我担心晚年挚友的突然离世会夺去她生命中最后的依赖和欢乐。她说："由于各种原因，我不能亲去送他最后一程。"我竟无言以对，感到此时此刻，任何安慰的语言都是苍白的。

后来，朱坤芳的妻子仍然将朱坤芳准备要带给胡蝶的药物寄送给胡蝶。胡蝶的理智分手、朱妻的谅解包容为这段旷世真挚的友情画上了完满的句号。在我撰写当年回忆录时，胡蝶说："和朱大哥这段友情固然刻骨铭心，但有关人（她指的是朱太太）还在世，不要伤人，就不要写了。"胡蝶就是这样一个人，处处为他人着想是她为人的一贯作风。他们这段友情深深地感动了我，如今有关人等均已离世，是时候将他们这段真挚而又深沉升华的友情公诸于世。前些日子，我和胡蝶的儿媳陈贝莉通电话，谈到朱坤芳。她谈到朱伯母已过世，但两家的后人却一直有来往，真诚的友谊在后辈心中延续着。

撰写《胡蝶回忆录》

大凡对于出名人物，人们对于他们的一切，姓名、出身，乃至生活琐事都有种种传说、猜测、推理，久而久之，竟成了"事实"，以致当事人百口莫辩。对于胡蝶更不例外。

为完成朱先生生前的嘱托，1985 年，我开始撰写《胡蝶回忆录》。那时，胡蝶尚健在，所以有很多传言，我都尽我所能，和她一一核对。我看到报纸杂志有很多与事实不符的报道，甚至同一时期的报纸都互相矛盾，在惊讶之余，甚感不平。她总笑着劝我："我向来不太在乎这些空穴来风，如果我对每个流言都那么认真，我也就无法全心全意地从事电影演员的工作了。"她就是这样一个小事随和、大节不含糊的人。

一、有传言说胡蝶是满族、东北人。胡蝶是地地道道的广东女子，但她的庶母高秀贞（胡蝶父亲的妾，胡蝶亲生母亲是汉人）却是前清皇族旗人，庶母的母亲，胡蝶也尊称为姥姥。胡蝶从影后，很多时候她都跟在胡蝶身边，照料胡蝶的生活。胡蝶一口几可乱真的京白也是跟姥姥学的。也许这是她被误解为满族的原因吧！

二、和张学良跳舞，当年也曾传得沸沸扬扬，事后证明这完全是子虚乌有，是日本通讯社造谣中伤张学良，以引起国人对他的愤恨，转移目标。当时胡蝶正在北平拍外景，由于拍摄时间紧迫，外景队吃住都在一起，根本没有个人活动的时间。后来明星影片公司及演职员曾联名登报声明。此事现在早已澄清，而受舆论伤害的张学良和胡蝶，虽然也曾在同一个城市住过，却是终其一生从未谋面。

三、关于她和戴笠，这是谣传最多的一则绯闻，时至今日，这样的谣传不但在各种已出版的传记、回忆文章乃至影视片中出现，虽然有学者做了深入的探讨，以历史佐证，但以讹传讹，真相竟无以大白。如果说，在我未认识胡蝶前，对这个谣言还有所怀疑的话，在和胡蝶交往十多年后，综观她的个性和为人，我认为这是莫须有的造谣中伤，但我还是亲自向胡蝶求证。胡蝶承认和戴笠认识，也有一般的交往，但并没有如谣传所说的种种情事。谣言止于智者，我撰写《胡蝶回忆录》时，重在胡蝶对中国电影事业的贡献，清者自清，这是我没有将这段谣言的辩诬写入的原因。

这次再版，我就胡蝶生前和她访谈的笔录，对已出版的《胡蝶回忆录》作了补充，将胡蝶所谈到的各个时期的活动和有关历史的记载对照，并摘列出有关人士的文章作参考，排列出"胡蝶年表"。希望能引起读者、关心爱护胡蝶的观众和电影史研究者的重视，作出公正的判断，还历史以本来的面目。

以下是根据《胡蝶回忆录》梳理出胡蝶从 1941 年到 1945 年间的行踪：

1944 年 5、6 月份之前，胡蝶与全家人在一起，一直处于奔波状态。

1941 年 12 月 7 日，日军偷袭珍珠港，12 月 8 日美英对日宣战，中国在经历了四年多的抗日战争后，于 12 月 9 日正式对日宣战，澳大利亚等二十多个国家也相继对日宣战，第二次世界大战全面爆发。12 月 25 日香港沦陷，其时胡蝶、梅兰芳等名人均居香港。据胡蝶在写书时回忆，香港沦陷后，他们一家又在香港住了将近一年。

当年负责监视在港文化名人的日本人和久田幸助在日本《文艺春秋》杂志上有篇文章谈到 1942 年将近旧历年底的某一天（胡蝶自己的记忆是该年的深秋），胡蝶上街被街上岗哨的日军无理盘问，言语粗暴。本来胡蝶已在考虑去大后方，这一次人格的伤害和侮辱，加速也加强了胡蝶求去的决心。据胡蝶回忆，她和全家离港是由女童军杨惠敏安排的。胡蝶在上海时就和杜月笙相识，杨惠敏带了杜月笙的信找到胡蝶联系安排，由东江游击队负责将胡蝶全家送到惠阳。在惠阳胡蝶还因身体过度劳累住进医院，胡蝶说当时还有谣传她去世，出院后继续出发到曲江，在船上住了两个月，才在曲江电信局长李大超帮助下盖了一所简易房子取名"蝶声小筑"。胡蝶一家在曲江住了一年多，其间，胡蝶参与了当地体育运动会的剪彩仪式等诸多活动，报纸都有报道。之后，因战火逼近曲江，胡蝶全家决定取道桂林前往重庆。抵达桂林后，本以为"可以住些日子"，因陋就简盖了房子，潘有声也与朋友组织公司，"经营药品、日用品维持家庭生计"。但日军即将入侵的消息日紧，全家又决定再向重庆方向逃亡。据胡蝶回忆，当时去重庆须经贵州，他们是取道贵州独山前往重庆，到达重庆约是1944年五六月份，天气已是开始热了。她回忆说，一路上是被日本鬼子追着逃难。抵达重庆后，就住在南岸杨虎家。她的这段经历在回忆录中都有描述。

又据1986年3月8日北京《团结报》记者韩宗燕在《吕恩谈胡蝶》一文中提到，吕恩说："我第一次和胡蝶见面是1945年春天，在重庆。当时我们话剧团上演《小人物狂想曲》，我扮演一个从香港来的小姐。那时剧团的条件差，没有特别的演出服装。演员一般是穿自己的衣服或者是四处去借服装。演出前夕，导演沈浮写了张字条，介绍我去找胡蝶借衣服。要去找一位大明星借东西，我还真有点胆怯。胡蝶是于1941年太平洋战争爆发时香港沦陷以后，在国际红十字会帮助下由香港辗转到重庆的，住在南岸玄坛庙山坡上杨虎家里。我就是在那里见到她的。"

1944年8月，胡蝶应邀参加电影《建国之路》的拍摄，却在桂林拍摄外景时，遭遇日军最猛烈的湘桂总攻击，外景队器材尽失，外景队人员夹杂在逃难的百姓人群中，历尽艰辛，于年底才回到重庆。

1945年暂时息影的胡蝶成了台下观众，出入各种文艺活动场合，和影剧界人士都有交往。同年8月15日，日本投降，抗战胜利，第二次世界大战以协约国胜利宣告结束。

谣言汹汹。但胡蝶晚年已然看淡，唯云："关于（在重庆）这一段生活，也有很多传言，而且以讹传讹，成了有确凿之据的事实，现我已年近八十，心如止水，以我的年龄也算得上高寿了，但仍感到人的一生其实是很短暂的，对于个人生活琐事，虽有讹传，也不必过于计较，紧要的是在民族大义的问题上不要含糊就可以了。"

胡蝶去世快 30 年了。这场谣言，也该终结了。

回忆录的出版

在这方面，我得感谢时任温哥华《世界日报》总编的徐新汉先生和台湾《联合报》副刊主编、著名诗人痖弦的大力支持，促成了该书在胡蝶生前首先在台湾出版，留下了第一手的资料。接着，时任北京的文化艺术出版社总编涂光群先生联系我在北京出版简体版。光群先生是我早年在中国作家协会的同事，那是胡蝶辞世的前一年，能在海峡两岸都出版这本书是胡蝶和我最初撰写这本书的心愿。胡蝶还特意为此致函涂光群如下：

涂光群先生：

　　请代我向新老读者和观众致以诚挚的问候。我热望中国电影能在世界影坛上放一异彩。

　　　　顺致

编安

　　　　　　　　　　　　　　　　　　　胡蝶上

　　　　　　　一九八八年六月二十五日于加拿大温哥华

最后的日子

　　和胡蝶逾十年的相交，我们早已成为无话不谈的好友。胡蝶虽是我的前辈，她比我母亲小三岁，但我也是出生在上海虹口的广东人，在三十年代的上海虹口有很多南来的广东人在此聚居，所以当年在上海广东人的风物人情，胡蝶只要一说，我就能理解，我们的访谈，粤语、沪语、国语都能交叉进行。我中学毕业后，北上求学，大学毕业后就留在北京工作，直至1977年来加拿大定居。也曾多次去欧洲旅行，去过胡蝶当年所去过的欧洲各国，所以我能在思路上跟着胡蝶叙述的轨迹，没有太大的障碍写下来。虽是两代人，却是心有灵犀，成了忘年交。

　　后来胡蝶搬回来和儿子一家同住，和我同住一条街，一个月总能见上几次面。和胡蝶最后一次通电话是1989年3月22日晚，像往常一样，银铃般的声音，充满欢乐，充满幽默，她约我两天后在我们经常午叙的餐馆见面。谁知第二天中午，我因车祸受伤进了医院。出院后，我在家中养伤，卧床不起，但一直惦记着和她的约会，可她家的电话总也没有人接，好不容易接通，才知道她竟也于我车祸同日中午外出，就在她家对面的商场跌倒昏迷引起中风送入医院，竟未能抢救过来，延至4月23日傍晚7时许。我在睡梦中仿佛听到电话的铃声，在错愕中，真的电话响了，胡蝶的儿子潘家荣来电话，他母亲刚刚去世。没想到她竟以这样的方式向我告别！

结语

胡蝶是中国电影初创时期的开拓者，她是那个时代的形象代表。电影的出现揭开了视觉文化的开始，胡蝶对表演艺术锲而不舍的追求，精湛的表演达到了她那个时代的高峰，她既成就了自己，也丰富了中国视觉文化的内涵。她的回忆也是那个时代的记忆，为我们提供了了解那个时代的文化的第一手的资料。

可贵的是胡蝶从进入电影学校开始，就有着明确的目标，幼年对皮影戏的痴迷，在她的内心撒下了对表演艺术向往的种子。以她的家庭背景，她完全可以走一条更为轻松而又舒适的道路，但她顺从内心的爱好，走了一条表面风光而并不为上流社会完全接受的道路。这条道路对于那个时代的女性可说是艰难坎坷，处处险滩。阮玲玉以自我结束生命控诉社会的不公，人言之可畏。胡蝶却以自身的努力和贡献，以洁身自爱来改变人们对戏曲电影艺术从业人员偏颇的眼光。

在处世为人方面，胡蝶对于社会上的溢美浮夸之词，淡然处之。她一再坚辞所谓的"电影皇后"加冕典礼，她赞同李翰祥提出的废除"明星制度"（见"话说李翰祥"一节），她赞成起用新人。在她从卖糖果的小女孩开始她的水银灯下的生活，到以饰演中年母亲角色结束，无论主角还是配角，她都兢兢业业认真对待，没有大牌明星的傲慢，也不会因是配角而敷衍搪塞。对于恶毒的人身攻击和流言的捏造，她是任凭风浪起，我自岿然不动，不受干扰。她认为"清者自清，一切自会水落石出，雨过天晴"。她将全部精力投入到电影事业中，她就是这样一步一个脚印走向她认定的目标。

胡蝶重视电影的教育作用，她的表演更多地放在人物精神世界的刻画上，为了拍好《盐潮》一片，她到灾区亲自体验灾民的生活，用她自己的话说，就是"演富人就要像富人，演穷人就要像穷人"。所以，她塑造的人物饱含真实感，令人感动。

胡蝶并非生就完美，她是在不断地修正自己的不足中成长起来的。出生在一个相对优裕的家庭，她从小就没有吃过苦，不知饥寒、贫苦为何物，抗战八年的逃亡、颠沛流离让她看到了另一个世界，在香港日军铁蹄下国人受到凌辱，她被日军宪兵在寒风中罚站，任由低阶日本侵略军士兵辱骂。这些遭遇改变她的人生观。爱国爱家，在她不再是一句空洞的口号。她自觉地婉谢当时政府和一些大人物对她一再的慷慨，请求他们将这些钱拿去救济流离失所的难民。她在片酬方面，要求很高，但是她也说过："如果遇上我真正喜欢的戏，也许不给钱我也干。"[1] 在"义"和"财"之间，她有着明确的分寸。

1975 年她来加拿大定居，真正做到了由灿烂归于平淡。曾是"胡蝶"的潘宝娟，杂在普通的老人群里，打打小麻将，一起在唐人街的港式茶餐厅参加各自付款的聚会，除了她与生俱来的气质和不俗的谈吐，你几乎无法将她与温哥华普通的退休老人分辨出来。你无法想象眼前这位老人，就是那位曾红遍神州大地、享誉世界影坛的影后，让二十世纪三十年代的中国电影，也能在世界的电影史上留下光辉的一页。她那温和谦虚的谈吐，矜持的笑容，有时会露出毫无心计、"老天真"般的话语，幽默中的机智，你更难想象出，她就是那位当年的"兴华实业制造厂"的总经理。那些年，她往来于东南亚各地，出席各种社交场合，应酬洽谈，雍容大方，令人钦佩。她说："过得了自己，也要过得了别人。"货真价实，互惠互利，生意才能做得下去。我曾和她开玩笑说，她不做生意，实在可惜了她这份经商的才智。

胡蝶在银色的舞台上固然认真，假戏真做，演得感情逼真，赚人眼泪，给人欢笑，将教育融于娱乐，在人生的舞台上也认真，真戏假

① 梁汝州：《银海忆旧——胡蝶谈家常》，台湾《真善美画报》1973 年 10 月号，第 36-37 页。

做，将苦留给自己，苦中作乐。处处替人考虑，将欢乐送给别人。她说过，人生如戏，戏如人生，看透了"人生"，也就会在各种境遇中活得自在。到过峰顶，才能体会"高处不胜寒"，落到低处，方觉安稳踏实，平凡可贵。她就是一个演员，一个永远的演员！

1987 年，农历二月的一个周末，当《胡蝶回忆录》在世界各地的《世界日报》连载后出版，当有关她的新闻、传说重新进入人们的视野，她却安安静静地和几位英文班的同窗老姐妹在温哥华一间再普通不过的小餐馆，庆祝她 79 岁生辰，顺便和大家分享她刚收到台湾寄来的新出版的《胡蝶回忆录》。

也是在这一年，她出售了她满是记忆的公寓，搬回到儿子家里。她将她收藏的部分照片、资料交给我，她说，有机会再写她时可作参考。我们最后一次相聚，是 1989 年的 2 月，在我们常聚的那家广东小餐馆门口分别时，她说她已做完她该做的事，"就剩下要攒点钱，烧我这副老骨头了"。我记得当时我还劝慰她，别想那么多，我说："你的日子还长着呢！"就像她主动退出影坛一样，1989 年 4 月 23 日，随着生命的帷幕徐徐降落，她退出了人生的舞台。

她曾有过绚丽而辉煌的岁月，也曾经历过辛酸的时光，但无论生活的遭遇如何，她都能冷静面对。富贵荣华和赞扬并未使她傲视一切，诽谤和平淡她也能坦然面对，安之若素。最难能可贵的是她始终保持谦虚谨慎的善良品德，也许这就是她最不平凡的地方。

今年是胡蝶逝世三十周年，谨以此文纪念已远去的故人。

（2019 年 3 月 19 日初稿于温哥华，初稿刊于 2019 年 6 月北京《传记文学》；2020 年 9 月 20 日二稿）

▶ 胡蝶墓

补记：2020 年 7 月 18 日前往墓园拜谒，见胡蝶墓近处的小溪流水潺潺，小径整修一新，草地绿意盎然。胡蝶墓右是潘有声之墓，左侧两墓是亲家、香港书法家陈凤子夫妇之墓。他们生前相遇于香港，身后同聚于温哥华，魂兮有知，当不感寂寞也。

附录三

*

胡蝶年表

1908 年农历 2 月 21 日出生于上海

1924 年考入中华电影学校

1925 年：《战功》《秋扇怨》

1926 年：《夫妻之秘密》、《电影女明星》、《梁祝痛史》、《义妖白蛇传》（第一、二集）、《珍珠塔》（上下集）、《孟姜女》、《孙行者大战金钱豹》

1927 年：《白蛇传》（第三集）、《女律师》、《新茶花》、《铁扇公主》、《蒋老五殉情记》、《刘关张大破黄巾》、《大侠白毛腿》、《西游记女儿国》

1928 年：《大侠复仇记》（前后集）、《女侦探》、《白云塔》、《血泪黄花》、《离婚》、《侠女救夫人》

1928—1931 年：《火烧红莲寺》（三至十八集）

1929 年：《富人的生活》《爱人的血》《爸爸爱妈妈》

1930 年：《桃花湖》（前后集）、《碎琴楼》

1931 年：《歌女红牡丹》、《如此天堂》（前后集）、《红泪影》、《三

箭之爱》、《铁血青年》、《银星幸运》

1932 年:《落霞孤鹜》《战地历险记》《自由之花》《啼笑因缘》（一至六集）

1933 年:《满江红》《狂流》《脂粉市场》《盐潮》《姊妹花》《春水情波》

1934 年:《三姊妹》《路柳墙花》《麦夫人》《女儿经》《美人心》《再生花》《空谷兰》

1935 年:《夜来香》《兄弟行》《劫后桃花》

1935 年:11 月 23 日与潘有声在上海结婚

1936 年:《女权》，父亲胡少贡因鼻癌去世，胡蝶因宫外孕流产，手术后丧失生育能力

1937 年:《永远的微笑》，1937 年 11 月举家离沪到香港

1938 年:《胭脂泪》

1940 年:《绝代佳人》

1941 年:《孔雀东南飞》《歌女红牡丹》《家》。12 月香港沦陷

1942 年:约 8 月下旬，联系到东江游击队，安排全家离开香港经山路逃亡曲江（也名韶关），建"蝶声小筑"简易房居住

1943 年:居住曲江，胡蝶参与当地活动，潘有声和朋友经营日用百货、医药用品

1944 年:战火逼近，广东省府机关准备撤退，三四月离开曲江取道贵州独山前往桂林，在桂林住不久，战火延烧，全家再次于五月底六月初离开桂林往重庆逃亡。六月初到达重庆，在南岸玄坛庙杨虎家借住。8 月参加影片《建国之路》拍摄，外景队在桂林拍摄外景时，遇到日军飞机对桂林进行大轰炸，和外景队仓促撤离，历尽艰险回到重庆。

据重庆《大公晚报》1944 年 12 月 19 日报道：

"（綦江通讯）女明星胡蝶于十四日午后五时许由贵阳抵达綦江，因各旅馆均告客满，暂寓县党部内。綦江简师及綦中两校女生闻讯，纷纷前往慰问。闻胡蝶此次拍《建国之路》，于上月抵城江等处，旋战局突紧，交通困难，胡蝶及蔡楚生、吴永刚等均无法后退。有人曾代胡蝶向谷正纲部长（时在六寨）疏通，请允搭难民车西上。谷笑谓，'胡蝶这样的大明星，那怕没有车坐，何必来与难民争坐位去。而且条件也不合。'最后胡蝶卒做（坐）黄鱼（即三轮车）到了贵阳云。"据此，胡蝶回到重庆最早也在 1944 年 12 月下旬。

1945 年：胡蝶和家人在重庆，她虽暂时息影，仍参与当地的一些活动，和影剧界人士仍有来往。据大陆著名演员吕恩在一篇文章中提到 1945 年春天曾有导演沈浮写了张字条到重庆玄坛庙杨虎家向胡蝶借演出服装。著名演员黄宗江在为冯俐所著《影后胡蝶》一书代序《星海中的胡蝶》一文中提到："……时于雾重庆话剧演出，某日，我化了装在后台，听人说胡蝶在台下看戏，……事后，与夏公（衍）闲步，他淡淡地说起，曾在街头遇胡蝶。胡蝶说'黄先生（子布）侬也来啦重庆？'"这从另一个侧面，可以知道胡蝶 1945 年抗战胜利前在公众场合的活动。

潘有声往来昆明重庆间为政府采购医药，为美军中美合作社采购木材。

1945 年 8 月胡蝶去昆明探望潘有声，8 月 15 日，日本投降，抗日战争胜利结束。胡蝶立即返回重庆安排家人回上海。当时重庆很多外地人将家中杂物摆地摊出卖，胡蝶也让家人将家中不能带走的东西摆地摊出卖。孔祥熙、李汉魂将军夫妇听闻，孔祥熙表示要资助两万美元作为搬迁回沪费用，李汉魂将军也提出要资助。胡蝶一一婉谢。只请帮忙购买飞机票，安排家人分批离渝返沪。胡蝶安排好家人回沪，飞昆明和潘有声一起回沪。

1946 年：秋应香港大中华影片公司之邀，去香港拍摄《某夫人》，潘有声原有计划去香港发展，此次胡蝶母亲已年迈，留居上海。胡蝶、潘有声携子女两人离沪迁居香港

1947 年：《春之梦》《某夫人》

1949 年：《锦绣天堂》

1953 年：《青春梦》

1954—1958：胡蝶暂时告别电影界，和潘有声共同创建"兴华实业制造厂"并任总经理

1958 年：2 月 2 日潘有声因肝癌病逝于香港

1959 年：胡蝶复出，朱坤芳自日本到香港和胡蝶见面

1960 年：《苦儿流浪记》《后门》《两代女性》《街童》《孝道》

1960 年在日本东京举行的第七届亚洲电影节上，作为参展的中国电影《后门》获得了最佳影片金禾奖，胡蝶获最佳女主角奖。同年，该片再获日本文部大臣颁赠的特别最佳电影奖

1961 年：《母爱》《万劫孤儿》《慈母千秋》《万里寻亲记》

1966 年：《孤儿奇遇记》《塔里的女人》《明月几时圆》，并正式退出影坛

1968 年：在台湾定居

1975 年：移居加拿大温哥华

1981 年：回香港将潘有声骨灰携回温哥华安葬于大温哥华地区本拿比科仕兰墓园，并置备自己的永久安息地

1984 年：9 月挚友朱坤芳病逝

1985 年：《世界日报》温哥华总编徐新汉向《世界日报》总部《联合报》副刊建议出版《胡蝶回忆录》一书，《联合报》副总编辑兼副刊总编、台湾著名诗人痖弦当即核准签约。8 月 31 日《胡蝶回忆录》开始在台湾《联合报》及世界各地《世界日报》连载

1986 年 12 月:《胡蝶回忆录》由台湾联合报社结集成册，在台湾联经出版社出版

1987 年：新华出版社出版《胡蝶回忆录》内部版

1988 年：文化艺术出版社出版《胡蝶回忆录》简体版

1989 年：4 月 23 日因摔倒中风不治，于加拿大温哥华圣约瑟医院病逝，安葬于大温哥华地区本拿比科仕兰墓园潘有声墓旁

（2020 年 9 月刘慧琴据历史资料编撰）

图书在版编目（CIP）数据

胡蝶口述自传／胡蝶口述；刘慧琴整理. -- 北京：作家
出版社，2022.2（2025.7重印）

ISBN 978 - 7 - 5212 - 1233 - 4

Ⅰ.①胡… Ⅱ.①胡… ②刘… Ⅲ.①胡蝶（1907–
1989）– 传记 Ⅳ.①K825.78

中国版本图书馆 CIP 数据核字（2020）第 251165 号

胡蝶口述自传

口　　述：胡　蝶
整　　理：刘慧琴
责任编辑：姬小琴
封面设计：棱角视觉
出版发行：作家出版社有限公司
社　　址：北京农展馆南里 10 号　　　邮　　编：100125
电话传真：86 - 10 - 65067186（发行中心及邮购部）
　　　　　86 - 10 - 65004079（总编室）
E – mail: zuojia@zuojia. net. cn
http: // www.zuojiachubanshe.com
印　　刷：北京盛通印刷股份有限公司
成品尺寸：152 × 230
字　　数：250 千
印　　张：20.25　　　　　彩插：24
印　　数：5001–8000
版　　次：2022 年 2 月第 1 版
印　　次：2025 年 7 月第 2 次印刷
ISBN 978 - 7 - 5212 - 1233 - 4
定　　价：58.00 元